日本で、コンクリートや鉄が、日本の現実と
リアリティをもってから、何年になるだろう。
ないとさえいえるだろう。そのような状況のな
の建築家が、もし、コンクリートがわかった、
知ったなどと考えたとすれば、それはこっけ
よい。私は今、コンクリートについて、鉄に
よっている。少なくとも、その本質に肉薄し
生命をえぐり出したいとねがいながら、さまよ

ブックデザイン＝塩谷嘉章

丹下健三ディテールの思考

豊川斎赫

彰国社

TARO

TARO

WS
SS3
ST
WS6
SS1

広島平和記念公園（1955年）　撮影：二川幸夫

旧東京都庁舎（1957年）　撮影：村沢文雄

香川県庁舎（1958年）　撮影：村沢文雄

広島子供の家（1953年）　撮影：村沢文雄

今治市公会堂（1958年）　撮影：二川幸夫

倉敷市庁舎（1960年）　撮影：村沢文雄

東京カテドラル聖マリア大聖堂（1964年）　撮影：彰国社写真部

国立屋内総合競技場（1964年）　撮影：アオヤマ・フォト・アート

山梨文化会館（1966年）　撮影：彰国社写真部

日本万国博覧会お祭り広場（1970年）　撮影：彰国社写真部

赤坂プリンスホテル新館（1983年）　撮影：彰国社写真部

丹下健三　ディテールの思考

はじめに

「僕は失敗から多くのことを学びました。都庁は全部成功したわけではありません。例えば、建築の部分に関する能力が僕らにはまだ足りなかった。建築の総体はいろんな部分の支えでできています。しかし一方では、部分の部材で成り立っていますね。『部分の真実』に支えられなかったら、建築は虚構となって全体が瓦解する。丹下さんには悪かったのですが、当時はこの『部分の真実』が獲得できなかった。」(i)

大谷幸夫　旧東京都庁舎の設計を振り返ってのコメント　二〇〇六

建築家である大谷幸夫・東京大学名誉教授は、同大学建築学科丹下健三研究室の創設当時のメンバーであり、丹下研在籍時に広島平和記念公園、旧東京都庁舎、電通大阪支社の設計を担当したことでも知られる。大谷は竣工した旧都庁舎の鉄製ルーバーに大量の錆が発生した問題を振り返り、「部分の真実」を獲得できなかったことを率直に告白している。

大谷はジョン・ラスキンの「部分の真実に支えられなければ、虚構としての全体は瓦解する」(ii)という言葉を引きながら、全体と部分を考察してきた。言い換えれば、大谷は現代都市の部分である建築、さらに建築の部分を構成する部材、それらを関係づける文法(ディテール)を一体的に把握しようとしてきたからこそ「部分の真実」に拘泥した、ともいえよう。

本書は、丹下研究室、URTECが設計・監理してきたさまざまな建築の中から典型的なビルディングタイプを十一個ほど抽出し、それらが建設に至った社会背景・設計意図・設計過程(構法と材料の選択)・現場変更・改修工事・解体工事を追った。また時代区分から本書を捉えると、一九四〇年代末から一九八〇年代まで、戦災復興・高度経済成長・オイルショック・バブル経済期という長いスパンを扱うが、この間、日本の建設産業は劇的に高度化し、海外進出を果たすまで成長した。これに伴い、丹下による建築のつくり方や素材観も著しく変化した。

本書のリアリティを支えるのは、冒頭の大谷のコメントに代表される設計者の意図とディテールのずれ、施工報告書に記された数値、メーカーの納品記録、竣工直後の雑誌に記された構造・設備協働設計者の客観的なコメントである。本書はこうした「部分の真実」を可能な限り多角的に積み上げて、一連の丹下作品の実像に迫るとともに、その先に浮かび上がる戦後日本建築の全体像を遠望してみたい。

〈註〉

（i）大谷幸夫『建築家の原点：建築は誰のために』企業組合建築ジャーナル、二〇〇九年、二二頁

（ii）「1　大谷幸夫インタビュー」豊川斎赫編『丹下健三とKENZO TANGE』オーム社、二〇一三年、二二頁

目次

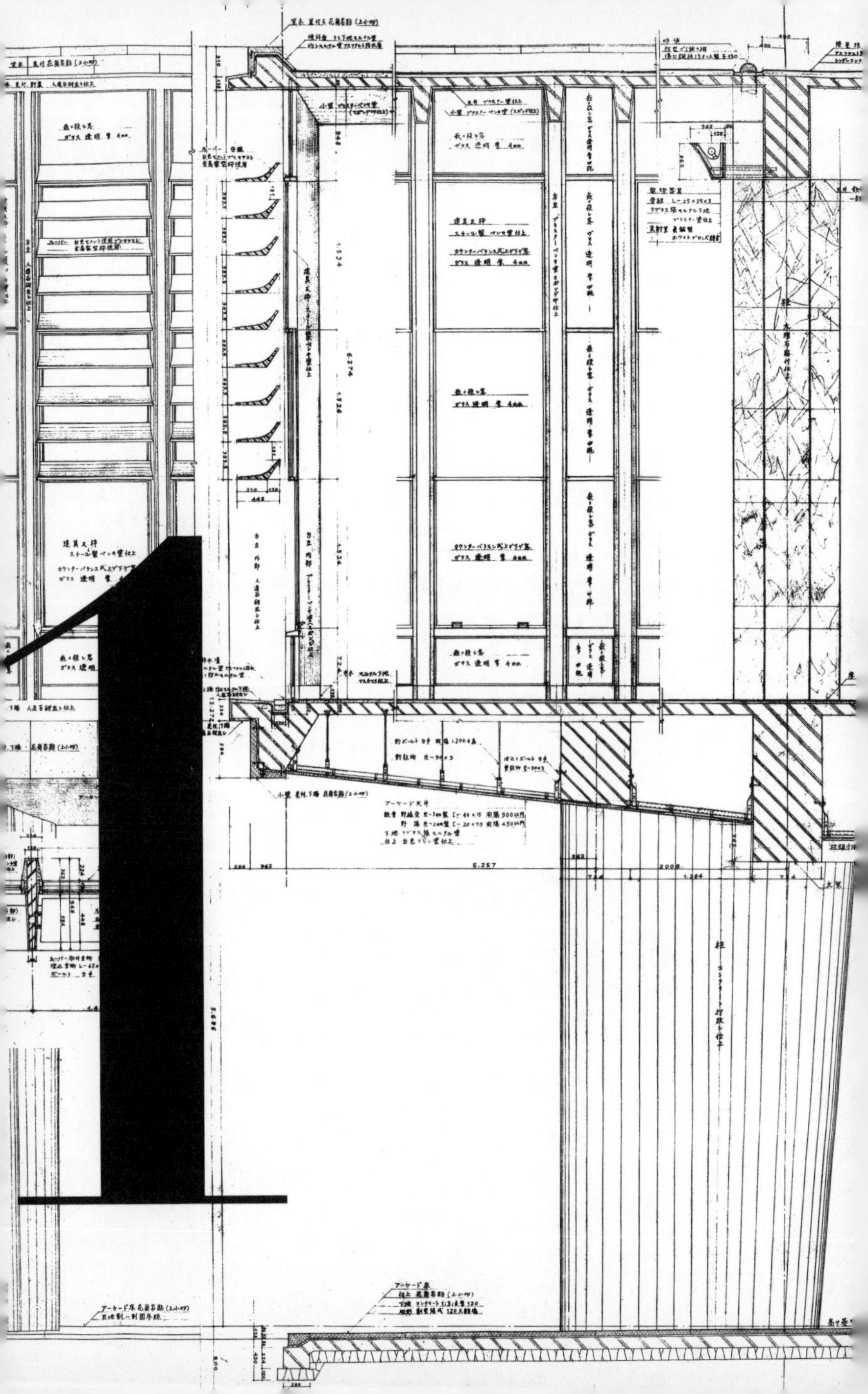

アーケード天井
アーケード床
5.257
6.274

低層ラーメン構造——広島平和記念公園

広島計画コンペ案

広島市復興都市計画と慰霊問題

第二次世界大戦が終わった翌年の一九四六年、丹下健三は戦災復興院の委嘱により、浅田孝、石川充、大谷幸夫、武基雄、大林新とともに広島市復興都市計画とその基礎問題に取り組んでいた。その報告から明らかになるのは、丹下らがまずもって山陽工業地帯の形成とその軍事的発展に注目し、その一環として広島を位置づけ、広島市域の地域構造の変遷を追っている点であった。こうした分析を踏まえて、丹下らはこれからの山陽工業地帯再建と広島市のあり方を展望し、人口構成の推定、土地および施設配分計画、土地利用計画を立案している。

原爆の投下により灰燼に帰した広島市街地はタブラ・ラサ（白紙）として喩えられることも

しばしばだが、丹下らが立案した復興都市計画案は地権者からの激しい抵抗にあい、実現には至らなかった。これについて丹下は東大建築学科で開講した「都市計画」講義の中で以下のように語っている。

「planningとは都市を対象として計画を考えるのであるが、それ自身も白紙の上に線を引くのではなくして、都市という歴史的現実に対してplanされるのであるが、自らの立場、方向も都市という現実的な移り変わりに応じた歴史的変遷をなした。都市というものの歴史的な動きに対して計画がいかに変って来たかを知るためにまず歴史的な問題を取上げる必要がある」(i)

都市計画家が最善と判断して提示した案でさえ地権者の抵抗でお蔵入りになる現実に対して、丹下は「都市というものの歴史的な動きに対して計画がいかに変って来たか」の理解、つまり都市計画の歴史認識が何よりも必要と考えていた。

一方で、英軍の建築家であり広島市の建築、都市計画の顧問であったジャッピー氏は、広島の復興計画を担当していた丹下のもとを訪れ、原爆の被災者のために五重塔のような鐘塔を建設する構想を説明した。しかし、丹下はその構想を批判し、深川の東京都慰霊堂

（一九三〇年、設計 伊東忠太）をジャッピー氏と二人で訪れて、それがいかに醜く、今は市民からいかに忘れ去られているかを強く説いた。

その後、ジャッピー氏は軍務で帰国したが、一九四九年に広島平和記念公園コンペの課題が公表され、世界的な平和会議用の集会場、原爆資料陳列室、研究室、図書室、食堂、そして平和の祈りをささげる鐘を吊すための塔をこの公園と一体として計画することが求められていた。

コンペ案の三つの視点――都市・建築・記念碑

丹下はコンペ案を作成するにあたって、「平和は訪れて来るものではなく、闘いとらなければならない」と考えていた。言い換えれば、丹下にとって平和とは、「自然からも神からも与えられるものではなく、人々が実践的に創り出してゆくものである」ため、広島平和記念公園を「平和を創り出すための工場」（ii）と位置づけるに至った。

こうした自らの平和への思いを具体化するにあたって、丹下は数万人の群衆が慰霊祭や平和運動のためにこの地を訪れるであろうと想定し、公園内の道路は歩行者のために機能的に配することとした。こうして、四つの基本的な施設（資料館／広場／祈りの場所／原爆ドーム）が直線上に配置されるに至った【1-1】。

記念館そのものは敷地南端の一〇〇メートル道路（平和大通り）に沿って水平に配置されるが、丹下はそのデザインについて「近代技術と近代生活の素直なあらわれ」を目指し、帝冠様式のような「作為的な記念性の表現」は極力避けている。また、機能的なものの中にも、周囲の環境に対して開放的であることを求め、環境の遮断を避けるため、ピロティ形式を採用した。

さらに平和の祈りをささげる鐘を吊すための記念碑について、丹下は塔を建てるか、アーチを架けるか、それとも何も建てないか、の三つの選択肢を想定し、双曲線(hyperbola)のRC造のアーチを選択している[1-2]。

このコンペの審査員をつとめた岸田日出刀は審査評の中で、「平和記念館の中央部分は開いた列柱廊下となっているから、一〇〇米街路から園内は遠く広く見渡せるようになっており、中心軸上に配された公園の広場を越して、公園（中略）中央に虹のような巨大な記念アーチが建つ」が、「このアーチを越して川越しに遠く元産業奨励館の絵画的な残骸を望むヴィスタの効果をねらった（中略）理路整然たる計画性は周囲の都市計画的諸要素とよく適応調和しており、造営物の造形意匠もまた創

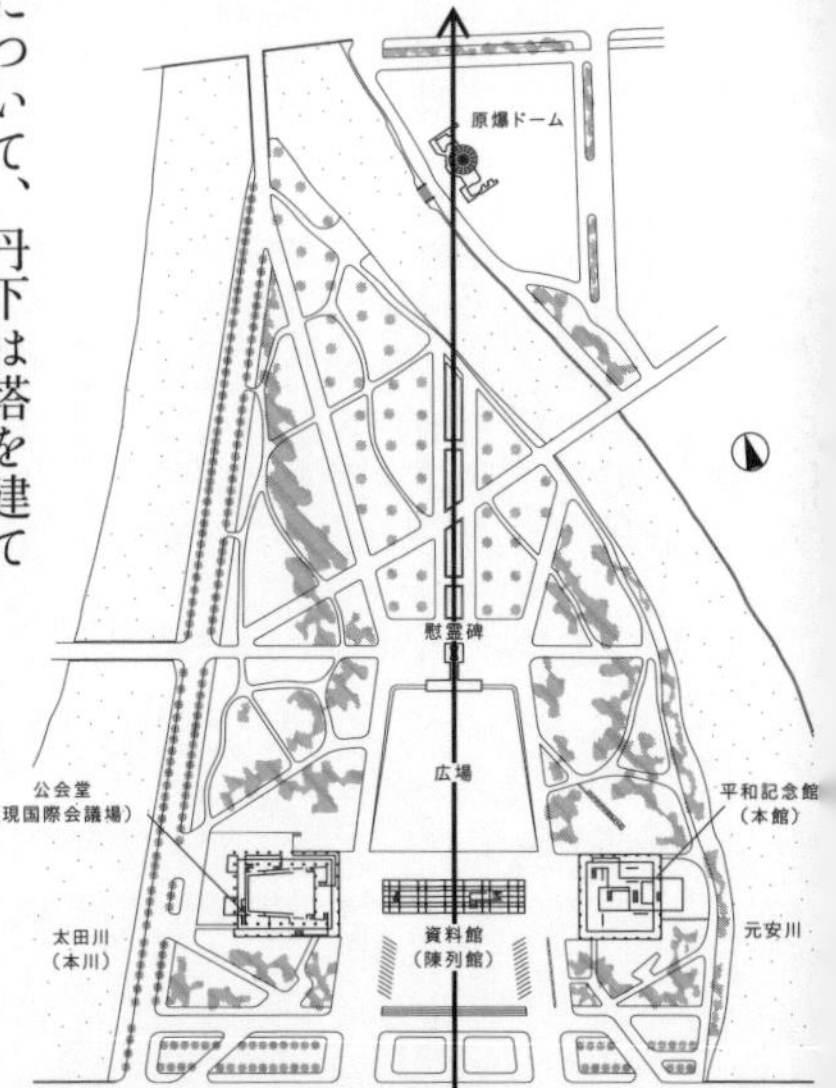

[1−1] 広島平和記念公園配置図

[1−2] 広島平和記念公園コンペ模型写真

意に満ち、本案が一等の栄位をかちえたのも決して偶然ではない」と高く評価している。しかし、丹下がアーチを採用した点について、岸田はエーロ・サーリネン設計のゲートウェイ・アーチ（Jefferson National Expansion Memorial）に酷似している点に強い不満を述べている（iii）。

一方で、このコンペに丹下、浅田とともに参加した大谷は、丹下の設計の特質を配置の妙と形態の卓抜さに求めている。大谷は建築設計一般を「形態・形質・位置」（「変形・変質・変位」）の三つ巴で捉えており、どれか一つでも欠けると設計としては問題がある、とした。その点で広島計画の「位置」（都市スケールの配置計画）には構造があり、他と較べても群を抜いているが、これを基点に記念館の「形態」がはじき出され、最後に「形質」（質感やディテール）が決められている。そのため、丹下の設計手法は「形質」から設計を始める村野藤吾的な手法とは大きく異なることがわかる。

実施設計時の課題

全体計画——アーチの取りやめと慰霊碑問題

コンペ入賞後、丹下は基本設計に取りかかったが、巨大なアーチを採用する代わりに、アメリカの彫刻家イサム・ノグチに慰霊碑のデザインを依頼している。事の発端は、一九五〇年に日本を訪れたイサムが新制作協会の歓迎会で丹下と出会い、「日米の血が流れる者として、広島で『平和共存の夢』を託す仕事がしたい、という希望」を丹下に伝えていたことに遡る（iv）。

イサムは丹下研究室の中に作業スペースを確保し、粘土を用いて検討を開始した。その結果、地下に約一一万の原爆死没者名簿を納めた奉安箱を安置するアーチ状の慰霊碑が姿を現し、丹下は「地表に現れる部分は小さいものであったが、おおらかな気宇があふれて」おり、「古代の日本の玉のようなもののなかに、彼（イサム）のプロトタイプが見いだせそうに思われた」（v）と回顧している。

しかしこのコンペの審査員である岸田は原爆を投下した加害者（アメリカ）側の人間が慰霊碑に携わることに強く反対し、結果として丹下のデザインによる鞍型の薄いシェルが採用された[1−3]。

一方で、丹下は広島平和記念公園の直近にある二本の橋の欄干デザインを依頼され、これをイサムに引き受けてもらった。イサムは敷地東の元安川に架かる「平和大橋」、西の太田川に架かる「西平和大橋」の意味づけを考察し、前者の欄干を太く、空に向かってそるように力強くはね上がらせ、末端部分で球体を半分に切った形を採用している。

[1−3] 丹下のデザインにより実現した慰霊碑

イサムはこれを昇る太陽を象徴する橋と見立てた。また後者は人間は死んでから神さまのところにその精神がいってしまうということで、エジプトでも、ギリシャでも、心は船に乗っていくという話を想起し、末端部分が和船の舳先の形をした欄干をデザインしている［1−4］。

陳列館――原型としてのユニテ・ダビタシオンと伊勢神宮

コンペ時の模型で確認すると、記念館中央の陳列館ピロティは二本二列の丸柱で構成されていた。しかし、竣工した陳列館のピロティはル・コルビュジエによるユニテ・ダビタシオンの足下に近しい力強いデザインとなっている。この設計過程について、丹下は研究室の中で指物大工に陳列館の五〇分の一の木の模型をつくらせては壊しながら、「廃墟のなかから立ち上がって力強いものをコンクリートを頼りにして創ってみたかった」と述懐している（vi）［1−5／1−6］。つまり、単なる高床の校倉ではなく、木の模型を頼りにして、何か形にならないが、強く心の中にあらわれてきたそのプロトタイプを探しあてようとした結果、丹下にはそれが伊勢と感じられることになった、という。すると丹下はそれを足かせと感じるようになり、対称を破ることを試みたり、東西に走る主梁を放射状に斜めにして、ピロティの断面に変化を与える試みを行っている。

［1−4］建設途中の西平和大橋欄干

［1−5］墓地の中に立ち上がる陳列館

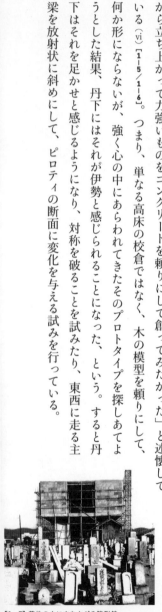

古典建築をプロトタイプとし、スケールを読み替え、それに変形を加える設計スタイルは戦前の「大東亜忠霊神域計画」（一九四二年コンペ案）においても見いだせる。現実の伊勢神宮は木造の高床建築であるが、大東亜忠霊神域計画において丹下は伊勢を原型と見なして、高さ六〇メートルの大屋根RC造参拝施設として翻案している。こうした原型のスケールの読替えと変形は、尖塔型の小さな祠が巨大なポインテッドアーチのゴシック建築と等しく聖なる建築である、と指摘した美術史家ヴィルヘルム・ヴォリンガーのゴシック理解に近しい。

当時、丹下の設計手法とよく比較対照されたのが西山夘三の建築計画学であり、西山は庶民の生活をつぶさに観察して類型化し、そこから住宅のプロトタイプを見いだそうとした。西山の手法は一般に社会主義リアリズムの派生形と考えられるが、丹下は西山をはじめとする建築計画学を

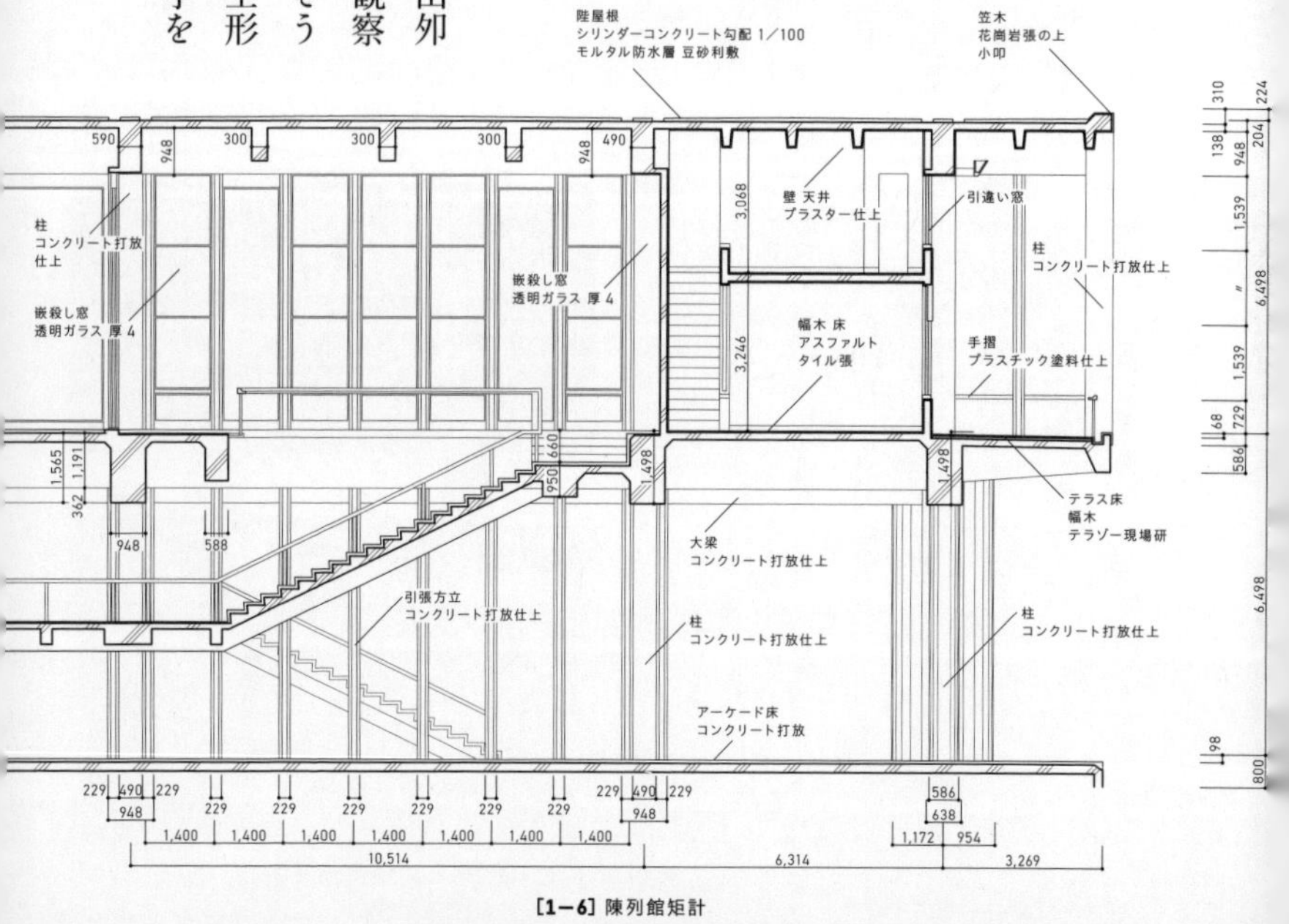

[1−6] 陳列館矩計

「外的リアリティ」とし、自らの手法を「内的リアリティ」(ⅶ)と呼んで区別している。

また、この陳列館は慰霊祭や平和運動の際に集まる数万人の群衆のための門として位置づけられ[1-7]、地表面から二階床面まで六四九八ミリあった。これについて丹下は「社会的人間の尺度」と呼び、一般的な「人間の尺度」(ⅷ)(ヒューマン・スケール)とは異なる、と強調している。

[1-7] 群衆のための門としての陳列館とその先に見える原爆ドーム

本館——原型としての柱

陳列館の設計が落ち着いたころ、本館のデザインが始まったが、丹下は都市と建築を結びつけるために独自のモデュロールを活用していた。これはコルビュジエからの強い影響と考えられ、工業生産の水準が著しく低かった戦後の焼け野原で、全体構想からサッシュの見付けまでを連関させようとした場合に、モデュロールという縛りが必要となった。また公共建築を設計する際には設計者は一人ではなく複数人で行われるため、その共通言語としてモデュロールが期待された。丹下は指物大工がつくってくれた幾種類かの柱と梁を組み合せた模型のそれぞれのプロポーションの中から何らかの手がかりを得ようとし、その結果、力強い伊勢のような陳列館とは対照的に桂のような本館を目指すこととなった［1－8］。

コンペ入賞後、CIAM第八回ロンドン大会に招かれた丹下は西欧の近代建築家たちが中世の広場をモデルにしていたことを知って、ひどく幻滅していたが、いざ自分で広島平和記念公園を設計しようとすると、伊勢や桂を手がかりにするほかなく、自らも憐れな部類に入ることを自嘲していた。

本館のデザインを具体的に見てみると［1－9］、丹下モデュロールに沿いながら、非常に見付けの細い柱と梁、ガラス面から構成され、「平面の奥深くに耐震壁を設けて、外に見える柱、梁には、水平力にたいする負担をなるべく架けないようにして、純粋な重力の場での力の秩序をさぐるほうが、柱、梁というリニヤーな架構にとっては、より素直なかたちに近づくだろう」と判断していた(ix)。とはいえ、広島計画で用いられた丹下モデュロールは二四八二、四〇一六、六四九八といったミリ単位の端数を含み、著しく理念的で、当時の施工精度を無視した数列であった。

[1－8] 桂離宮

[1－9] 木造の桂離宮のようにスレンダーな本館ピロティ。ピロティ床のデザインに桂の影響が窺える

磯崎新は、オスカー・ニーマイヤーやホゼ・ルイ・セルトに比して丹下の作業が日本的に見える点に触れ、丹下の建築の「立体的構成の背後に、柱梁の露出した、日本の伝統的な建築の構成をひかえさせている」ことを指摘している。丹下は広島に取り組んだころ、鉄骨やRCでさえ、伝統的な木造建築の比例関係（木割）に接近させようとし、実際に近代建築でありながら、襖や明かり障子のようなフリーパーティションやカーテンウォールが嵌め込まれ、流動性と透明性を併せもつ空間が実現した（x）。

竣工後の経緯と改修の意図

実現しなかった公会堂と平和文化都市基本構想

一九五五年八月六日、広島平和記念公園で慰霊祭が執り行われ、丹下もそこに足を運んでいる。多くの人間が詰めかけた様子を丹下のカメラを通じて知ることができ、そこには原水爆反対の大きな旗や、さらしを巻いた極道関係者らしき者も写っている。一方で、陳列館、本館と並んで計画されていた公会堂［1-10（右）］はさまざまな政治的圧力の下、丹下ではない者の設計による国際ホテル兼公会堂となり、似て非なる建物が出来上がってしまった。

この問題はその後も尾を引き、URTEC（丹下事務所）が広島市からの依頼で取りまとめた『広島国際平和文化都市基本構想』（一九七九年一月）でも議論の対象となっている。その中で、平和記念公園と平和記念館（本館）・資料館（陳列館）・公会堂は、国際平和文化都市広島の象徴であり、国際ホテル部分の撤去後に新設されるホール（国際会議場施設）は、都市公園としての環境的調和に留意することが重要である、と謳われている。また、記念館、資料館に対するデザインの本質を踏まえて、空間的、形態的に統一感をもたらすよう、建物のスケールや、高さのバランスを失わないことが強調されている。

素材に対する理解の変容と様式の変化

一九八〇年代に入ると、公会堂部分が国際会議場として新設され［1−10（左）］、本館部分も改修する運び

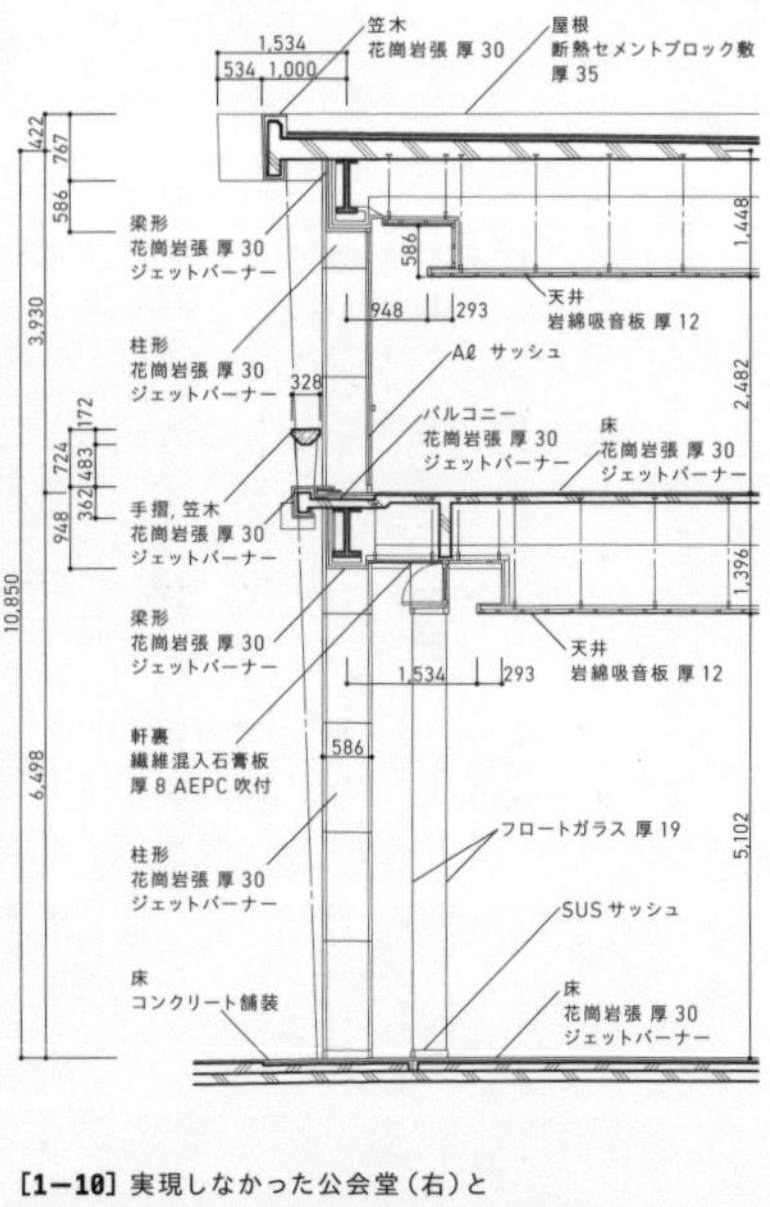

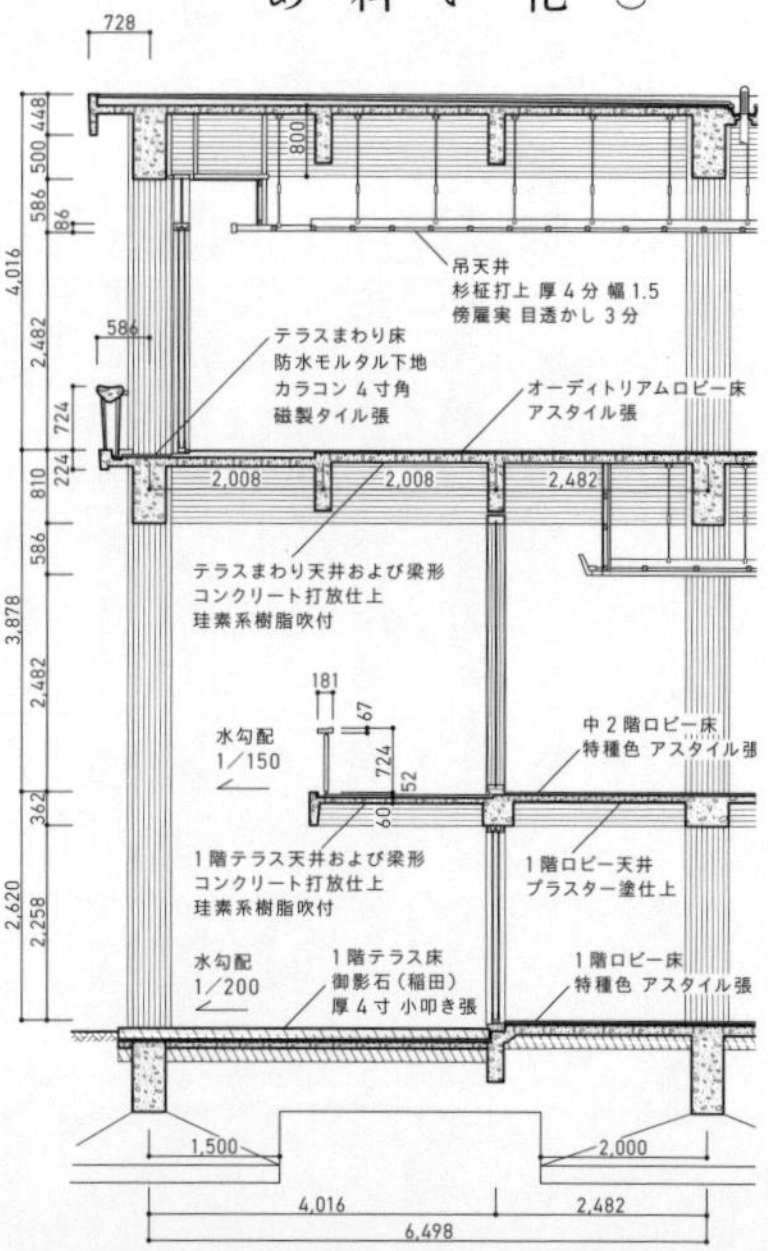

［1−10］ 実現しなかった公会堂（右）とS造として再建された国際会議場（左）の矩計図

となった。当初、本館のRC表面は著しく汚れており、何か仕上げをしなくてはいけないという状態にあった。そのため、丹下は本館を石で覆う計画を立て、その基準に沿って国際会議場のプロポーションを決定した。しかし、その後に本館そのものを建て直すこととなり、一九五五年の竣工当時のRC造のプロポーションよりやや太った石張りS造の本館が立ち上がることになった。このプロポーションの変更について、丹下は「当初のコンクリートで建てたものが一番よかった」としつつも、「このままでは、今後そう長くもたせることができないということで、今回のように、古い建物を考慮しつつ、新しい建物を考えなければならないということになった」と振り返っている(xi)【1-11】。

また別の席で丹下は「戦争直後の頃は、私どもの知識が浅はかでございまして、コンクリートというものは、一度出来れば一〇〇年、二〇〇年もつと考えていた」と告白し、「私の経験ですと、五年に一回くらいは、コンクリート表面、特に雨に当たる部分の補修が必要」(xii)と述べ、メンテナンスの重要性に言及している。

一九五〇年代以後、広島平和記念公園を竣工させ、瀬戸内地方にいくつもの公共建築を実現していた丹下は打放しコンクリートに無限の可能性を感じ、そこに建築の本来性を見て取っていた。しかし晩年には自ら設計した建築の維持と保存の問題に直面し、石張りを積極的に採用するに至った。丹下のこのような変化に対して多くの識者が嘆いたが、丹下自身は広島平和記念公園の改修に際して、西洋建築様式の変遷を辿りながら、現代建築の美的システムの可能性について以下のようにまとめている。

「ギリシャの建築家たちが、単純な柱と梁のシステムからドーリス様式をつくり出したり、それがイオニア様式を経て、さらに装飾性を豊かにしたコリンシャン様式まで進行してしまった過程と、そのような過程を踏んだ建築家たちの美的感覚や芸術に対する姿勢の歴史的変化はそれなりの必然性をもっていたように思います。それはギリシャ建築の美的システムを構築したものであったのでしょう。それがローマ時代の建築に引き継がれ、そしてルネッサンスに入って建築の大切なコンポーネントとしてふたたび華開いたように思われます。これら装飾的要素は、いずれも建築的な要素であり、建築に豊かさを与える大切なものであるように思います。パッチワークのように空いたところが寂しいから何かを貼りつけようとするのと異なったもののように思われます。現代の建築にも材料や技術そして施工の方法などからくる新しい豊かな現代の美的システムをつくりたいものです」(xiii)

ここで指摘された、寂しいところに何か貼り付ける「パッチワーク」とは八〇年代末に流行したポストモダニズム(脈絡を欠いた諸様式の混淆)を指すものと思われ、それに対して丹下は現

[1–11] 改修後の広島平和記念公園の様子

代の材料や技術、生産組織にふさわしい「現代の美的システム」を追い求めたい、と宣言している。しかし、その表現が広島平和記念公園本館の石張りや新宿に建つ東京新都庁舎に集約されているとすれば、今日においてなお議論の余地があると考えられる。

〈註〉

(i) 丹下健三「序」『都市計画講義ノート』私家版、一九五一年
(ii) 丹下健三「広島市平和記念公園及び記念館競技設計当選図案一等」『建築雑誌』一九四九年一一月号、四二頁
(iii) 岸田日出刀「広島市平和記念公園及び記念館競技設計当選図案審査評」前掲書(ii)、三七〜三八頁
(iv) ドウス昌代『イサム・ノグチ宿命の越境者(下)』講談社、二〇〇〇年、五六頁
(v) 丹下健三「五万人の広場:広島ピースセンター完成まで」『芸術新潮』一九五六年一月号、七九頁
(vi) 「広島計画一九四六—一九五三とくにその平和記念館の建設経過」『新建築』一九五四年一月号、一二頁
(vii) 丹下健三「グロピウスが残した余韻」『グロピウス博士の日本文化観』彰国社、一九五六年、三八一頁
(viii) 前掲書(vi)、一一頁
(ix) 「無限の可能性:コンクリート」『建築文化』一九五八年二月号、二三頁
(x) 磯崎新「第二章カツラ:その両義的な空間」『建築における日本的なもの』新潮社、二〇〇三年、一四一頁
(xi) 丹下健三「現代の美的システムを構築する」『新建築』一九八九年七月号、二一一頁
(xii) 丹下健三「広島とわたし」『出会い:わが師わが道』福武書店、一九八七年、一一八〜一一九頁
(xiii) 丹下健三「現代の美的システムを構築する」『新建築』一九八九年七月号、二一一頁

＊扉頁　図版提供:丹下都市建築設計

＊［1―2］［1―3］［1―4］［1―5］［1―7］［1―8］［1―9］ 撮影：丹下健三、内田道子アーカイヴ
＊［1―11］ 撮影：彰国社写真部

2

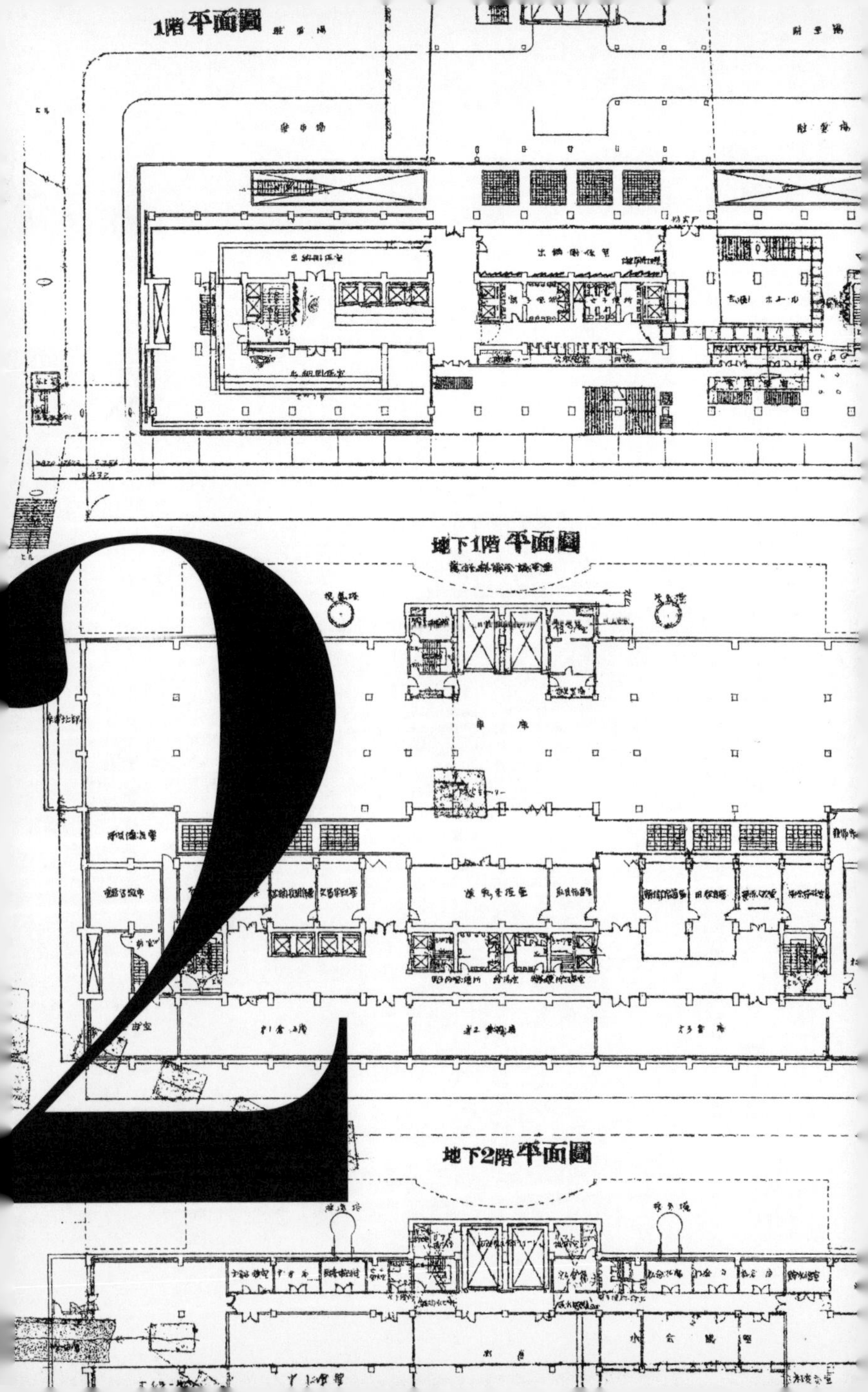

高層ラーメン構造（一）――旧東京都庁舎

旧東京都庁舎コンペ（一九五二）

一九五二年、東京都は有楽町（現 東京フォーラムの一部）を敷地とした都庁舎の指名コンペを企画した。指名されたのは、石本喜久治、蔵田周忠、前川國男、松田軍平、村野藤吾、村田政真、佐藤武夫、丹下健三、谷口吉郎、山田守、吉田鉄郎の面々で、この中から丹下健三が一等に選出された（i）。丹下が提示した案は、立地条件から導かれる都市計画的な側面と、近代的なオフィスビルの側面という二点からスタートしている（ii）。

立地条件から導かれる都市計画的な側面

立地条件について、丹下は七つのチェック項目〈①既存および計画交通機関の容量から見た通勤者の便、②都庁に用件をもつ市民の交通の便、③関係官庁との連絡の便、④関係業務中心地区との連絡の便、⑤付近道路の自動車交通の条件、⑥都庁舎総合計画樹立のための敷地の条件、⑦敷地内外の環境条件〉を掲げて縦軸に列挙し、有楽町のほかに五つの候補地（大手町、神田、月島、市ヶ谷、新宿）を横軸に列挙してマトリクスを構成し、○×を用いて比較対照している。その結果、丹下は有楽町が⑤自動車交通、⑥都庁舎総合計画、⑦環境条件の点で劣るものの、他の条件において優位である、と評価した。

ここでいう⑤自動車交通の問題とは、有楽町界隈で引き起こされる自動車の集中と渋滞を指し、都庁への通勤歩行者の動線の確保が難題であった。また⑥都庁舎総合計画とは、省線（現 JR山手・京浜東北線）を挟んで都庁関連の大小施設が散在しており、これらをいかに統合するかがコンペ当時から課題となっていた。さらに⑦環境条件とは、省線および自動車の警笛による甚だしい騒音にいかに対応できるかを指していた。

コンペ当時、丹下は労働者や学生が都心（都市のコア）へ集中することで引き起こされる人口過密について肯定的であった。この発想は、当時の都市計画の専門家としては珍しいもので、丹下は有楽町近辺において最も過密が引き起こされるのも仕方ないと考えていた。というのも、都市のコアを目指す人々の動機が豊かさを実現すること、就業の機会を獲得することにあり、戦後の復興を実現するには彼らを居住周辺地域に足止めしてコンパクトな生活圏をつくるよりも、都市のコアにおいて人口過密を解消する建築的方法を模索することが重要であると考えていた。

近代的なオフィスビルの側面

人口過密を解消する建築的方法として丹下が選択したのがコア・システムとピロティであった。コア・システムとは今日のオフィスビルでもしばしば採用される方式で、建物の中心部にエレベータ、階段、水回り、設備配管を集中させ、耐震壁で囲み、その周囲にユニバーサルスペースを確保するものであった。丹下のイメージでは、多くの労働者が有楽町を目がけて毎朝移動し、その中心施設である都庁舎で最大の過密となるが、訪れる者を公開空地としてのピロティで受け止め、エレベータと階段によって各階に振り分けることで、ピロティはいつも過密と無縁となり、市民が語り合うための公共スペースとして開放されることになる。

こうした都市のコアのイメージを実現すべく、丹下は平面計画・構造計画・設備計画の検証を行っているが、まず平面計画について、都庁舎へアクセスする歩行者動線を中二階と地下コンコースに接続し、地表面の自動車レベルと分離している［2-1］。また各階の平

面計画について、片廊下、中廊下、コア・システムを取り上げ、五つの視点〈①空気調整をしない場合の北面の処理、②平面計画の間仕切りの互換性、③内部動線の短縮と廊下部分の節約、④空気調整その他設備の経済、⑤構造の安定性と主構造から自由にされた外壁〉から評価し、コア・システムを最適と判断している。

次いで構造計画に

[2−1] 旧都庁舎南面外観

ついて、高さ三一メートルのオフィスビルを実現しようとした場合、四つの構造形式〈①コア・システムによる耐震壁（外周骨組はラーメン構造）、②同（外周骨組はピン構造）、③部分的耐震壁、④均等なるラーメン構造〉が想定されたが、四つの評価項目〈①構造の一体性、②柱・梁・ハンチによる空間欠損、③基礎の安定性・転倒、④施工上の難易〉から、コア・システムによる耐震壁（外周骨組はラーメン構造）が最適であると結論づけている。

また設備計画について、丹下は夏の受熱を極小にし、冬の受熱を特大ならしめることが日本のオフィスに必要な条件であると考え、庇・ルーバー・フィンの採用を提案している。これにより、冬の受熱は開口率五〇％程度の建物と同様であり、夏は受熱を九〇％以上打ち消すとし、五年程度の間に償却し得る、と算盤を弾いている。また、均等な照度分布を考えるうえでも庇・ルーバー・フィンが適しており、快適な気候においては窓を開くことができる、と強調する。なお、音については、八〇デシベルの騒音を許容限度四〇デシベル以下に下げる必要があるが、実証的なデータが乏しいため、庇・ルーバー・フィンの素材選択によって遮音効果を期待したい、とした(iii)。

実施・施工現場での格闘（一九五三〜一九五七）

コア部分の諸問題——天井高さと空調とＳＲＣ構造

一九五〇年代における建築基準法では建築物の高さは塔屋などを除いて原則三一メートル以下に制限されていた。一方で、都心目がけて集中する群衆を迎え入れるにふさわしい玄関として背の高いピロティ（階高八五〇四ミリ）が要請され、上階では容積を可能な限り消化しなくてはならなかった。その結果、基準階高が三二四八ミリに抑えられ、オフィスの天井高さが二五五八ミリ、廊下の天井高さが二二四四ミリとなってしまった。これは現代のオフィスの階高に照らしてもかなり低く、今日のマンションの階高や天井高さにほぼ合致している。

こうした天井高の低さとＳＲＣ造のコア・システムから類推されるのは、コアから専用部への梁貫通の難しさである［2—2］。一般にＲＣ造の梁貫通について、ある程度の自由度があるが、ＳＲＣ造にはそれが少なく、また丹下研究室では中高層オフィスの実施経験が皆無だったことを鑑みるに、チーフを務めた大谷幸夫の苦労がしのばれる。

実施設計当初、館内空調は地下の空調機械室で調整した空気をダクトで各階に送るセントラル空調方式が想定されていた。しかし、延べ

［2—2］ダクトの梁貫通部部分

面積三万平米を超える庁舎では巨大なダクトが必要になり、「ダクトの背が梁の背を超えるほど大きくなる」(iv)という事態に遭遇する。ここで丹下研の大番頭・浅田孝が連れて来た設備エンジニアの川合健二は各階空調を提案している。これは熱源となるボイラーや冷凍機を地下に設置し、各階の空調ユニットに冷媒を送り、この空調ユニットからスパイラルダクトで空気を送る、という今日ではオーソドックスな方式であった[2−3]。この方式は川合の発明ではなく、海外ですでに実現していた技術であったが、川合は専門書を熱心に読み込み、国内メーカーに協力を仰ぎながら実現にこぎ着けている。

また構造的な観点から都庁舎を捉えると、地上八階(中二階付)、地下二階、梁間七一三〇ミリ×三スパン、桁行方向五二五六ミリ×一八スパンの均等ラーメンであった。中央BC列間には耐力壁が配置され、ここに全体の構造コアを形成させている[2−4]。これは中央部に応力を集中させることで、外周部の執務スペースの構造体の応力分担率を軽減させ、柱、梁の断面を小さくしようと試みた結果であった。また、地

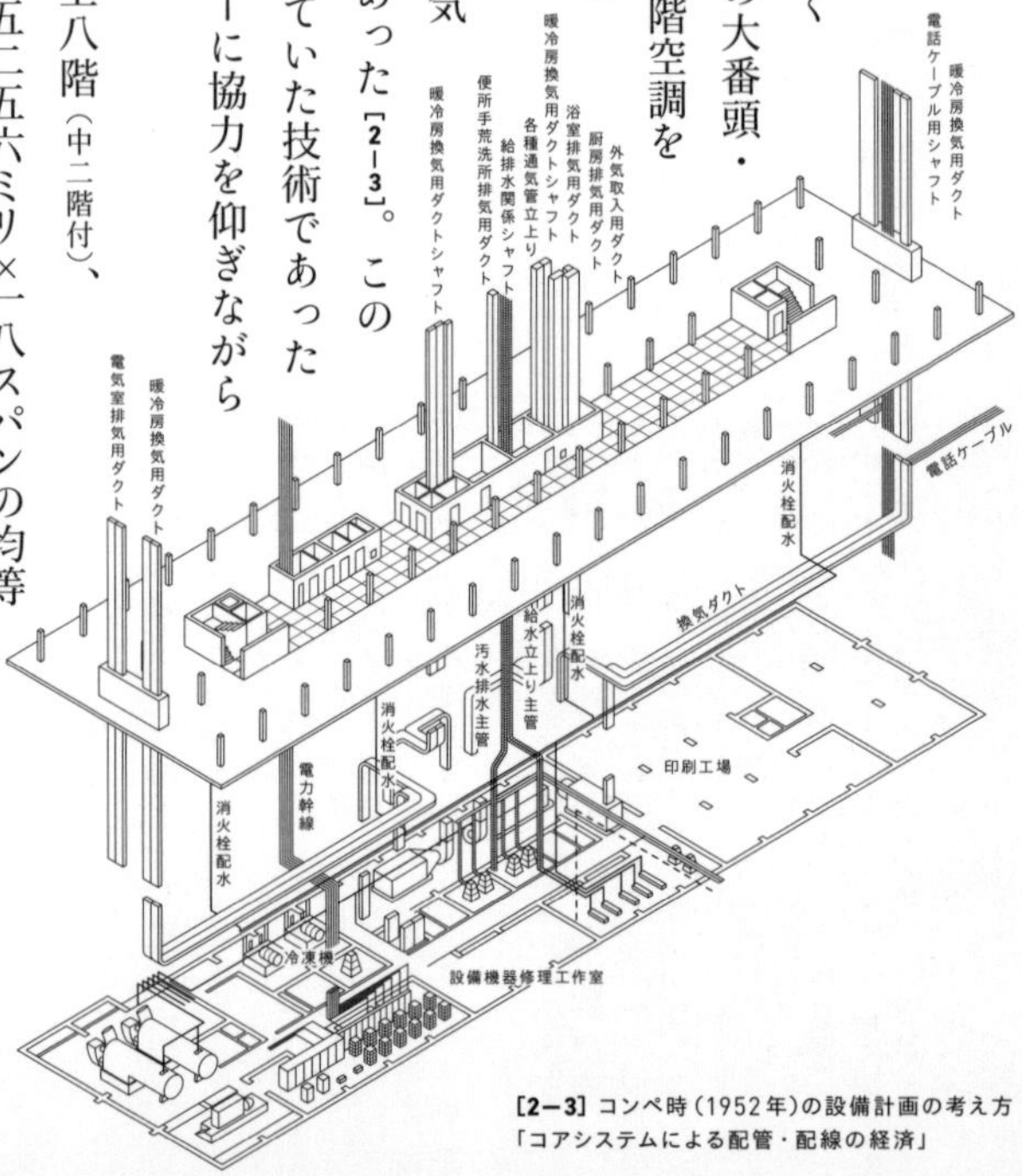

[2−3] コンペ時(1952年)の設備計画の考え方
「コアシステムによる配管・配線の経済」

下部分では外周部AB、およびCD列間にも耐力壁を配置し、応力を地下部分全体に分布させることによって全構造体の安定を図ることができた。しかし、一階・中二階部分は市民に開放されたピロティとするため、任意に耐力壁を増設するのは好ましくなかった。さらにBC列には各階で廊下が貫通しており、耐力壁に大きな開口部が開いていた。そのため、構造を担当した武藤清は実験を繰り返す中で、壁柱の曲げ応力に対する補強や鋼材量の検討を行っている。

ペリメーターゾーンの諸問題――日照と防音・遮音

コンペ案で検討されたとおり、実施設計でも庇・ルーバーが日照調整にどれほど寄与するか検証された。その結果、庇・ルーバーにより、全面ガラスが受け入れる終日の総熱量を約三分の一に減らすことができると見積もられた。また太陽受熱量と人体発熱量とを加算したもので比較すれば、庇・ルーバーのある場合は、全面ガラスの場合に対し二分の一となり、ランニングコストの削減に寄与することがわかった。さらにイニシャルコストの点から見れば、一般にピークロードにより冷房関係機器の容量は判断されるが、ピーク時における受熱量と人体発熱量とを加算しても、庇・ルーバーの取付けによって冷房関係機器の容量を半減させ

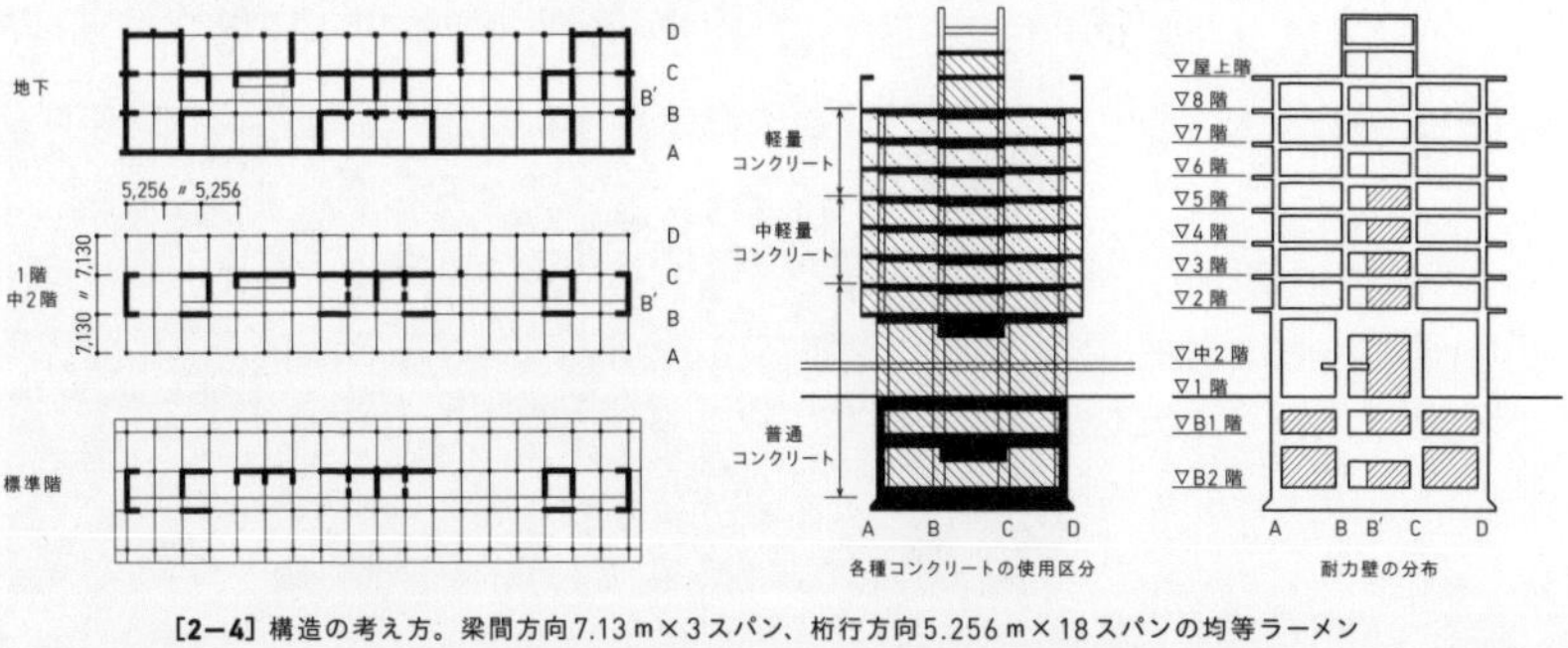

[2−4] 構造の考え方。梁間方向7.13m×3スパン、桁行方向5.256m×18スパンの均等ラーメン

得る、と見積もられた[2−5]。

次いで防音について、一般に掃出し窓のオフィスではサッシュによる密閉度が防音のポイントになる。しかし、当時はまだアルミサッシュが市販されておらず、都庁舎では押しコロによって引戸を押し、ゴムパッキングに密着させる方法が採用された。その結果、押しつけが不十分なもの、逆にきつすぎて開閉に支障のあるものなどが散見され、当時の鋼板の折曲げ加工では、要求する精度を実現できなかった。

一方、ＮＨＫ技術研究所の協力を得て、庇やルーバーに遮音性能をもたせる検討が理論的に行われた。この結果、騒音を構成している広範囲の周波数に対して効果があり、かつ耐候性の吸音材または吸音構造を選び、さらに十分な効果を上げ得るような吸音面積をとることは設計上困難なことがわかった。都庁舎で採用される庇・ルーバーを吸音率六〇％の材料

[2−5] 南・北面ファサードを構成する庇とルーバー

で仕上げたとして、騒音は約四デシベルほど小さくなるものの、この部分が騒音の成長を助長しないように、庇・ルーバー面は剛体を避け、さらに板振動および空洞共鳴による吸音体を構成するよう考慮された（v）。

鉄と防錆に関する諸問題

基準階の庇・ルーバー、手摺およびサッシュ面には、鉄が採用された[2−6／2−7／2−8／2−9]。ここで鉄が選ばれたのは、第一にモデュラープランニングによる基準寸法体系にのったユニット構成が容易となり、鉄を選択することが建築生産の工業化につながること、第二に都庁舎に現代の表現を与えたかったこと、が挙げられる。しかし現実問題として厚さ一・六ミリの鋼板（点六鋼板）の折曲げ加工に多くを依存していたため（vi）[2−10]、大きく分けて二つの問題が発生した。第一に、鋼板の折曲げ加工による成型と、溶接による接合には製作の精度に一定の限界があり、板厚の相対的な薄さと溶接による歪みが生じ、表現としての弱さが現れてしまった。第二に、採用した鋼板の板厚の薄さは、腐蝕による断面欠損が大きく、防錆については特に注意されなければならないが、閉鎖型の断面の

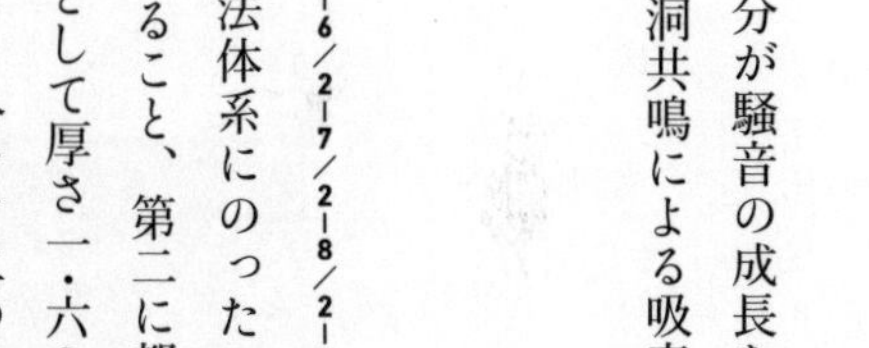

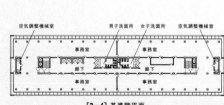

[2−6] 基準階平面

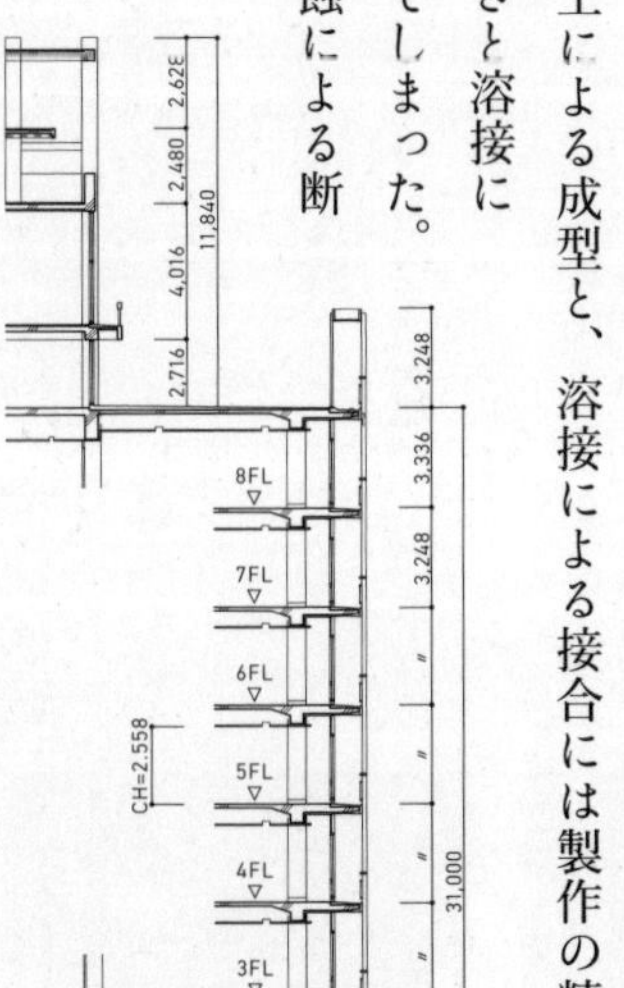

[2−7] 南北断面

場合、防錆処理の点検、補修が不可能なため、加工に際して万全の処置が必要となった。

当時、鋼板の防錆として考えられたのがリン酸塩皮膜＋ジンククロメート・プライマー、あるいは亜鉛鍍金であり、両者に対して暴露試験を試みたところ、単純な形態の試験体であれば、いずれの方法も有効であることが確かめられた。しかし、鋼板の折曲げによる断面形状の複雑化、ビス締めの際の孔あけ、鋼板同士の溶接、現場での破損といった複雑な条件が付加され、防錆被膜がない箇所が発生し、そこから錆による腐蝕が進行してしまった。そのため、仕上げ塗装では耐候性に重点を置いて、フタール酸系塗料を使用した。さらに、閉鎖型断面のサッシュは、架構の継手部分からの水の浸入を考慮して、水抜き孔をつくり、防錆にも対処したが(vii)、現実には雨がかりの部分で多くの腐蝕が発生した。

[2—8] 鉄の庇、ルーバー、手摺が取り付けられたテラス部分

[2—9] サッシュ面には鉄が使用された

竣工直後の増築計画「都庁舎総合計画」(一九五八)

すでに触れたとおり、一九五二年のコンペ当初から都庁舎総合計画の必要性が論じられてきたが、丹下による都庁舎が雑誌掲載されたのと同時に都庁舎総合計画も掲載された[2-11]。これを取りまとめ、執筆したのは当時丹下研に在籍した磯崎新で、都庁の中枢部をすべて一つの大街区(現 東京フォーラム全体)に収容する案を提示している(viii)。その中で特に目を引くのが、第一にスーパー・ブロックと超高層の建設であり、第二に市民が集えるプラッツァ(公開空地)の建設であった。

第一の点について、省線を挟んで都庁関連の大小施設が散在しており、これらをいかに統合するかが問題となったが、丹下研究室ではスーパー・ブロックと超高層による解決

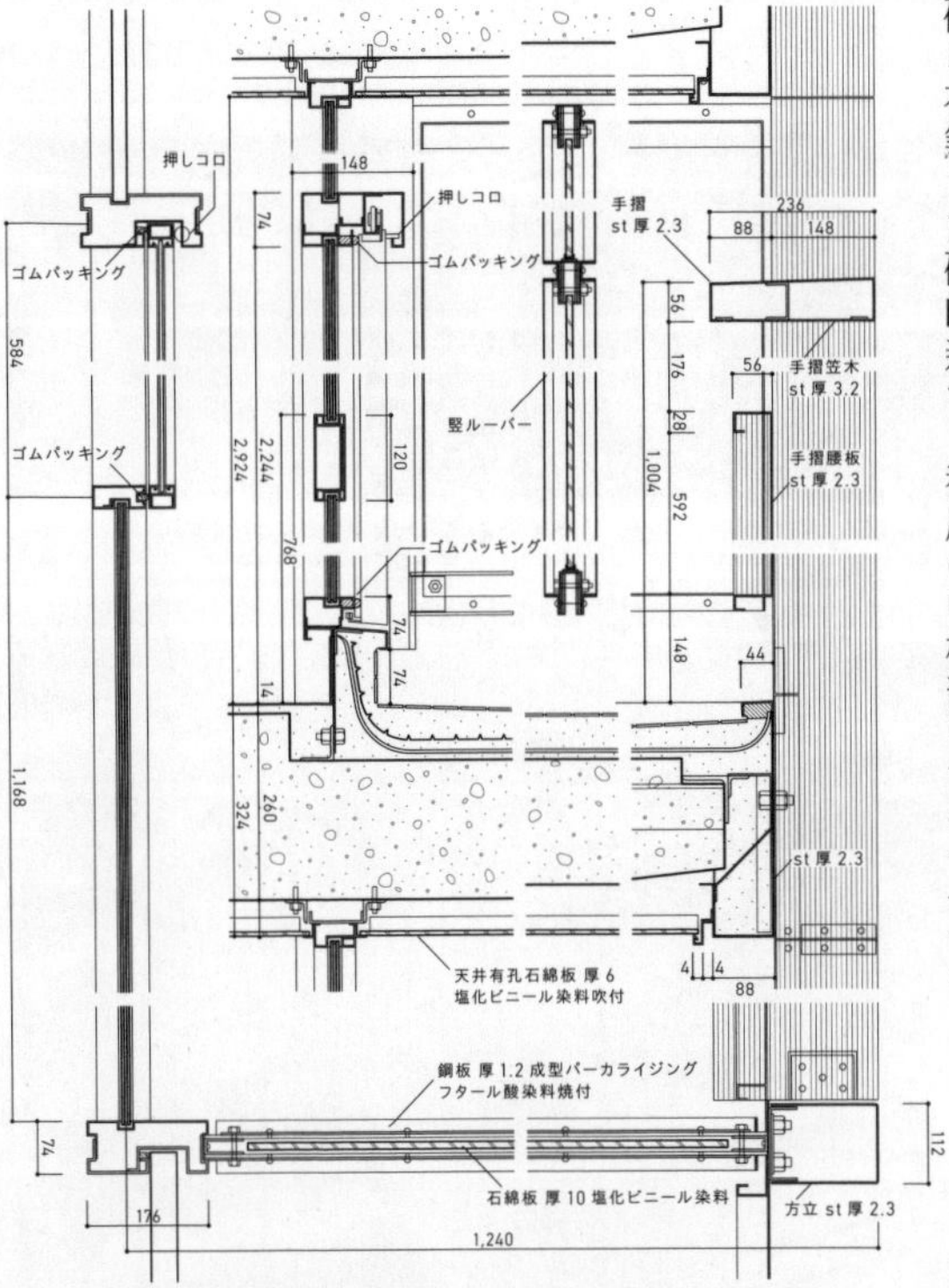

[2-10] 開口部断面詳細。
サッシュ、庇、手摺、方立などに折曲げ加工された
スチールプレートが使用されている

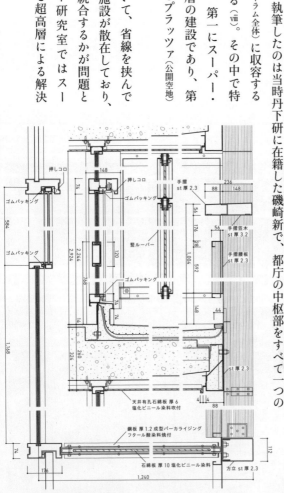

を提案している[2－12]。というのも、許容量いっぱいにオフィスが建設されつつある今の都心は、今後さらに諸機能が集中し、量的に増加することが予想され、その中で再開発を進めるとするならば、少なくとも現在以上の容積率をもち、かつ居住性を高める方法が必要となる。それには、広大な敷地を一団地的なスーパー・ブロックと見なし、高・中・低層の建築の総合的構成により諸機能を満たすことができると判断した。また超高層を導入することによって、オフィスの執務条件(日照、眺望、サービスコアの統一の改善が期待された。

第二に、市民に開かれたプラッツァの必要性について、都庁舎のピロティだけでは市民の交流を促進するにはいささか手狭で

[2—11] 都庁舎総合計画。高・中・低層建築の総合的構成で、周辺に散在した都庁関連の施設を統合する案

あった。また超高層部の地上部には自動車交通をさばくための駐車場が充てられ、都庁舎の中二階と同レベルに長さ二〇〇メートルで屋根なしのプラッツァが設定された。これによりプラッツァは都庁舎の前庭であり、都市のコアとして機能し、歩行者はどこからアプローチしても自らの位置を見失うことなく目的地に到達できる。さらにこうした発想が丸の内街区の再開発に適応されれば、その有効性がさらに高まると期待された。

「都庁舎総合計画」におけるスーパーブロック・超高層・プラッツァの提案は、竣工した都庁舎で部分的に実現できた丹下のコンセプト(都市のコアと建築のコアの有機的統合)を全面的に可視化する役割を担ったのである。

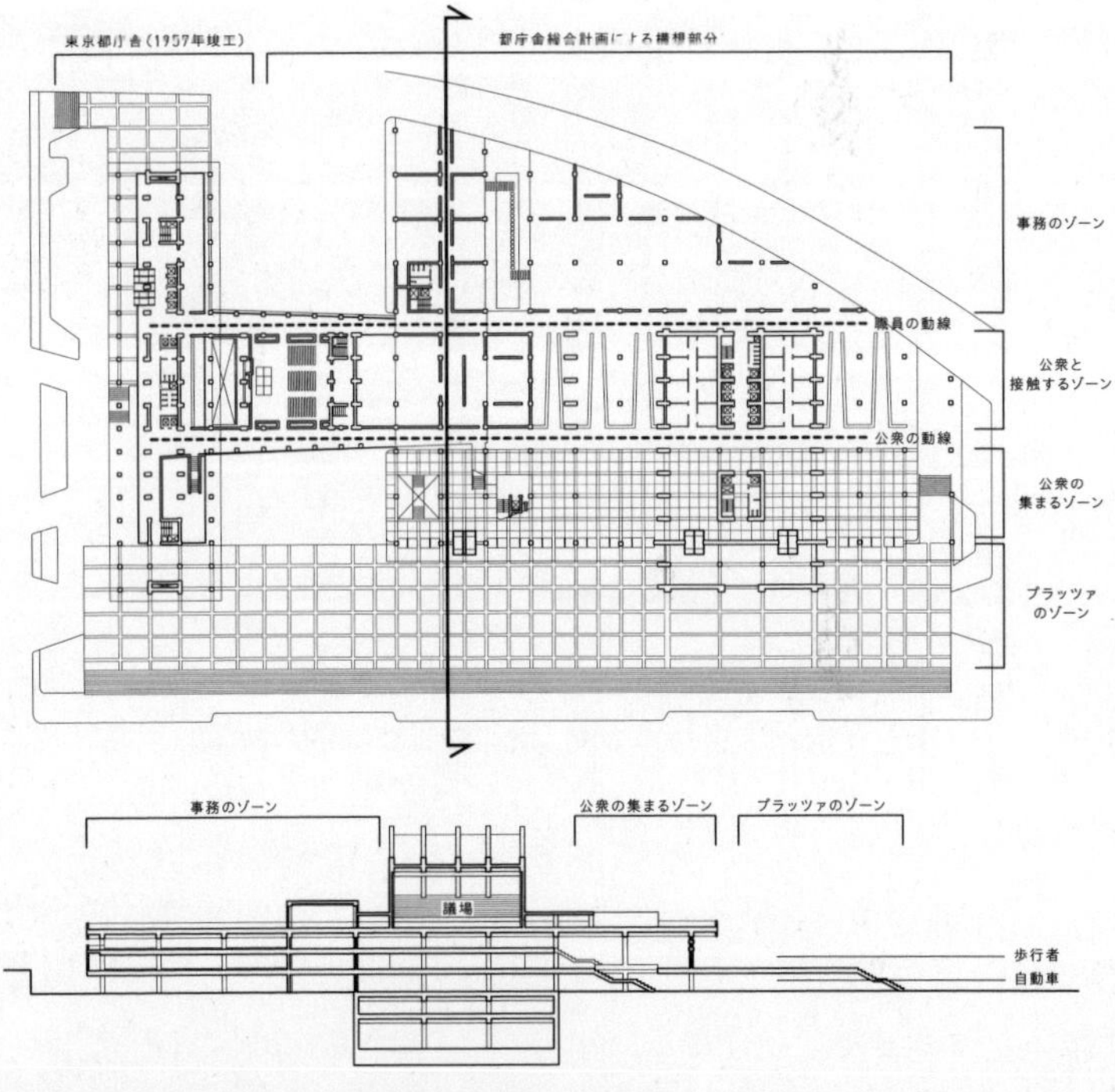

[2–12] 都庁総合計画中2階平面と同断面。明快にゾーニングされ、前庭かつ都市のコアであるプラッツァからアプローチする。動線は車と歩行者で分離される

メンテナンス（一九六七）、解体（一九九一）、そして保存の意義（一九九七）

メンテ状況と解体過程

竣工しておよそ一〇年が経過した一九六七年、雑誌の誌面上では五〇年代末に建設された近代建築のディテールについてチェックが行われている。そこには都庁舎も対象として取り上げられ、柱、壁、屋上、天井、床、間仕切りパネルについて言及があった。柱についてはアクリル樹脂系の透明塗料が塗布されていたおかげで、特に問題はなかったという。また壁についてはエレベータまわりの鋼板のペイントがはげ落ち、幅木部分の腐蝕が指摘されている。屋上では鋼板のサッシュが足下から錆びており、屋上防水は押えモルタルが水分を吸収し、熱膨張によって持ち上がりの現象が散見された。天井はピロティ部の汚染が甚だしく、基準階廊下の天井も天井高が低いこともあって、不陸や目地通りが良くないことが指摘されている。床は軽量コンクリートに直にプラスチックタイルが貼られ、下地が平坦ではないため、床表面の凹凸が目立った(ix)。

その後、新宿に新東京都庁舎が完成し、有楽町の都庁舎は新宿移転を待って一九九一年四月から解体が行われ、九月に完了した。当時、東京都は建設廃棄物の処理にあたって発生量の抑制、再資源化、減量化の努力を行うことを主眼とした「建設廃材処理方針」を策定し、有害物の個別回収、設備機器の有効活用、内装材および下地材の撤去、アスベスト含有材の撤去、機械による躯体解体（コンクリート廃材の場内での再資源化）が行われた。幸いにも敷地面積が三万平米ある旧都庁舎はオフィス街であり、地下二階にプラントを設置して騒音・振動・粉塵を抑えられた。廃材処理結果を重量比でみると、再利用コンクリート九一%、再利用金属類七%、再利用木材一%、産業廃棄物一%であった(x)。

都庁舎の保存問題

新宿に新都庁舎が竣工した後の座談会の席で、磯崎は有楽町の都庁舎保存について以下のように言及している。

「旧庁舎を今壊しているけれども、どうして旧庁舎を保存しないのかということです。これは僕が前から言っていることです。というのは僕がみるところ、もはや六〇年代の建物が消えつつあるのです。五〇年代となると、歴史的に殆どいい建物は残っていない。僕は今の旧庁舎は五〇年代の日本の代表的なモニュメントとして、いろいろな意味で残していいデザインであったと思っています」(xi)

磯崎は有楽町の都庁舎跡地を敷地として行われた東京フォーラムのコンペにおいて、旧都庁舎を保存しながらホール機能を収容する案を検討したが、実際にはラファエロ・ヴィニオリの案が実現した。これは丹下や磯崎が構想した開放的なプラッツァとは対照的に、敷地の内側だけに開かれ、敷地周辺を歩く大半の歩行者や山手線の乗客の視線に対して閉ざされた空間構成を採用している。この点で東京フォーラムが二十一世紀の都市のコアにふさわしい施設であるか否か、議論の余地があろう。

〈註〉

（i）「審査員らは丹下案に対し、『都市計画的な考案がなされている』、『ブロック形態が最も平明性が富んでいる』、『平面計画が最も有機的に立案されている』、『構造計画は最も新しい立体的な構想のもとに計画されている』、『造形感覚がすぐれ現代日本の新しい表現の模範として、建築技術、芸術としての発展に貢献するところが大きい』、『内外の交通連絡が良い』、『全体計画がよくまとまっている』と評価する一方、『南北面のルーバーや耐震壁の問題等は工費、構造上から将来十分に研究してゆく余地が残されているようである』と指摘している」長谷川大「都庁舎本館の誕生」『新建築』一九五八年六月号、一二三頁

（ii）丹下健三計画研究室「東京都庁舎計画選定案」『新建築』一九五二年一二月号、二～九頁

（iii）丹下健三計画研究室「東京都庁舎計画・有楽町」『国際建築』一九五二年一二月号、三四～三七頁

（iv）「設備の巨匠　川合健二」『日経アーキテクチュア』一九九七年八月三〇日号、一四四～一四五頁

（v）丹下研究室「都庁舎計画」の覚え書き『新建築』一九五八年六月号、二八～二九頁

（vi）阿久井喜孝インタビュー『丹下健三とKENZO TANGE』オーム社、二〇一三年、三二七頁

（vii）前掲書（vi）、三〇頁

（viii）磯崎新「都庁総合計画」『新建築』一九五八年六月号、三五頁

（ix）近藤重之助、川井邦男、茶谷正洋「建築材料ノート」『新建築』一九六七年一二月号、二五五頁

（x）大原勲「環境を考えた建築廃棄物の再利用　旧東京都庁舎解体工事の例」『建築と社会』一九九二年五月号、四八頁

（xi）磯崎新、大谷幸夫、黒川紀章座談会「東京都庁舎を解析する」『建築雑誌』一九九一年九月号、一五頁

＊扉頁　図版提供：岡本太郎記念館

＊［2−1］［2−11］　撮影：村沢文雄

＊［2−2］［2−8］［2−9］　出典：『東京都庁本館建設工事写真』東京都建築局営繕部、昭和三二年一〇月二八日

＊［2−5］　撮影：丹下健三、内田道子アーカイヴ

3

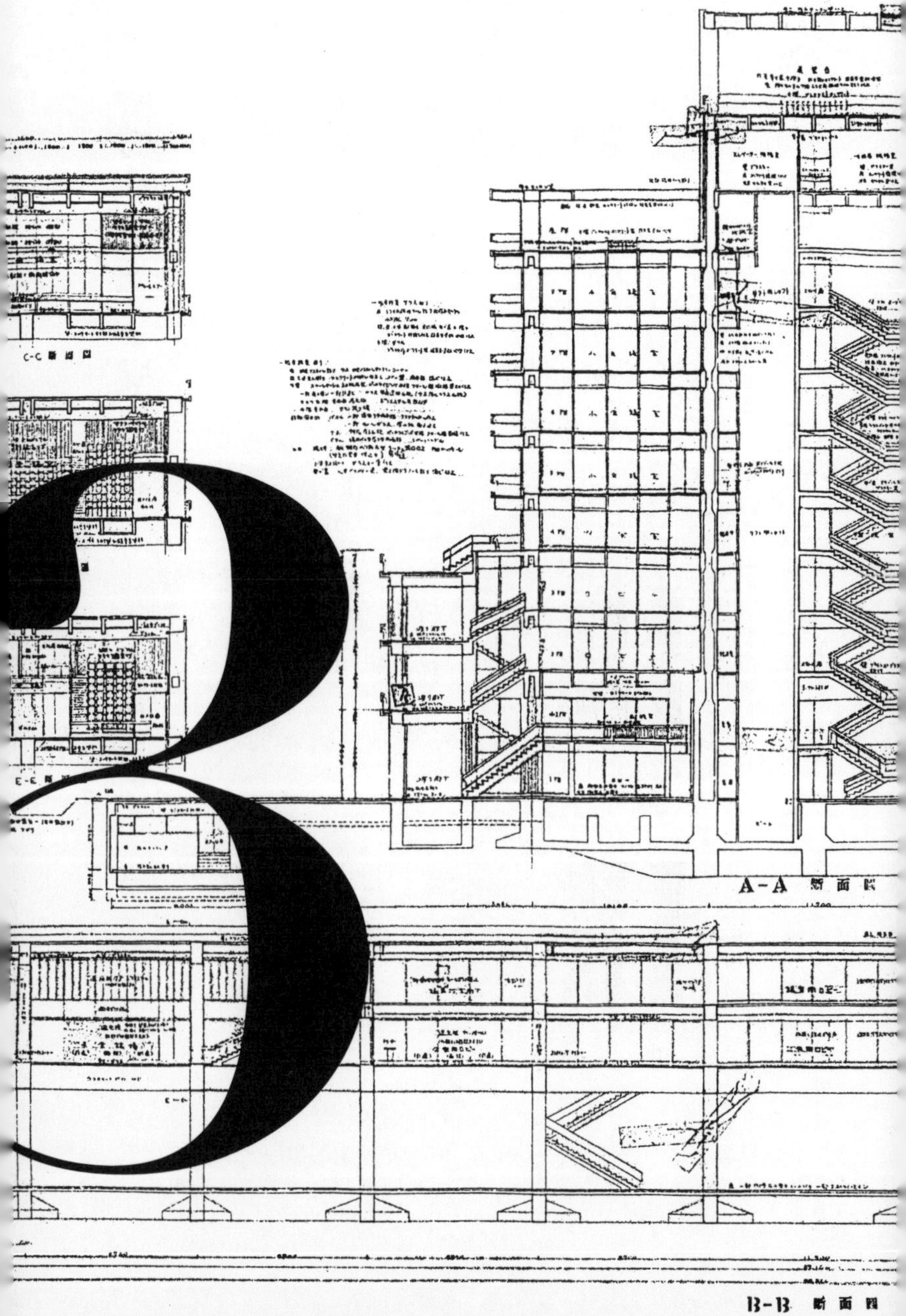

高層ラーメン構造（二）——香川県庁舎

香川県庁舎に至るモデュロールの来歴

機能的に見れば、香川県庁舎はどこにでもあるオフィスビルと違わないが、なぜ人々を惹きつけるのか。そこには戦後日本建築の主流となったＲＣ造のプロポーションを規定するモデュール、モデュロールとの格闘があった。

建築におけるモデュールとは工業製品を利用する際の規格化と不可分であり、二十世紀の建築家が等しく取り組んだ課題であった。この発想は日本の伝統的な規格であった畳や障子のそれに近く、日本の建築家にとってみればなじみ深いテーマでもあった。一方で、丹下健三はモデュールとはやや異なるモデュロールを追い求め、自らの設計行為の規範に据えてきた。丹下によれば、モデュールが「一定基準尺度の整数倍による系列」であるのに対して、モデュロールは「黄金比による系列」であり、丹下は空間を構成する建築の各要素を、自らが設定したモデュロールにあわせて、全体の空間や要素との間に尺度と比例の秩序をもたせようとした。同時にモデュロールの数列の幾つかの基準数値で空間に立体的なグリッドを仮想し、それを頼りにグリッド・プランニング(モデュール設定)を行ったりしていた(i)。

そもそも丹下がモデュロールを意識したきっかけはル・コルビュジエにあり、丹下が東大建築学科を卒業したころ、一方では折衷主義が強い基盤をもっており、他方前川國男をはじめとする近代建築家たちは、戦闘的な機能主義を推し進めていた。そのため、建築のプロポーションなどに触れることは忌避され、日本の伝統的な木割り法も退廃として見られていた。丹下自身は、木割りや黄金比といったプロポーションは、建築空間にとって重要なものであると信じていたが、その源泉を辿ると、コルビュジエの初期住宅のファサードに描かれた黄金比による斜線が強い刺激になったという。

戦後、丹下が初めて手がけた広島平和記念公園でモデュロールを用いたところ「規格と変化、あるいは秩序と自由という矛盾し合ったものの間の統一が、不可能なことではないという実感、また各建築要素を全体のなかにコーディネートしてゆくことの可能性に対する実感」(ii)が得られ、また限定された種類の数を用いることによる設計上の制約は感じなかった、という。

その後に取り組んだ旧東京都庁舎では、一般的なオフィスであったため、机の配列や配線・配管などから要求される基準寸法（モデュール）を導入し、これに基づいて平面、立面（外壁窓割りやサッシュ割り）をグリッド分割した。ところが丹下研究室で用いていたモデュロールはフィボナッチ数列に沿うため、二種類の異なった数値には分割可能であるが、整数分割の可能性が小さくなっていった。つまり、モデュールとモデュロールの矛盾が顕著に露出したのである。

こうした経験を踏まえ、図書印刷原町工場［3−1］においては、モデュールの可能性であるフレキシビリティを徹底して追求することとなり、風圧を考慮した単純な規格断面をもつ鋼製方立、スチールサッシュ、ガラスを採用した。さらに当時の日本で大量生産に移されつつあったボード類の規格を考慮したうえで、一・二メートルをモデュールとして採用し、平面、階高、立面割り等すべてこの整数倍に統一した。同様に内部空間では、机の配置、配線・配管、空調設備などはすべてこのグリッドを規準に設えられ、移動間仕切りも常にこれらの規準線上を動かされるよう企画された（iii）。

［3−1］ 図書印刷原町工場

香川県庁舎の基本設計過程

一九五〇年代初頭、香川県知事・金子正則は友人である芸術家・猪熊弦一郎に庁舎建築の設計者にふさわしい建築家について相談したところ、前川國男と丹下健三の名前が挙がった。当時前川が岡山県庁舎の設計に取り組んでいたこともあり、金子は丹下に「県民のための建築であり、民主県政の殿堂であるとの感じが強くでるよう」(iv)香川県庁舎の設計を依頼した。設計当初、敷地に隣接して既存庁舎が建ち、事務所・集会所をつくるというプログラムで、丹下は旧東京都庁舎のような、長手方向にスラブを積層させたオフィスを既存庁舎と相対するよう配置した案(A案)を抱えて香川を訪れていた。そのころ、東京に残っていた浅田孝を中心とする丹下研究室のスタッフたちはA案の検討と同時に、既存庁舎と新規庁舎(低層棟)の間に正方形平面の高層棟を据える案(B案)の検討を進めることにした。

このB案を取りまとめたのが沖種郎だった。沖は香川県庁舎の設計に関わる前に浅田の下で図書印刷の設計を担当していたことも影響し、丹下研におけるモデュロールに懐疑的であった。沖によれば、第一に当時の工事現場水準に照らせば図面表記はセンチ単位までしか有効ではないにもかかわらず、ミリ単位まで指定するモデュロールは不毛であること、第二に丹下研で取り組むコンペでモデュロールに沿って設計しても、最終的に敷地に収めるようモデュロール全体を圧縮するため、人体寸法と建築を結ぶというモデュロールの根本思想がなし崩しになっていること、を挙げていた（v）。そのため、沖は三尺×六尺（九〇センチ×一八〇センチ）をモデュールとする、センターコアの高層棟を検討することとした。浅田は沖にB案を検討させた件について「正方形のプランは誰がやってもゴツくなる。もうスマートな建築はたくさんだと思っただけさ」（vi）と回顧したが、この発言から浅田が旧東京都庁舎の如き繊細な近代建築からの跳躍を目指していたことが窺える［3―2／3―3］。

また沖は図書印刷で取り組んだフリーパーティションの概念をB案でも取り入れるために、室内の大梁と小梁の背の寸法を揃えることを提案した。これにより、基準階の執務空間は自由な間仕切りが可能になり、さらにバルコニーに大小の梁がそのまま飛び出すことも考案している。このバルコニーは旧東京都庁舎でも提案していた日射制御と防火を鑑みた庇であった。

丹下は沖からB案の検討結果を聞いた後、三日ほど自宅に籠もり、自ら平面・立面・断面を仕上げてきた。この図面

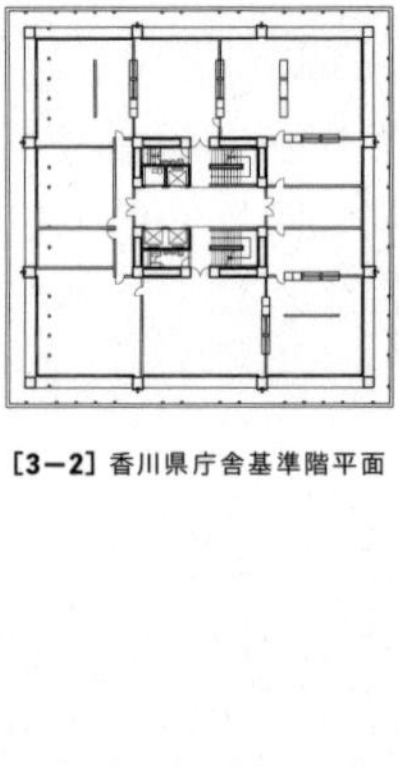

［3―2］香川県庁舎基準階平面

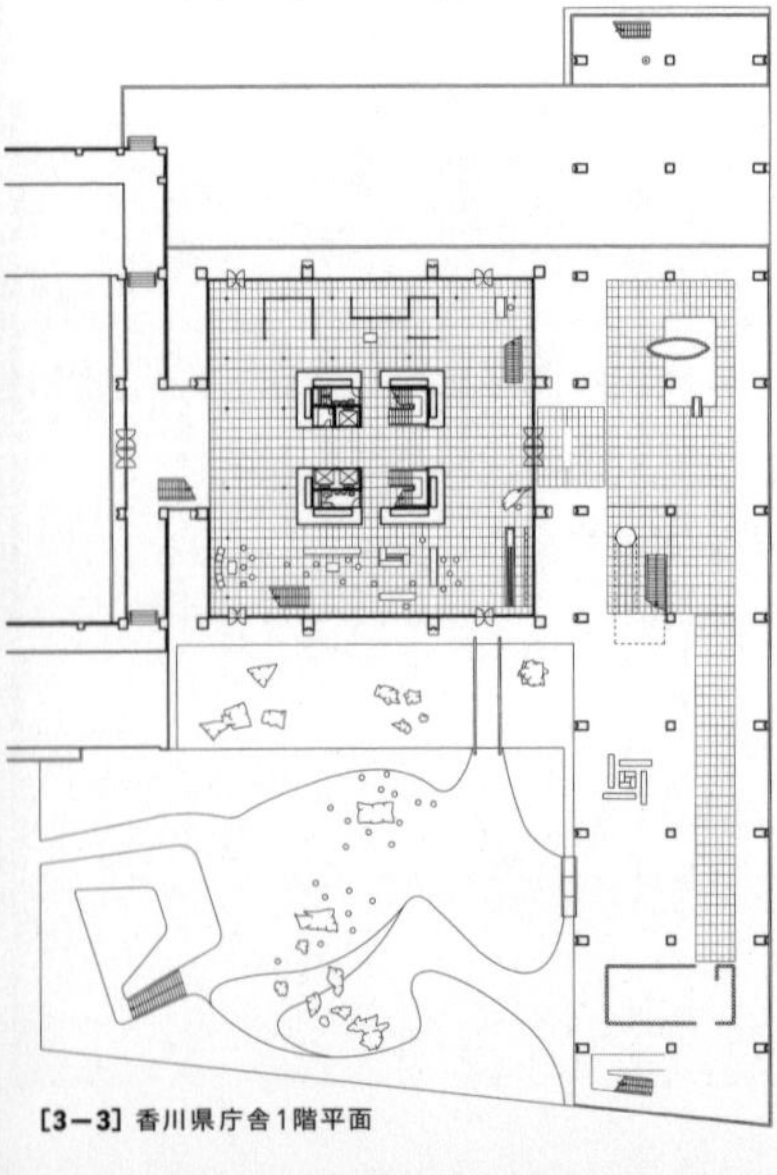

［3―3］香川県庁舎1階平面

には正方形の高層棟と水平方向に伸びた低層棟がピロティによって宙に浮かび、高層棟のベランダは大小の小梁がリズミカルに彩られ、極めて日本的でありながら、賑やかな神輿を連想させるものとなった[3−4]。この後、沖は丹下研究室を去り、香川県庁舎の実施設計と現場監理を引き受けたのは神谷宏治であったが、後年、沖は丹下の案に対して「後出しじゃんけん」(ⅶ)のようだったと振り返っている。また神谷は戦前に丹下が前川事務所時代に担当した木造の岸記念体育会館から一五年後にRC造の香川県庁舎に辿り着いたことを踏まえ、一五年の間に日本建築の美しい木割り表現をRCで実現する術を身につけたのではないか、と指摘している(ⅷ)[3−5]。

さらに沖によるB案はモデュロールの破棄から始まっていたが、実施設計の段階では香川県庁舎用のモデュロール(三〇センチに始まり六〇センチ→九〇センチ→一五〇センチ→二四〇センチ→三九〇センチと続く主系列と、一五センチ→三〇センチ→四五センチ→七五センチ→一二〇センチ→

[3−4] 暗闇に浮かぶ香川県庁舎

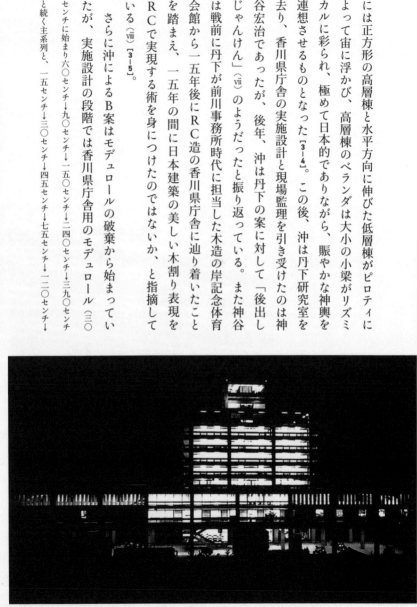

一九五センチと続く従系列）が採用されている。

都市のコアのピロティ　民意の統合と芸術の統合

丹下は都市のコアを議論する際に、しばしば古代ギリシアのアクロポリスとアゴラ、中世のカテドラルとピアッツァを引合いに出し、市民による市民のための都市空間であったことに触れている。そして戦後日本の都市のコアのあり方を考えるにあたって、丹下は以下二つの側面を重要視した。第一に都市のコアに市民が自由に集い、自由にコミュニケーションを取れるような、戦後民主主義を象徴する場、民意の統合の場として設えること、第二に過去の優れた都市のコアでは諸芸術が統合されていたように現代の都市のコアでも諸芸術の統合を実現すること、である。

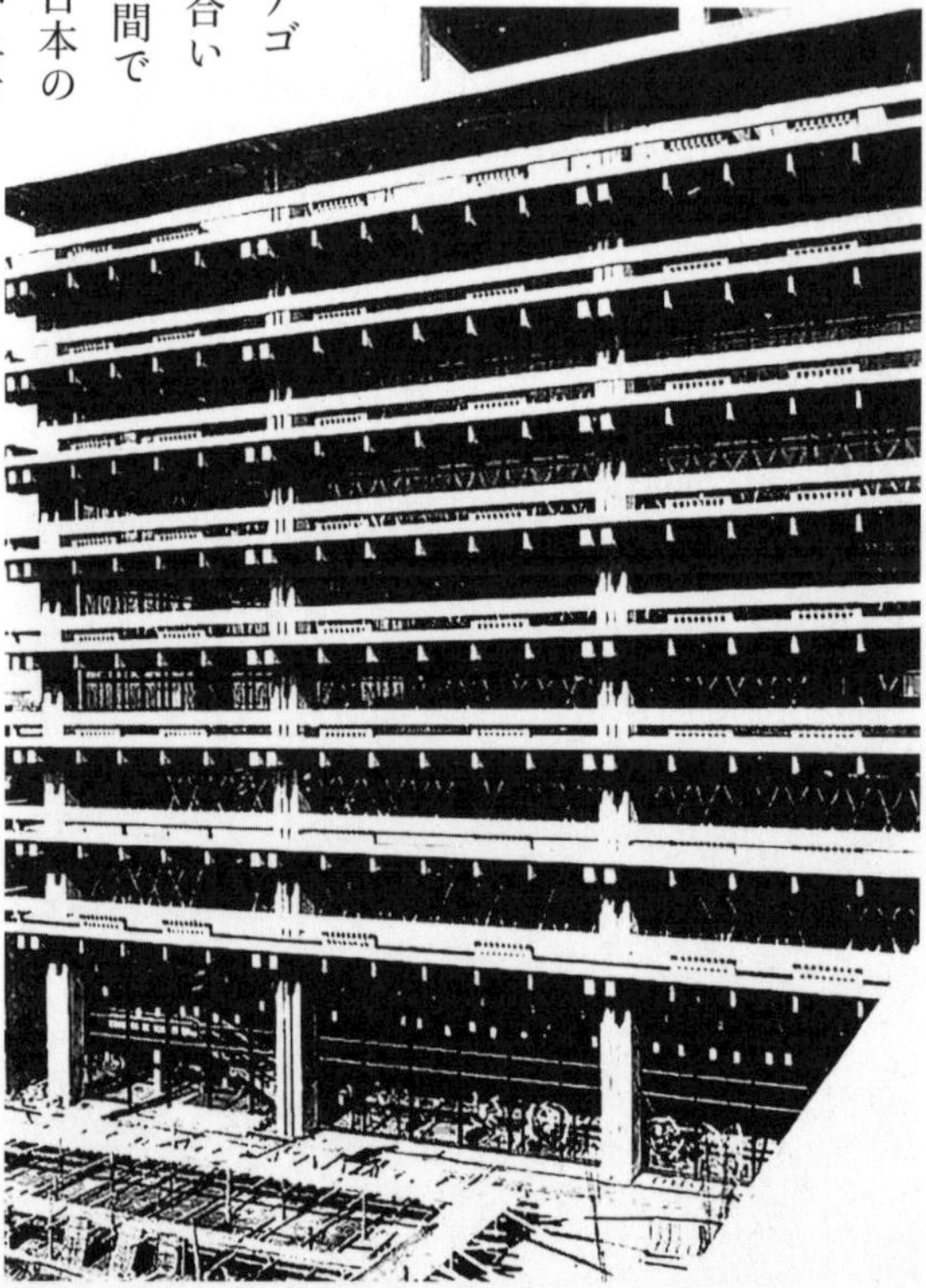

［3—5］香川県庁舎高層棟外観

民意の統合の場としてのピロティ

広島平和記念公園は原爆慰霊祭のために集う数万人のための広場であり、都市のコアとして位置づけられた。さらに旧東京都庁舎は首都の中心部をめがけ労働者が集中する極点として位置づけられた。それに比して香川県庁舎は市民が自らの手で選んだ知事と議員が政治を行うと同時に、市民も集い、憩い、議論できるような、地方自治の象徴的空間となることが期待された。そのため、丹下は高層棟、低層棟をともにピロティで担ぎ上げ、市民がいつ、いかなるときもアクセス可能な県庁舎を実現している。また南庭が神谷宏治のデザインによって巧みに設えられ、落着きのある、穏やかな公共空間が実現している[3-6]。

このピロティについて、浅田は研究室の中で製図板に向かいながら「ここに労働者の赤旗が林立するんだぞ」(ix)と演説をぶったが、これは一九五〇年代には労働組合の活動が盛んで、市民によるコミュニケーションとは権力との直接対峙を意味し、デモこそが都市のコアの華であったためである。また浅田は低層棟のピロティが三列の柱によって支えられているのが不満で、二列の柱にするよう主張したが、梁が大きくなりすぎるため、丹下

[3-6] ピロティ越しに見る南庭

の判断により三列となってしまった、という。

さらに、香川県庁舎は金子知事の提案で高層棟の屋上が一般市民向けに開放され、竣工当時は多くの市民で賑わった。というのも竣工当時、香川県庁舎以上の高さの建物が周囲になく、北に瀬戸の海や島々、南に讃岐平野の広がりと四国山地の峰、太陽の光と雲のかげりが一望でき、市街地の屋根の重なりを通して伝わってくる街の息吹を存分に感じ取ることができた［3−7］。

芸術の統合の場としてのピロティ

都市計画と建築を志す丹下が諸芸術の統合に興味をもったのは、一九四七年のＣＩＡＭ（近代建築国際会議）第六回大会に端を発していると考えられる。そこでは、建築の領域で彫刻と絵画の役割はどう考えられるべきか、そして建築家、彫刻家、画家の協働は現在可能か、という問いが提示されていた。丹下の芸術史観に従えば、過去の都市のコアでは諸芸術が統合され、またルネサンスを生きたミケランジェロは画家・彫刻家・建築家を兼ね、一つの個性によっても諸芸術が統合されてきた。その後、「彫刻や絵画は宗教や貴族の庇護を失って独立してゆかねばならなくなったとき、教会や館からその壁のパネルの額縁や柱型をそっくりそのまま持ち出して、展覧会場に、額縁芸術としてたてこもっ

［3−7］屋上でくつろぐ様子（右から二人目が丹下）

た」とし、近代に至ってはおのおのの芸術は商業主義の餌食となって「デパートのショーウィンドウのなかへ、レストランのレリーフに、さらに看板やポスターに」(x)姿を変えた。そこで丹下は諸芸術の分化と孤立を憂い、これらを総合し統合する社会的な場を都市のコアに求めている。

丹下にとって建築家とアーティストとの協働の具体的なモデルは、コルビュジエとペリアンとの関係、そしてメキシコのアートシーンが挙げられる。前者の関係については、香川県庁舎を設計していた一九五五年に東京・高島屋で開催された「コルビュジエ・ペリアン・レジェ展」から強い影響を受け、丹下は建築家とインテリアデザイナーの協働に新しい空間創造の可能性を見て取っている。また、同年に東京国立博物館で開催された「メキシコ展」の会場デザインを担当した丹下は、インカ帝国の芸術と近代建築が融合するさまに強く感銘を受ける(xi)。というのも、西欧発の近代建築が世界中に散布＝散種されるなかで、北米、南米、日本、中国、インドにはそれぞれの地域に根ざした伝統芸術が存在し、それらと近代建築が対峙し、おのおののやり方で統合される過程こそ、コルビュジエ以後の近代建築のあり方である、と考えていた。

こうした経験に前後して、丹下の実作におけるアーティストとの協働を挙げると、まず広島平和記念公園ではイサム・ノグチとの協働を目指し、旧東京都庁舎のピロティの陶板を岡

本太郎に依頼している。さらに香川県庁舎では猪熊弦一郎にピロティの陶板を、家具類を剣持勇に依頼している【3-8】。

［3−8］香川県庁舎1階ピロティ壁面に据えられた陶板

RC造による高層ラーメンへの挑戦

構造設計における提案

香川県庁舎の構造を担当したのは坪井善勝（当時東大第二工学部教授）と坪井研究室の秋野金次であり、現場を担当したのが藤沼敏夫だった。この建物は高層部（ペントハウス最上階は一一階）と低層部（三階）からなり、高層部は縦・横ともに約一〇メートルの三スパン、中央部一スパンが五階まで耐震壁をもったコアになっていて、六階より上は全部一六本の柱をもった均等ラーメン構造となっている。また低層部は縦方向八・三メートルの二スパン、横方向九・七メートルの九スパンという一般的な均等ラーメン構造であった。ただし三階部分の両側三スパンは縦方向の八・三メートルの二スパンが一六・六メートルの一スパンとなっている。

設計当初、坪井は規模や実例を鑑みてＳＲＣ造を想定し、中央ラーメンの取扱いについて三つに場合分け〈①均等ラーメン、②八階まで耐震壁、③五階まで耐震壁（①と②の組合せ）〉【3−9】をしている。まず①の剛比について計算し、次いで弾性計算等から求めた短期荷重時の応力を計算したが、日本建築学会の計算規準（一九五五年）に照らしたところ、ＮＧとなった。続いて、②、③の最下層のコア部分を計算規準に沿って計算した結果、壁厚が一三〇センチとなり、これも非現実的であった。

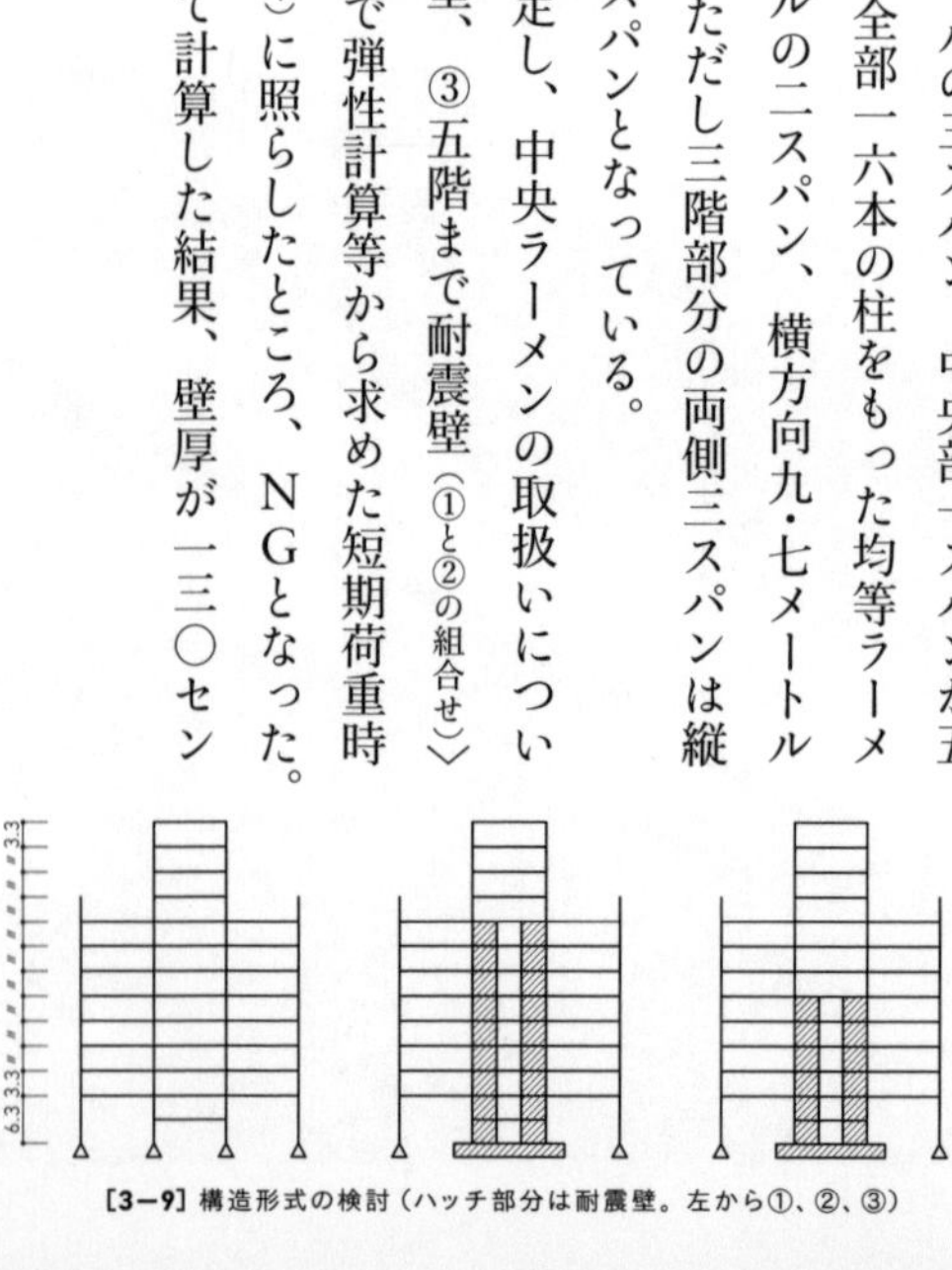

[3−9] 構造形式の検討（ハッチ部分は耐震壁。左から①、②、③）

そこで、Limit Designを採用したところ、①は他の方式と比較して剛性の点で格段の相違があり、部材を大きくすると固定荷重を増すことになり、地震による破壊は下層部分に起こると予測され、建物としては致命的であった。②は剛性も強度も要求を満たしたが、上層部の耐震壁の周辺のラーメンに変形を強制すると予測された。③は下層部において部材の大きさを適当に決めれば耐震壁とラーメンの水平力の分担率を合理的にすることができ、破壊的な地震に遭遇した場合でも建物全体としては①、②より有利となると判断し、③が採用された(xii)。

また坪井研究室では規模の面からいってもRC造ではなくSRC造を採用することを想定していたが、計算上最も鉄筋比の大きい設計困難な柱および梁の断面で、SRC造がRC造になった場合どうなるかを検証し[3-10]、RC造を採用することに決めている。

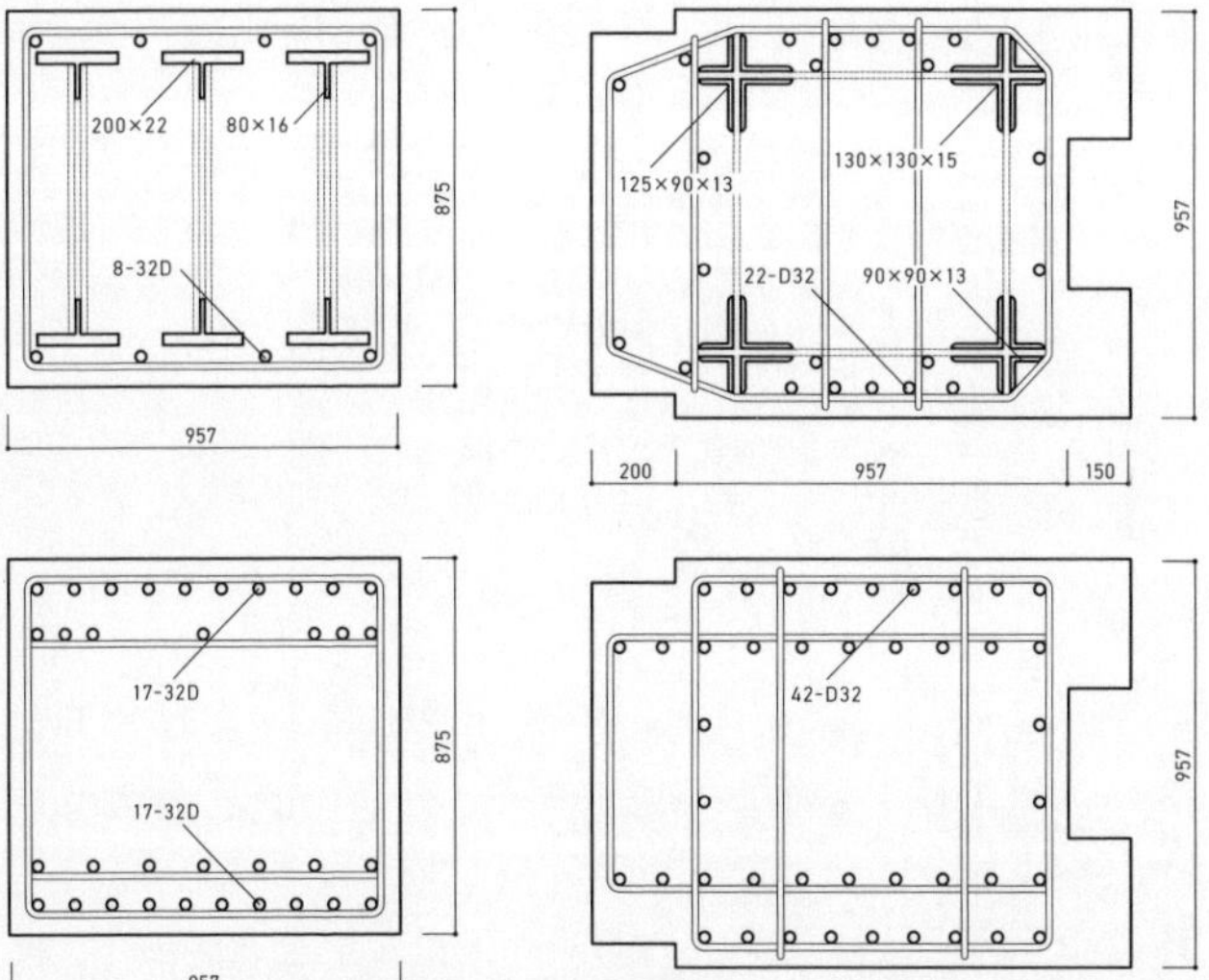

[3—10] RC造とSRC造の検討(左は梁端部、右は柱脚)

設備コアの進化

旧東京都庁舎と同様に香川県庁舎高層棟においてもセンターコア方式を採用したが、前者における空調設備配管の梁貫通の苦闘を踏まえ、後者では設計段階から用意周到な準備が行われた。後者の空気調整計画のポイントは、まず地下室のボイラープラント（冷凍機プラント）から高層部塔屋の機械室へスチーム（または冷水）を送り、ここで新鮮空気および還気を加熱・加湿する。この湿気がコアの壁の中を通って一般の供給方式とは逆に各階に吹き下ろされることとした。そのためコアの壁は二重となり（下階ではこれが耐力壁となっている）大梁も二重梁となった。コアの壁が八面あるうち、サプライ用に使われている壁面は、南側二面、北側二面の計四面であって、この中を各階行きの円形ダクトがそれぞれ一本ずつ入っている。各階で取り出される四本のサプライダクトは、天井懐を走ってループ状に室内を廻るエンドレスダクトに連結され、エンドレスダクトの要所要所に取り付けられた吹出し口から空気を供給する。換気は前記以外のコア壁面（東側二面・西側二面、計四面）から集約的に取り込まれ、二重壁内を通って塔屋機械室へ還される（xiii）［3－11／3－12］。

竣工当時、予算の都合で暖房工事だけが行われたが、冷房が行われる場合を考えて、施工困難な部分にはあらかじめ冷房用配管が施工されていた。しかし、設備を担当した川合健二の設計が甘く、冷房導入時に大掛かりな工事を要し、それ以後、丹下は川合を設備担

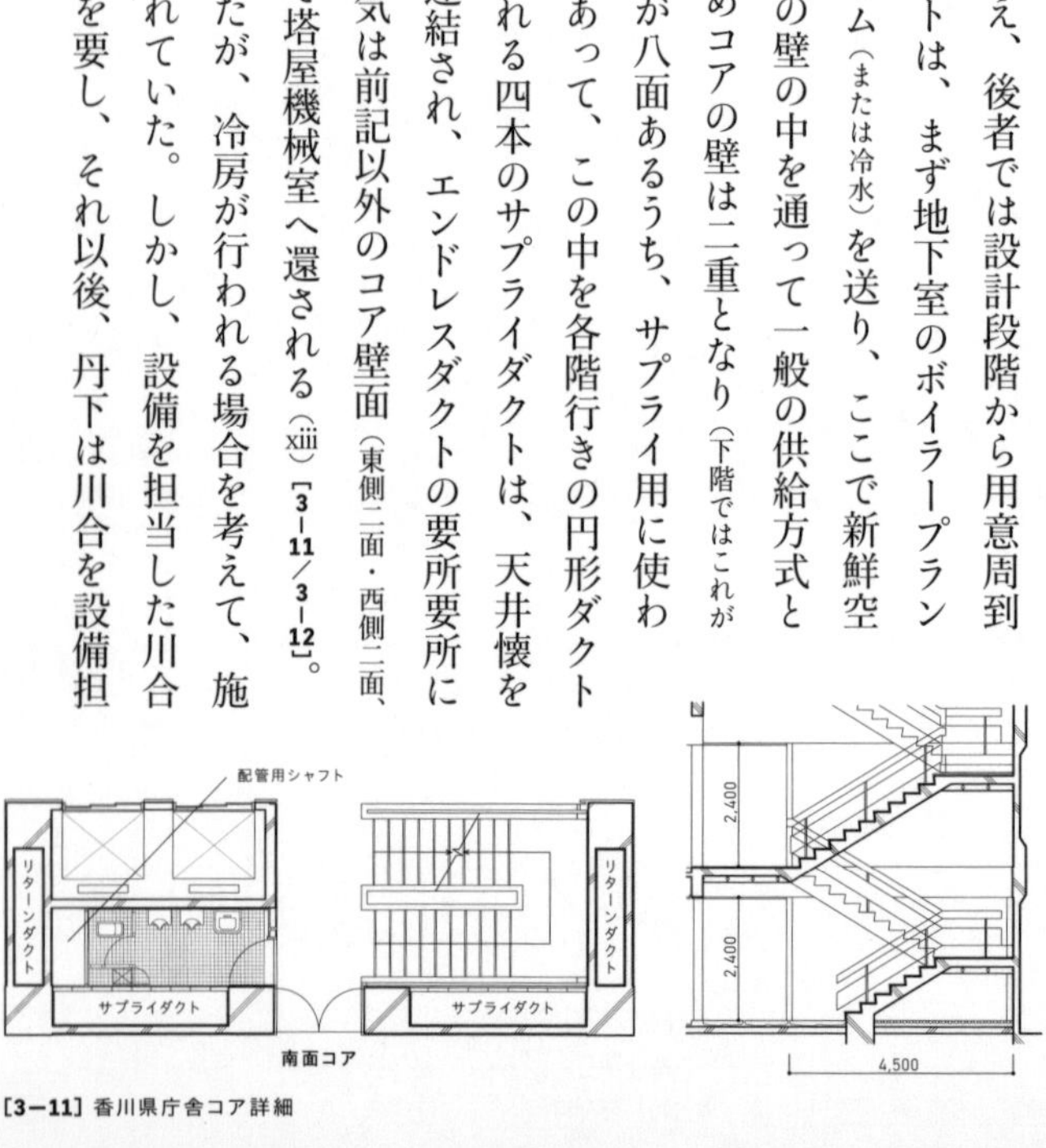

［3－11］香川県庁舎コア詳細

当からはずしている。

RC打設――宮大工による型枠と近代日本建築

香川県庁舎のRC工事はバッチャープラントの設置に始まり、鉄筋、セメント、型枠の品質管理・施工監理が徹底された。まず使用する鉄筋はすべて高強度の異形筋（SSD49）とし、継ぎ手はガス圧接となった。また、セメントも高強度のもので収縮亀裂防止のために粒子の粗い特殊なものとした。型枠そのものは地元の宮大工によってなされたため、精緻な型枠が完成し、セメントを流し込んだ後、日雇い労働者が竹竿を用いて丁寧に突き込み、型枠の外側から木槌でたたいて気泡を抜いていった。バイブレーターのない時代の緊張感の高い施工により香川県庁舎のコンクリート打放し壁面にはほとんどジャンカが見られず、美しい型枠の表面を今日まで伝えている。

一九九七年（四〇年後）に実施されたコンクリートの強度および中性化深さの試験結果によれば（コアを各階二カ所、計一六カ所採取）、設計基準強度一八〇キログラム／平方センチに対してすべ

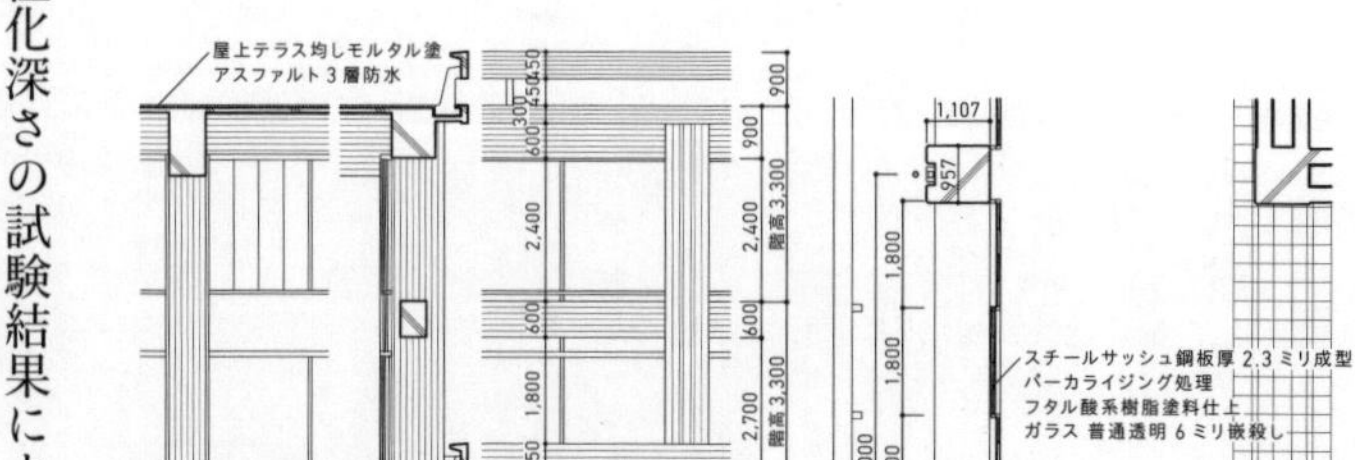

[3−12] 香川県庁舎コア詳細

てのサンプルがそれを上回り、圧縮強度の平均値は二四四キログラム／平方センチ、標準偏差は三三キログラム／平方センチの値を示し、中性化深さの平均値は一・三センチ、標準偏差は一・〇センチであったという（xiv）。

メンテナンスと持続可能性

香川県庁舎が二十一世紀の今日まで竣工当時の美しさを保っているのは、旧東京都庁舎のようなスチールルーバーを用いなかったこと、ＲＣの庇によりスチールサッシュ面への雨をしのげたこと、施工精度が高かったことなど挙げればきりがないが、特に重要なのは内部の清掃を「清和会」（夫を戦争で亡くした女性たちで組織された会）が担当したことであろう。清和会の徹底した清掃により建物の隅々にまで目が配られたことは、香川県庁舎の長寿命化に大いに寄与していると考えられる。

また、香川県庁舎は耐震性能の向上が望まれるが、柱の外側にドレインの溝が掘ってある関係で、一般的な補強方法（ＲＣ表面を削り、炭素繊維を巻き付け、ＲＣを打設する手法）では効果がなく、高層棟には地下免震を検討する必要がある（xv）。また低層棟にはいずれかの箇所にブレースを入れる必要があると考えられる。しかし、こうした処置はコストとの兼合いが難しく、地方自治体の財政事情を鑑みると、香川県庁舎を重要文化財に指定し、国庫補助による免震改修が最も現実的な選択肢となるであろう。

〈註〉

(ⅰ) 丹下健三「モデュラー・コオーディネーション」『復刻版：人間と建築』彰国社、二〇一一年、二二八頁

(ⅱ) 前掲書（ⅰ）、二三〇〜二三一頁

(ⅲ) 浅田孝「図書印刷原町工場」『新建築』一九五五年三月号、三二頁

(ⅳ) 金子正則「香川県庁舎建設の思い出」『丹下健三作品集　現実と創造　一九四六—一九五八』美術出版社、一九六六年、二九二頁

(ⅴ) 岩田祥世「沖種郎インタビュー」『戦後建築運動をめぐって五期会を中心に』芝浦工業大学建設工学専攻修士論文、二〇〇三年度

(ⅵ) 川添登「浅田孝」『建築家・人と作品』井上書店、一九六八年、五一頁

(ⅶ) 西原清之の発言　座談会「丹下研究室の黎明期」槇文彦・神谷宏治編『丹下健三を語る』鹿島出版会、二〇一三年、六八頁

(ⅷ) 神谷宏治の発言　前掲書（ⅶ）、六八頁

(ⅸ) 前掲書（ⅵ）、五〇頁

(ⅹ) 丹下健三「建築・絵画・彫刻のレ・ユニオン」『アトリエ』一九五二年七月号、五四〜五五頁

(ⅺ) 丹下による伝統芸術理解と近代建築の関係については、豊川「丹下健三とペリアン：日本に於ける芸術の定着とデモーニッシュな統合」“Kenzo Tange and Charlotte Perriand - Establishment and Demonic Integration of Art in Japan”『シャルロット・ペリアンと日本』鹿島出版会、二〇一一年、二四六〜二五〇頁、二七三〜二七五頁

(ⅻ) 秋野金次・藤沼敏夫「香川県庁舎」『建築』一九六一年一月号、八一頁

(xiii) 神谷宏治「香川県庁舎」『新建築』一九五九年一月号、一〇一頁

(xiv) 筆者による神谷宏治氏へのインタビューによる

(xv) 「県庁東館、免震工法で外観を維持/専門家会議が一致」『四国新聞』二〇一四年一月二一日

＊扉頁 図版提供：丹下都市建築設計

＊[3−1][3−4][3−5][3−6] 撮影：丹下健三、内田道子アーカイヴ

＊[3−8] 撮影：豊川斎赫

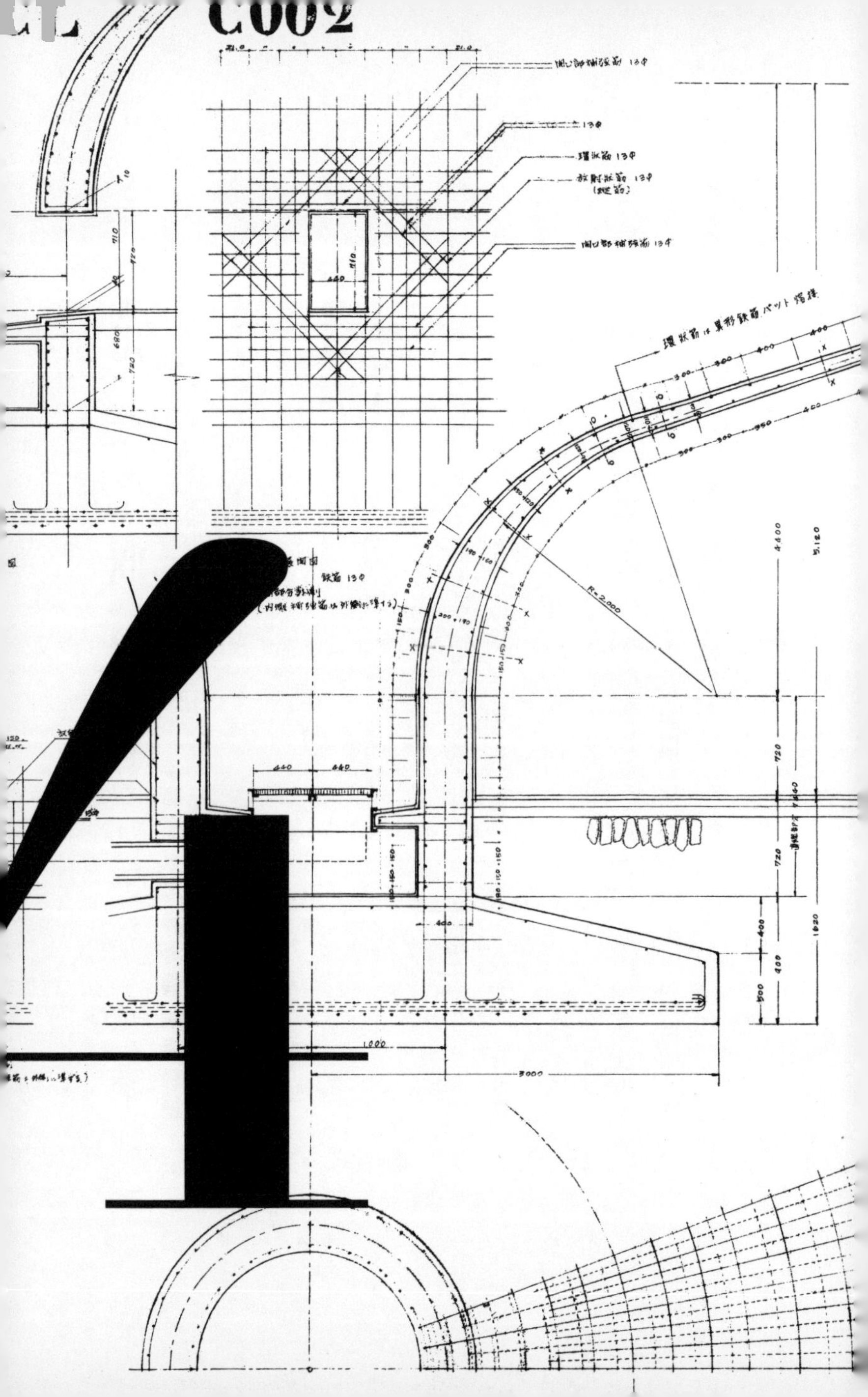
C002
開口部補強筋 13φ
13φ
環状筋 13φ
放射状筋 13φ
(縦筋)
開口部補強筋 13φ
環状筋は異形鉄筋バット溶接
R=2,000
鉄筋 13φ
440
440
1,000
3000

シェルを用いた大空間への挑戦

——広島子供の家と愛媛県民館

シェルへの憧憬
広島平和記念カトリック聖堂コンペ（一九四八）

広島への原爆投下から三年が過ぎた一九四八年、丹下健三は広島平和記念カトリック聖堂コンペにリブ付きシャーレン架構（シェル構造）の聖堂案を提出した。その趣旨の中で、丹下はシェル構造を採用した理由を以下のように説明している。

「現代の人間の心を動かし、精神のたかまりを感じさせることをわれわれは建築の近代技術のなかに求めたのであった。そうしてシャーレン架構自身のなかに——その合理的な経済的な筋の組成のなかに心を動かす新しい表現を発見しようとした」（i）

丹下は近代固有の技術であるRCシェル構造が合理性と経済性を兼ね備える一方、訪れる者の精神を揺さぶる可能性を指摘している。この案に対して、審査員を務めた教会関係者は「まさしく秀れた創造的建築技術的な作品」と認めつつ、「海外に同類の聖堂建築が全世界のカトリック方面からの強い反感と拒否に遭ったのでこの提案を広島記念聖堂として実施することは不可能」(ii)とした。当時、ピエール・ルイジ・ネルヴィがリブ付きのシェル構造を実現し、またオスカー・ニーマイヤーが聖フランシス教会(一九四三年)を完成させていたことを踏まえれば、審査委員たちの評価も妥当であったと考えられる。その後、丹下は構造家・小倉弘一郎(明治大学)と協同して「上野動物園のための水族館」(一九四九年)に取り組み、減衰波動形のシェル構造屋根を提案したことからも、シェルに対して強い関心をもち続けていたことが窺われる(iii)。

坪井善勝との出会い
広島子供の家(一九五〇～一九五三)

しかし、丹下のシェルに対する想いを実現に導いたのは構造家・坪井善勝(東大第二工学部、現在の東大生産技術研究所）との出会いであった。一九五〇年当時、丹下は広島平和記念公園コンペを勝ち取り、広島市から平和記念公園北側の太田川の畔に児童センターを設計してほしいと依頼されていた。ここには一五〇〇人と六〇〇人の二つの集会場とクラブ室からなる本館、児童図書館、芸術と科学博物館などが計画されていた。設計当初、丹下はこれらの施設を丸い平面の建築として分散配置する案を構想したが、寄付金が徐々に集まるにつれ、実際に図書館（広島子供の家）を建てる運びとなった。

そのころ、第二工学部から丹下研究室に特別研究生として進学してきたのが沖種郎で、沖はラーメン構造の二階建て円形図書館をやめて、円形の朝顔形シェル［4-1］の採用を提案した。丹下は沖の提案に興味を示し、これを実現できる構造家を探してくるよう沖に指示し、沖が連れてきたのが坪井であった。丹下と坪井の協議の中で、当初から朝顔が開けば開くほどテンションが大きくなることが危惧され、シェルの半径をどれだけとるかが大きなテーマとなった。つまり、シェル内のテンションを小さくするためには傾斜がきついほど有利となるが、意匠的に見ればシェルの背が高くなると利用できる平面が減少し、上部に無駄な空間をたくさんつくることになってしまう。また、軸対称性があるため、坪井としてはなんとしてもリブなしにこだわり［4-2］、構造模型実験を通じて撓みの検討を行って、シェルの変形がガラスサッシュに強い

［4-1］広島子供の家。直径20mの朝顔形シェル構造

［4-2］広島子供の家内観。リブなしの天井面

影響を与えないディテールを考案した。

総じて広島子供の家は引張応力がほとんど全域に存在し、コンクリートの特性に反するため、リング方向の鉄筋に期待し、亀裂の発生を予想して設計を行った。そのため、広島子供の家は殻構造としては素直な曲面ではなかった。しかし、直径二〇メートルの朝顔シェル（倒立コーン）を実際に施工してみると、先端の撓みが五ミリほど生じたにもかかわらず、コンクリートにはほとんど亀裂が発生しなかった（iv）。

大空間への挑戦
愛媛県民館（一九五二〜一九五三）

形状の決定過程

一九五三年に開催される四国国体（愛媛・香川・徳島・高知）に向けて、松山市に体育館を建設することとなり、丹下がその設計を依頼された。依頼された当初、予算不足のため、既存の格納庫を解体し、その鉄骨を用いて体育館をつくる案も浮上した。しかしシェルで建設した場合のコストと比較した結果、鉄骨以上にシェルが安いことが判明する（v）。つまり、シェルをつくるための型枠製作は大変に手間がかかるが、資材コストに比較して手間(人件費)が非常に廉価であった。これは高度経済成長以前の建設市場の典型であり、同時期のインドにおいてコンクリートシェルが普及したこととも合致している。

丹下は愛媛県民館でシェルを採用するにあたって坪井に相談をもちかけ、当初は貝殻のような「いびつなかっこう」を提案した。しかし、設計期間が短く「最初の試みとしては、最も基本的な単純な球殻を採るべきである」という坪井の説得が功を奏し、直径五〇メートルの純粋な球形を裁断した形[4-3]に収斂した。愛媛県民館の竣工後、丹下は座談会の席で、大空間に挑戦する際にさまざまな形態を選択し得るが、恣意的なカーブを用いると「すぐに飽きがくる」と指摘している。丹下は坪井とのディスカッションを経て「カーブを使う場合、必然的な足がかりを見つけ出さない限り、やたらに使うべきじゃない」(vi)という結論に至り、自由奔放な造形意欲に対して自ら歯止めをかけている。

[4-3] 愛媛県民館。直径50mの球形の一部を裁断したシェル。奥に直径約20mの朝顔型シェル(事務棟)

球殻構造の検討

一般にシェルを力学的な面から考えると、殻の応力には一次応力(膜応力)と二次応力(曲げ応力）の二種類があり、これらに対し十分安全な寸法と配筋量を定めることが要求される。球という最も純粋な幾何学に沿った愛媛県民館の場合、一次応力の解析は比較的容易であり、二次応力の解析に多大な労力が払われた。というのも、球殻の一次応力はほとんど圧縮応力となってコンクリートに適応し、解析的にも簡単な曲面であった。一方で球殻の特性として周辺部に引張応力と曲げ応力が生じ、これらの応力はスパンとライズからその絶対値が与えられ、五〇メートルスパンで六・七メートルのライズでは、引張応力の値は広島子供の家（朝顔形）のそれよりもはるかに大きく、曲げモーメントも二次応力という言葉が与える印象をはるかに越した値となった。したがって構造設計の第一段階は、この曲げモーメントがいろいろな条件（自重、温度変化、地震等）の場合についてどういう値をもち、またどういう傾向を示すかを知ることであった（vii）。

この検討の結果、シェル端部に生じる曲げモーメントに耐えるためには非常に多くの鉄筋を必要とすることが明らかになり、シェル端部のコンクリート厚がシェル頂部のそれに比して非常に厚くなってしまった。具体的には、愛媛県民館の主構造体は直径五〇メートルの円形平面を半径五〇メートルの球殻を三・一二度傾けて覆ったものであるが、厚みは全立体角六〇度の中央部四〇度では一二センチ、両側一〇度の外周部では一二センチから徐々に厚くなり、端部では七〇センチ以上に達した。また立体角四〇度までの中に、直径六〇センチの円形天窓が一三三個存在する（viii）［4—4］。

さらにシェル本体とシェルを支える二〇本の柱（下部構造）［4—5］との境界条件をピン支持とするか、それともローラー支持とするか、という課題が浮上した。というのも、型枠除去の際、収縮応力などの影響も加わって大きな亀裂が生じ、殻の裾が大変形［4—6／4—7］したときの処理を考慮する必要があった。変形自体は球殻にとって大した問題ではないが、下部構造に及ぼす影響を最小にする目的で殻をローラー支持とした。しかし完全ローラー支持であると、地震の影響で殻と柱がずれても困るため、ローラーではあるが、殻のコンクリート柱のクリアランスの部分は合計八〇本の二二ミリ筋で連結し、若干の変形には支障がないようにし、型枠除去後、露出した鉄筋もモルタルで被覆［4—8］することにした（ix）。

また、型枠を除去するまで実物がどういう耐力をもち、どのような変形を示すかを知るために、坪井研究室で二〇分の一の試験体（スパン二・五メートル、シェル頂部の厚さ六ミリ）を制作した。ここでは鉄筋コンクリートの代わりに針金モルタルで制作し、現

［4—4］愛媛県民館内観。シェル中央部は厚さ12cmで、端部では70cm以上に達した。直径60cmのトップライト133個

場が型枠を組み始めるころに実験を行った。当時、西千葉にあった第二工学部には「名人芸の大工職の技官」がおり、型枠をうまく制作できたが、本体については大学院生らが微細な配筋を行った。荷重は乾燥した砂四トンを購入し、トラックからバケツで少しずつ試験体の上に載せていったが、あらかじめ試験体外周を直径二・五メートルの薄鉄板製の円環で覆い、砂がこぼれないよう工夫した。設計値の一・四倍に相当する四トンの砂全部を載荷しても変形は微量で、坪井のもとで実験を担当した秋野金次は「シェルとはこんなに強いのか」と唖然としたという(x)。なお、試験体はパチンコ玉数百個を使ったローラー支持としたが、予想された撓みやクラックの発生は認められず、現場施工に対する安全性を確認できた。

施工プロセス

広島子供の家に引き続き、愛媛県民館の現場監理を担当したのは前川事務所の道明栄次であった。また県からの要請で坪井研究室からも施工監理者を出すことになり、秋野が基礎工事から躯体工事完了まで現場にデスクを置いた。道明は施工のポイントを三つ挙げ、一つ目のポイントが施工業者の選定であった。愛媛県民館の工期は八カ月と比較的短く、十月下旬の国体開催に

[4−5] 愛媛県民館近景。屋根部分のシェル本体を支える20本の柱・梁による下部構造

間に合わせるためにも、機械・器具を豊富にもち、施工計画をうまく立てられる「一流業者」を選択する必要があるとした。そのため、県は「一流業者」五社による入札を行い、大林組に決定している（xi）。

二つ目のポイントはコンクリートの性能であり、シェル構造の性質上、コンクリートの収縮亀裂を防ぐ必要があった。戦後のゼネコン各社は強度の増強に力を入れ、セメントの粒子を極度に細かくする傾向があり、収縮亀裂が懸念されたのである。そのため、現場監理では使用材料、コンクリートの配合設計に重点を置き、適度に粒度の粗いものを選んだ。骨材についても同様に注意を払い、均一のコンクリートを得るためにミキサーの混練時間を材料投入後二分間と定めた。なおシェル部分の上端鉄筋上部にワイヤーラスを全面に張り、コンクリート打ちを行ったが、これはシェル周辺部の傾斜が強く、ラスにすべり止めの役割を期待したものだった。実際、現場では上端

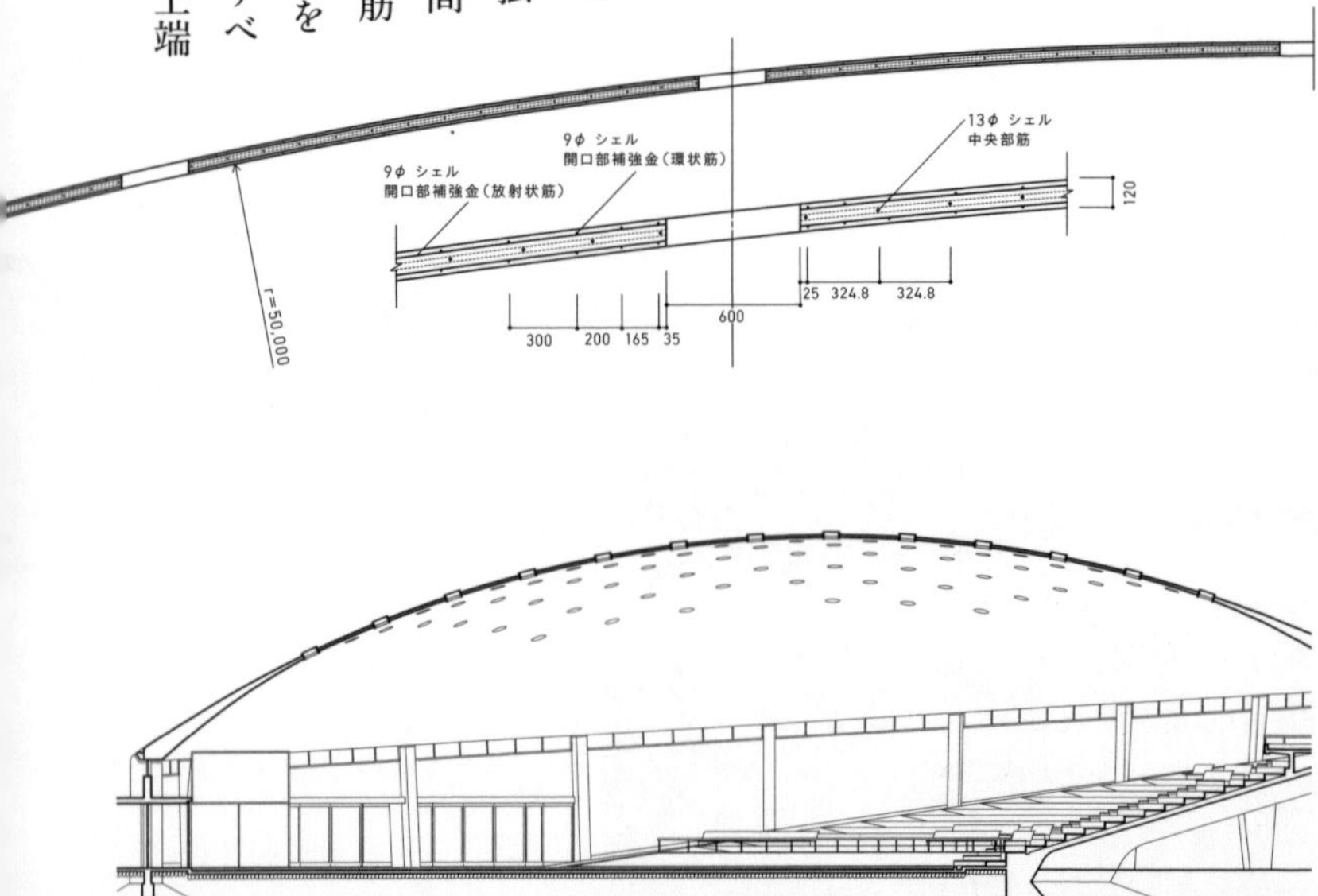

[4-6] 愛媛県民館断面。屋根の現寸が描かれ、工事に先立って400坪の原寸場がつくられた

に型枠を要せずコンクリートを打設でき、防水施工した二カ月以上たびたび点検したが、肉眼ではクラックを発見できなかった。

三つ目のポイントはシェルの正確な施工であり、構造設計に合致するような型枠（形が正しくコンクリートを打っても変形しない）、配筋（定位置に配筋し、コンクリートを打っても変位しない）、コンクリート打ち（均一なコンクリートで収縮および打継位置の亀裂を生じない）および型枠除去（衝撃を与えず、徐々に撤去する）などの考慮が払われた。

具体的には、型枠の寸法を正確に出すために原寸図を描く必要があり、工事に先立って四〇〇坪の原寸場をつくり、三尺間に短杭を打ち、大引を渡し、これに足代板を合じゃくり鉋削りとして張り付けた。長期間にわたる原寸型取りの間、露天のままでも狂いがなく使用に堪え、その後の型枠工事を極めて正確になし得た。また型枠を正確に支持するために支柱の沈下防止に努め、当時は鉄製の仮設資材が使われていなかったため、松丸太の支柱高さを楔で微調整した。型枠受け梁は、シェルを中心に支柱の上に方杖などとともに傘の骨のようにシェルの頂点から放射状に打ち付け、六分厚合じゃくりバラ板を撓めながら打ち付けて、シェル全体の型枠が出来上がった。

次いで配筋はシェル頂部が一二センチ厚のため、鉄筋の爪が出ないように配慮し、

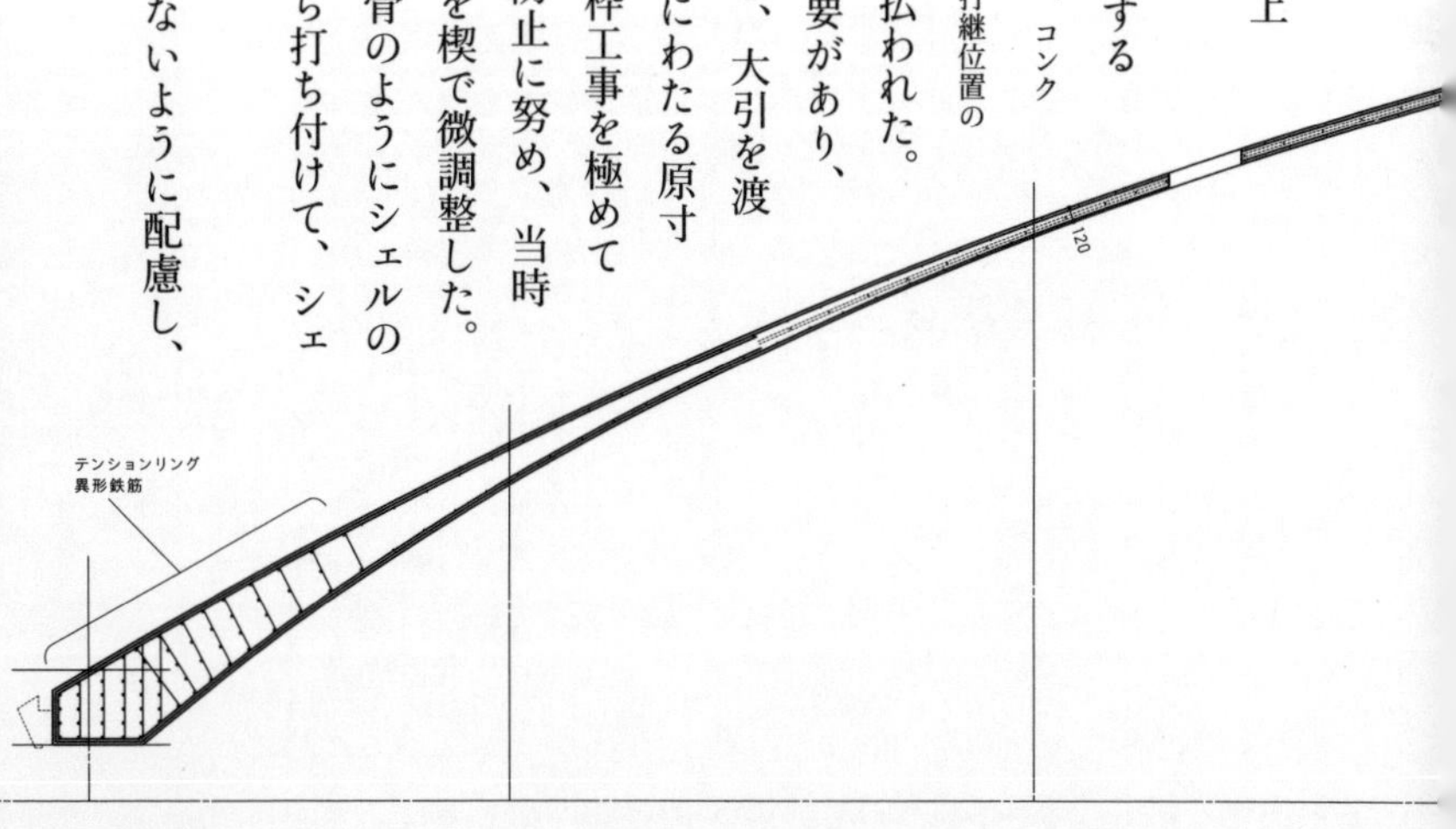

［4—7］屋根断面

鉄筋の重ね継手部分を節約するためにガス圧接を採用している。またコンクリート厚が場所によって変化するため、スペーサーを用いて調節した。

コンクリート打設は二一切（尺の立方）のミキサー二台を連続運転し、シェルの下部かららせん状に固練りのコンクリートを打設し、元に戻ってくる時間（二時間程度）を決めて、打継ぎ部をつくらぬよう、計画を立てた。また六月の梅雨の合間に、およそ九〇人の作業員が二三時間連続で打設し、四九六立米打ち終わったところで雨のために工事を中止した。この付近はちょうどシェルの厚さが変化しなくなる地点（反極点）で、筵《むしろ》覆いでコンクリートを養生し、雨の止むのを待ち、面の目荒らしを行った。その後、雨が止んで工事を再開し、残りのシェル頂部一一四立米を打ち終えている。

コンクリート打設後の養生を終えて、ついに型枠を撤去するときが訪れたが、取外し順序は支柱の筋違、方杖、つなぎ支柱を先にはずした後、シェル頂点から屋根面に沿ってほぼ円幅の四つの同心円に分け、中央から外に向かって区分ごとに順次足元の楔を緩めてはシェルの沈下量の測定を行い、再び中央から同様の順序で徐々に支柱を取り去り、

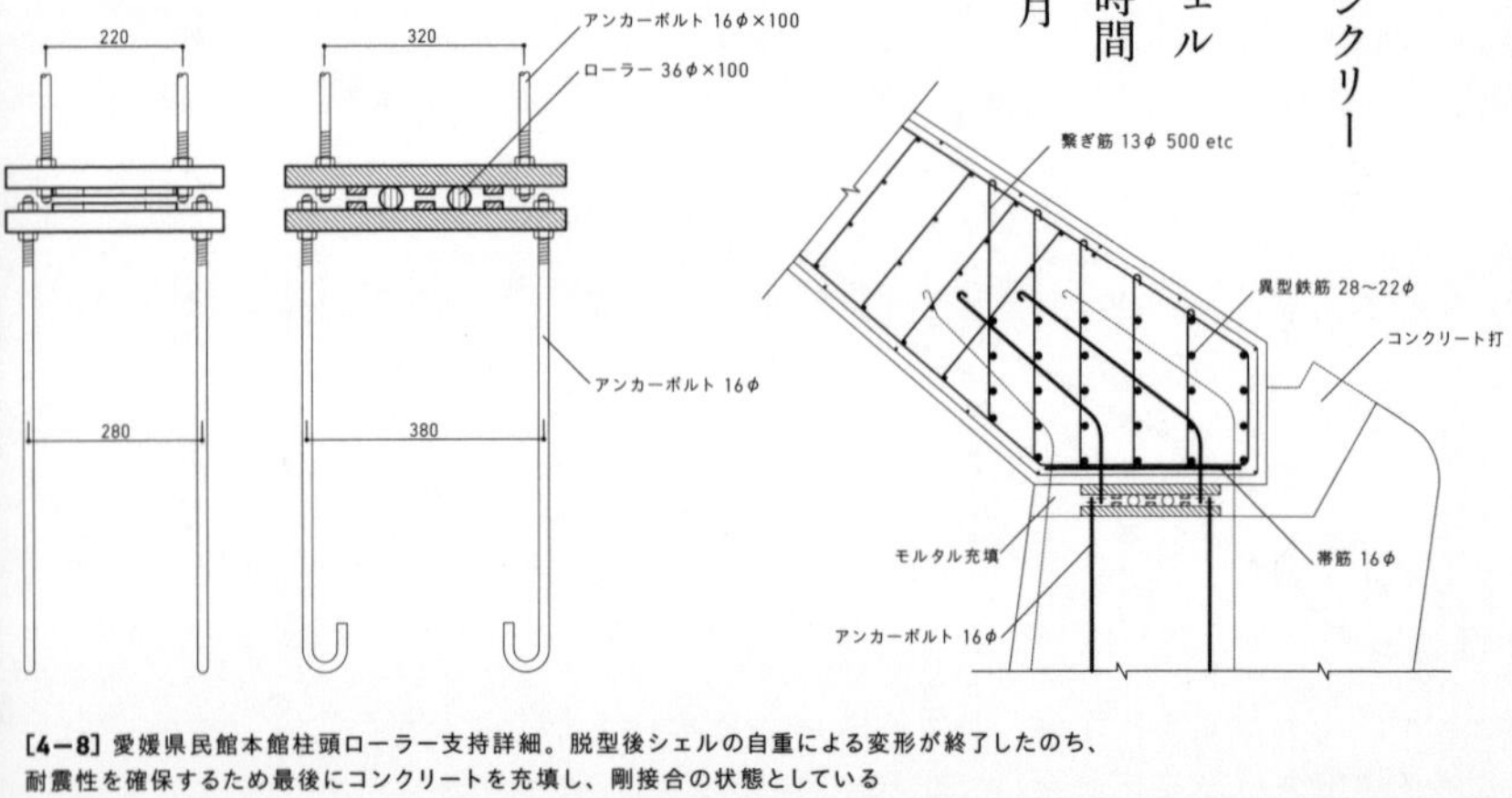

[4-8] 愛媛県民館本館柱頭ローラー支持詳細。脱型後シェルの自重による変形が終了したのち、耐震性を確保するため最後にコンクリートを充填し、剛接合の状態としている

梁も取り去った。その結果、根太と型枠板がシェルコンクリート下面に付着して残り、型枠を上段ステージの周辺部から取りはずそうとした矢先、一部のはがれた所を下に引いた途端にシェル中央部直径約一五メートルの部分が一枚になってはがれ落ちてしまった。これは薄膜となった型枠の迫持ち(アーチ)が破れた結果と考えられ、作業員二人が下敷きとなったが、幸い怪我はなかった(xii)。

竣工後の音響トラブル

一九五三年十月、愛媛県民館は竣工し、国体を無事終えることができたが、音響に関するトラブルが顕在化していた。設計当初、丹下は天井面にアコースティック・プラスターという輸入品を使えば問題ないと判断していた。ところが輸入が間に合わず、現場では日本製の吸音材を用いることとなった。しかし、竣工後、この製品が見本で謳われている吸音係数の半分にも至らず、残響が長すぎるという計測結果が出てしまう。そこで丹下は周囲の壁面にコペンハーゲン・リブを設え、中に六センチくらいの厚みのロック・ウールをつめることで、多少吸音係数を増したが、あまり効果が得られなかった(xiii)。

そこで竣工後四年経った一九五七年三月、ＮＨＫ技術研究所の音響研究部の指導のもと、愛媛県民館を音響的に改修することになった。ここで明らかになった音響的な問題点は大きく分けて二つあり、第一に、球殻天井と床との間に起こる反覆反響であった。これについては、床中央部から見て仰角三〇度以上の部分、つまり球殻天井の中央部と床面とが反響の発生に関与していることが形態実験によって確かめられたので、第一に中央部の球殻の形を崩すために、三種類の直径をもつ円板状吸音体六五二個を天井からランダムに吊り下げた。第二に球殻天井の周辺部、客席背後、ステージ部分ごとに中高音吸音性と低音吸音性の二種類の吸音装置を適切に組み合わせることで、残響時間の調整を行った。こうした改修により、愛媛県民館の音響的な欠点はほぼ克服され、ほとんど連日、音楽会、レスリング、展示会、演劇などが行われた(xiv)。

意匠と構造の統合の行方

丹下は坪井との本格的な共同設計を終えて、建築の構造について、二つのパターンを例示している。前者は人間のように骨の外に肉をつけ皮膚で保護する哺乳類の骨組みのイメージである。後者はエビやカニのように、殻がその中に生命を内包する甲殻類のイメージである。丹下にとって旧東京都庁舎は前者に属し、広島子供の家と愛媛県民館は後者に属すると考えられ、特に後者は殻と生命（構造とデザイン）が完全に一つに溶け合う必要があり、両者の協力は緊密なものでなければならない、とする。その際、丹下はアカデミックな構造家は暴君的であり、構造的合理性ということを首唱するものの、丹下にとって構造的合理性はアプリオリには存在しないと、考えていた。というのも、カニの殻とエビの殻のいずれがそれ自身としてすぐれて合理的であるかという議論に意味はなく、「それぞれ生きたエビとして、またカニとして機能する生きた全体の中で、いずれの殻もそれとして合理的なものであって、その全体像を離れて意味をもっているものではない」（xv）からである。広島、愛媛での経験を通じて、丹下から見た坪井は暴君的ではなかったが、形の詳細の決定を坪井らによる構造解析に依存していた分、解析力の不備に歯がゆさを感じずにはおれなかったのである。

一方の坪井は「我々は理論を信頼するがそれがあく迄も一つのよりどころであり、工学的に解決しなければならない事柄を多分に内在しているのを深く認識すべきである」と指摘している。さらに「コンクリートという材料を使用するからには、特殊な構造によってコンクリートが示す特異な性質を総合的に知る事が肝要」（xvi）であるという。言い換えれば、坪井はシェルを実現するにあたって、構造家の解析理論（構造的合理性）や模型実験による観察のみならず、現場での型枠、配筋、打設、養生、コストといった建築下部構造全体の理解こそ不可欠であるとする。

二十一世紀の建築状況を俯瞰すると、丹下が嘆いた解析力の不備は構造解析手法の発展により半ば解消されたように思えるが、一方で坪井が強調した模型実験を通じた観察と建築下部構造全体を理解しようとする真摯な姿勢は年々低下している感がある。つまり、コンピュータ上でカニやエビを超えるような形態（フラックスストラクチュア・流体構造）の解析が可能でも、現実には奇異な継ぎはぎだらけのハリボテに陥る危険性を孕むのである。

また、広島子供の家も愛媛県民館も極めて洗練された構造形態であるが、すでに取り壊された。解体された要因はさまざま挙げられようが、設備システムの更新の困難さが大きな要因の一つであったと想定される。つまり、構造的合理性や造形的な洗練だけではサスティナブルな建築になり得ない点で二つのシェルは示唆的であり、意匠と構造の統合の到達点と課題を同時に指し示している。

〈註〉

（ⅰ）丹下健三「広島平和記念カトリック聖堂建築競技設計説明書」広島カトリック教会編『平和記念広島カトリック聖堂建築競技設計図書』洪洋社、一九四九年、二〇頁
（ⅱ）「教会関係者の感想」前掲書（ⅰ）、七頁
（ⅲ）「丹下健三建築作品特集」『国際建築』一九五一年九月号、二二頁
（ⅳ）坪井善勝「愛媛県民館」『建築雑誌』一九五四年七月号、二一頁
（ⅴ）対談：丹下健三×坪井善勝「古い構造を『流行』に仕立てる」『国際建築』一九五四年七月号、二四頁
（ⅵ）前掲書（ⅴ）、二二頁
（ⅶ）前掲書（ⅳ）、二一〜二二頁
（ⅷ）坪井善勝・秋野金次「愛媛県民館の構造」『新建築』一九五四年七月号、三三頁
（ⅸ）前掲書（ⅳ）、二二頁
（ⅹ）秋野金次「坪井善勝の作品2：愛媛県民館」『空間構造』一九九四年五月号、五三〜五五頁
（ⅺ）道明栄次「愛媛県民館の施工」前掲書（ⅷ）、三五〜三七頁
（ⅻ）前掲書（ⅴ）、二五頁
（xiii）前掲書（ⅴ）、二五頁
（xiv）丹下健三「愛媛県民館その後」『現実と創造』美術出版社、一九六六年、一三〇頁
（xv）丹下健三「デザインと構造について」前掲書（ⅷ）、三一頁

(xvi) 前掲書(iv)、二一頁

＊扉頁 図版提供：丹下都市建築設計

＊【4-1】【4-2】【4-4】 撮影：丹下健三、内田道子アーカイヴ

＊【4-3】【4-5】 撮影：丹下健三、トリミング線は丹下自身による、内田道子アーカイヴ

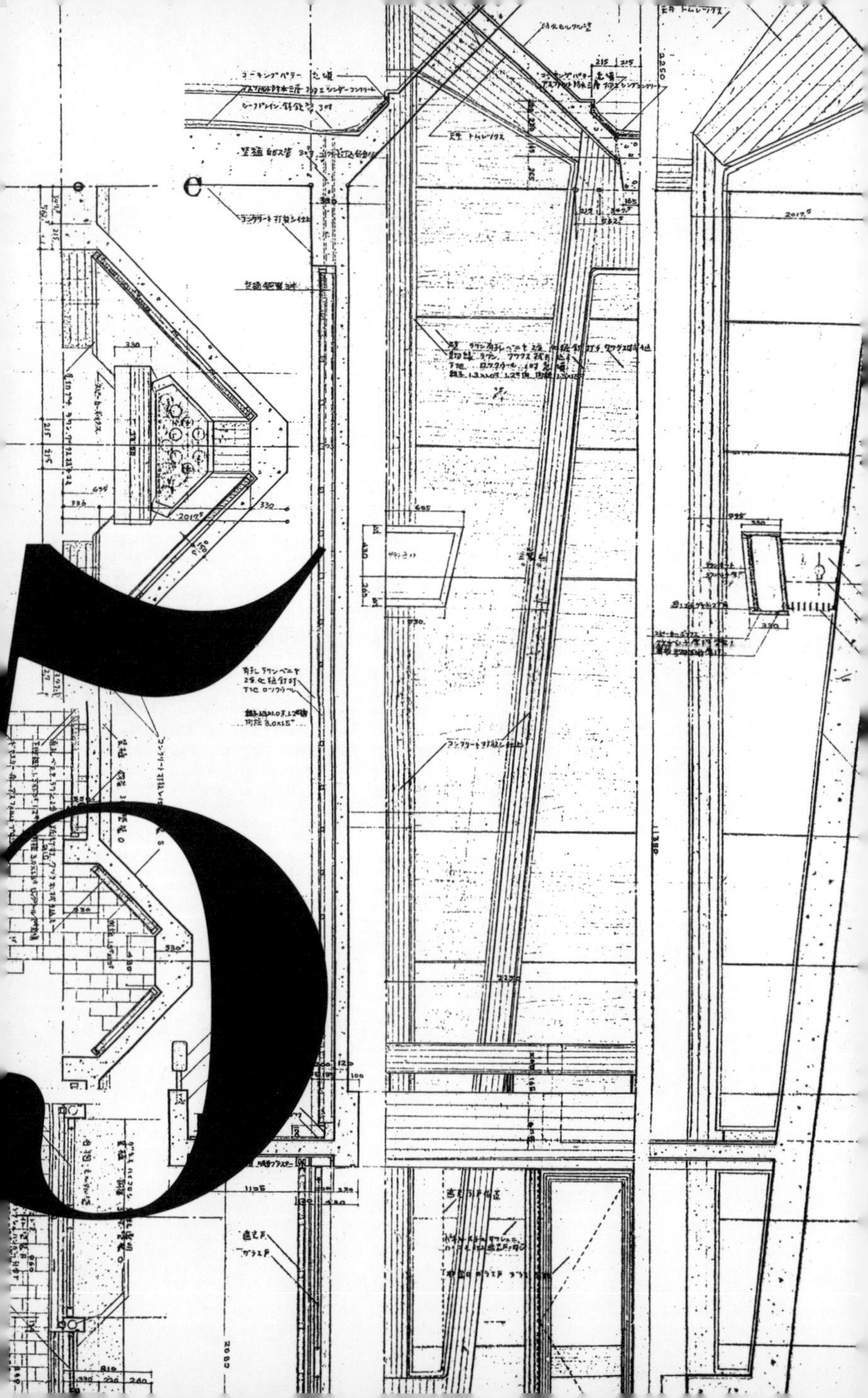
5

折板構造——今治市庁舎と今治市公会堂

福島教育会館（一九五六）壁構造に込められた民衆論

MIDによる丹下批判の風圧

一九五五年当時、丹下は広島平和記念公園、広島子供の家を竣工させ、旧東京都庁舎の施工監理に取り組む一方、「美しきもののみ機能的である」（『新建築』一九五五年一月号）というフレーズで物議を醸し、設計においても言説においても戦後の日本建築界をリードする一人となっていた。このころ、丹下の対抗馬として取り上げられたのが建築家・白井晟一で、「縄文的なるもの：江川氏旧韮山館について」（『新建築』一九五六年八月号）を発表し、丹下作品の弥生的・アポロ的な側面を浮かび上がらせた。

しかし、白井の縄文論に先んじて丹下の設計姿勢を糾弾したのは大高正人、足立光章らが属するＭＩＤ（Mayekawa Institute of Design：ミド同人）であった。一九五六年二月、大高らは『新建築』誌面で自ら手がけた福島教育会館（折板壁構造のホール）の設計状況を紹介し、足立はその解説文の中で桂離宮に代表される伝統的な木造建築の形態感覚やプロポーションを近代建築に適用する手法を「非常に危険」と断罪した。ここで「危険」と見なされた手法とは丹下が広島平和記念公園本館で用いた手法で、日本の木造建築を司る規矩術をＲＣラーメンのプロポーションに当て嵌めようとする方法であった。足立によれば、桂離宮は「桃山時代の上流社会の生活様式に対応したもの」であり、こうした手法が現代の住宅に応用された場合、子供の成長や労働者の生活様式に混乱を来す、と指摘する。

同様に足立は丹下による広島子供の家（朝顔形シェル）を「コマーシャル・モダン」の悪しき一例として取り上げる。ここでいう「コマーシャル・モダン」とは「資本主義機構の建築的表現であり、従って最大利潤の追求に奉仕するものでなければならず、そのために冒険主義やファッションの導入が正当づけられ、また狭い競争市場の中で生きのびるために世間にアッと言わせるような作家の売名行為」を意味した。これを民衆と建築の距離で読み替えれば、丹下の建築において民衆の「生産活動や生産感情は全く疎外され」ており、「民衆の感情に衝動を与える表現にまで高める内容」をもち得なかった、というのである。

こうした丹下の問題点を克服するデザインとして足立が提示するのが福島教育会館であっ

た。この設計を進めるにあたって最も重視されたのが福島県教職員組合（以下、県教組）との対話であり、「集団的民衆」である県教組の漲る力を建築的に表現し、労組大会等の「乱暴な使い方にもビクともしない力強さ」を追求しようと心がけたという。その結果、福島教育会館は丹下の洗練された建築とは対照的に無骨な表現となり、足立自ら指摘するとおり「少しもスマートではありませんし、またスッキリしていない」が、「大地に深く根を下ろし、あらゆる自然の脅威に敢然と耐え」る表現であり、「民衆の生活様式に対応するプロポーション」である、という。極論すれば、折板状の「壁はその前のペーブされた広場に集まる集団の圧力に対応するものとしての表現」であり、そこに「スローガンをたらし、アカハタをなびかせ、そして民衆の歌声をコダマして、民衆と共に発展への喜びを謳歌する」（i）こととなる［5－1］。

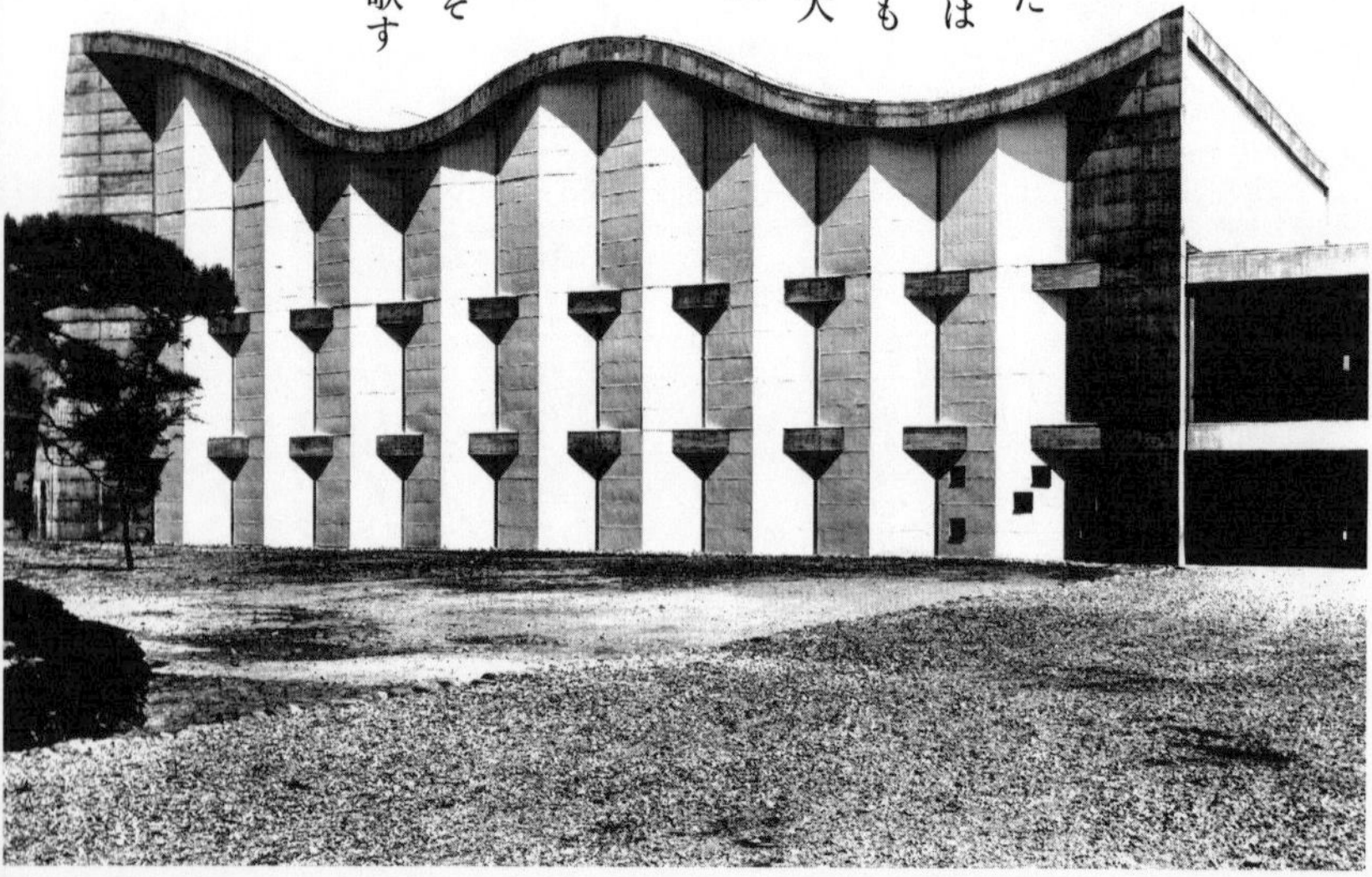

［5－1］福島教育会館

編集者・葉山一夫による丹下批判への加勢——『新建築』一九五六年十月号

丹下研究室で卒業論文を書いた平良敬一は卒業後に編集者となり、一九五〇年代半ばには前川國男設計事務所に足繁く通った。福島教育会館の竣工に際し、平良は葉山一夫のペンネームで丹下批判を展開し、福島教育会館を称揚している。

葉山は論の冒頭で「〝ガラスの建築〟が、浮薄な都会の文化と結びつき、あるいはインテリのはかないニヒリズムの表現になったりしていて、ひどく感傷的で甘い雰囲気に包まれている」と言及し、丹下による旧東京都庁舎を揶揄している。同時にル・コルビュジエがそれまでの白い箱（サヴォワ邸）から壁表現（ロンシャンの教会）へスタイルを旋回させたことになぞらえて、福島教育会館における壁表現が丹下の手法に勝る、と位置づけた。また丹下の建築思想の欠点として、作家と作品の間につくり手である労働者の影が見えないことを挙げ、丹下作品にはリアリティがない、と批判する。

これに対して福島教育会館では福島の労働者の技術水準をつぶさに検討し、「機械の使用よりも手による労働が圧倒的な部分を占めるということから、たとえばプレキャストコンクリートのスケールも労働する手と足のスケール、つまり労働の形態、手足を使う運搬やその他の作業から割り出された」とする。つまり葉山はＭＩＤの人間的な配慮によって労働者が疎外されないまま、田舎らしく力強い「逞しさ」を獲得できた、とする。この「逞しさ」

は「単純化された構法による太くて厚いエレメントの構成美」(ii)からなり、旧東京都庁舎のような「都市に立つ近代建築のあの繊細な感覚」とは無縁であった。

丹下によるMID、葉山への反論――『美術批評』一九五六年一一月号

MIDや葉山らによる批判に対して、丹下本人は雑誌『美術批評』の座談会で反論を展開している。その中で丹下は民衆を捉えることの難しさを吐露しつつも、広島平和記念公園の慰霊祭に集った人々とピロティの関係に言及し、「方法的な体系を持った」実験装置としての建築を、構想力を駆使して提示すべきだと指摘する。さらに丹下は「建築家はその構想力によって、民衆を把握していくことができる――構想力のない建築家は、いくら口で民衆、民衆といっても、民衆を発展的につかむことはできない」という極論を提示するに至った。これに対して、座談会の参加者の一人は丹下が「民衆を蟻かなんかのように、どういうふうに動くか」という視点で捉えている、と強く反発している。

また大高が県教組との話し合いを通じて建築の「既成概念をぶちこわしていくものができるんじゃないか」と述べたことに対して、丹下は「話合い自体を過小評価することは間違い」と前置きして、話し合いを踏まえつつ建築家が積極的なビジョンを提示することが肝要であり、「自分たちになにをすべきかということもみんな民衆に教えてもらえばいいという

ことは、そんなばかなことはない」と切り捨てている。

さらに丹下は葉山の論考に言及し、技術以上に「労働者の手」に期待する姿勢を「ウィリアム・モリス的な逆行」であると指弾する。葉山の主張を推し進めれば、建築技術が普及していない地域においてクリエイティブな建築はつくれないことになるが、丹下から見てそれこそ地方蔑視であった。そして、丹下は福島教育会館が清水建設という一流会社の施工にもかかわらず、きれいに打てたコンクリートの表面をわざわざ汚した点に触れ、意図的に劣った仕上げを見せつけて建築水準の低さを表現する「レアリズム」は「非常な逆行」(iii) であると論難する。

総じて、ＭＩＤはテクニカル・アプローチを標榜し、その時代・地域の技術水準にふさわしい建築表現を愚直に目指した。これに対して、丹下は浅田孝らとともに冒険的とも呼べる技術に次々と挑戦し、ゼネコンの可能性を引き出そうと試みていた。この両者の建築技術に対する姿勢の違いが当時の民衆論と共鳴し、丹下への執拗な批判につながったと考えられる。

今治市庁舎・公会堂（一九五六〜一九五八）

今治市庁舎——構造体としての遮光ルーバー

MIDとの激しい討論とほぼ時を同じくして、丹下は今治市庁舎・公会堂の設計を依頼される。依頼者は丹下の中学校時代の知人である田坂敬三郎今治市長（当時）で、建設費一億三五〇〇万円、設計監理費は五％と定められた(iv)。

与えられた敷地を検討すると、港からのビスタ（Vista 軸線）の正面という好立地のため、このビスタを受け止めるように市民広場を設え、その背景として市庁舎を据えることになった。従来の丹下研の方法であれば、ピロティで躯体を宙に持ち上げ、基準階にバルコニーを採用するところだが、今治市庁舎では南に四五度開いて並列した垂直のルーバーを採用した。さらに水平のルーバーと梁により構成されたコンクリートの格子状のブリーズソレイユを構造的な柱とし、内法約一六メートルの三層の大スパンを受けることとした。

このデザインはル・コルビュジエ設計によるインドの繊維業会館と酷似していたが[5−2]、両者の決定的な差異は斜行する壁面ファサードが構造体であるか否かであった。巨大な遮光ルーバーが構造体となる場合、当時の日本の構造計算に従えばルーバーの角にコブ状の柱を取

[5−2] 繊維業会館

り付ける必要があった。この問題について、丹下は研究室のスタッフを前にして構造担当の坪井善勝と論争になった、という。丹下は「何故ピン角にできないのか」と主張し、坪井は「ルーバーが構造体である以上コブが必要だ」とお互い譲らなかった[5−3]。この件について坪井研究室に属した川口衞はその場に立ち会わなかったが、およそ議論のポイントは推察できるとして、以下のような説明を残している。

「折板はよく紙を折って、いわゆるペーパーストラクチュアとして学生などに説明しますし、学生がそのまま成長して建築家になれば、ペーパーストラクチュアをイメージして折板構造をつくろうとするのは当然です。折り紙の角は文字通りピン角だから、『ピン角で何が悪い』ということになる。

折板構造のスケールが小さいときは、もちろんピン角でも問題なくできるけれど、スケールが大きくなると、そのままでは構造効率が悪くなる。折板はジグザグの断面をした梁と見なすことができ、このとき、断面の山頂と谷底の部分は梁のフランジ（曲げモーメントに抵抗す

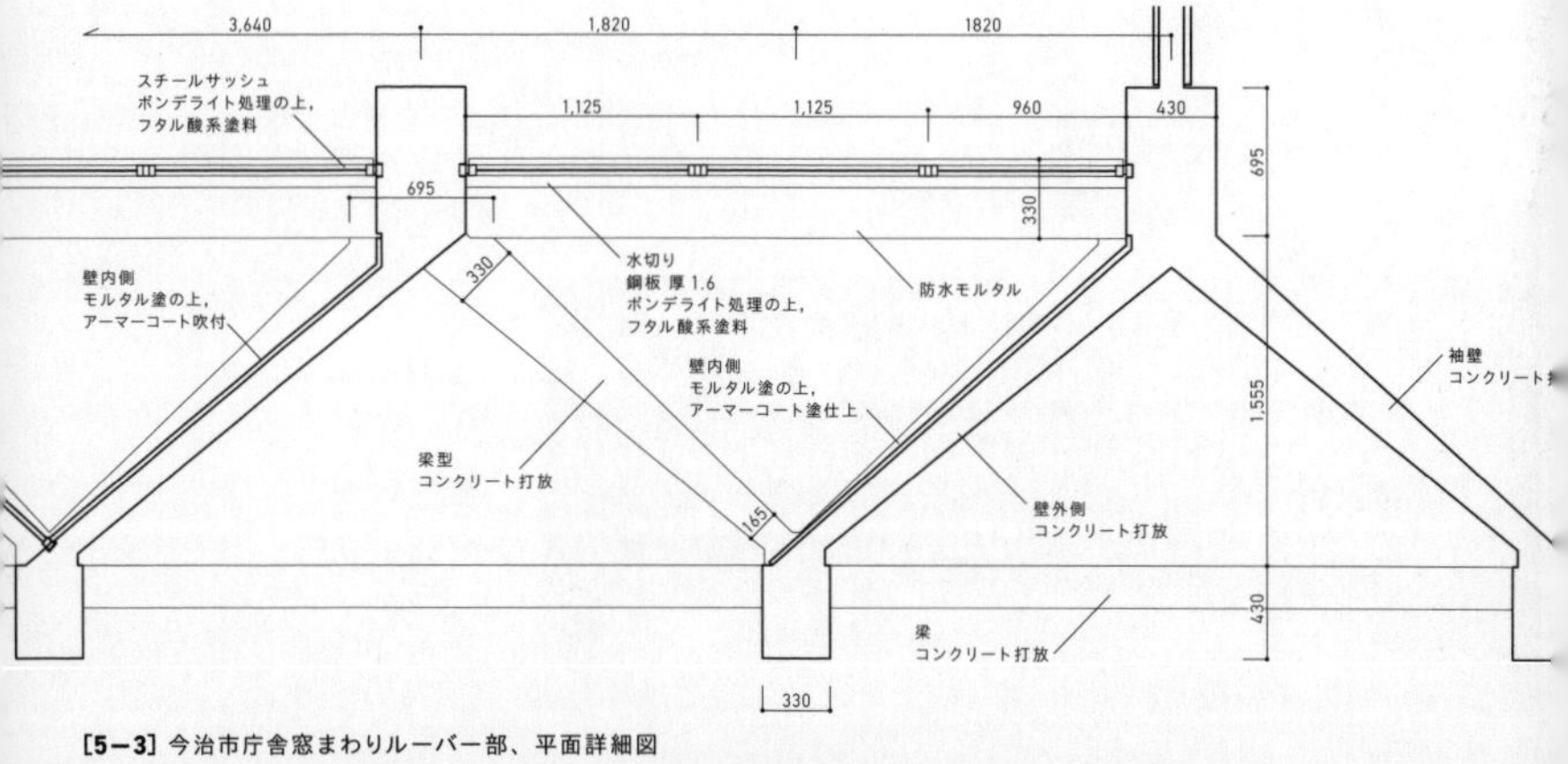

[5−3] 今治市庁舎窓まわりルーバー部、平面詳細図

る部分）に相当するから、ここにかたまり（コブ）を設けると、梁としての変形を小さく、強さを大きくすることができる。鉄筋もこの部分に無理なく配置できるので、規模の大きい折板構造では、コブがあると合理的、経済的になります」(v)

結果として、巨大遮光ルーバーの端部にはコブのような柱が取り付き、丹下が望む洗練された壁表現には至らなかった。しかし竣工から半世紀経った今も市庁舎として利用されていることを踏まえると、この市庁舎は現在の耐震基準にも合致するハイスペック公共建築として評価できよう[5-4]。

今治市公会堂──美しいプロポーションの折壁構造

丹下は市庁舎と同じ敷地内に座席数一三〇〇ほどの公会堂の設計も依頼されていた。日照の必要な市庁舎と対照的に、公会堂は遮音性能が要求されるため、丹下は公会堂を内法二七メートルの折板構造とすることにした。これはピエール・ルイジ・ネルヴィのユネスコ本部のみならず、先に触れた福島教育会館と同じ構造形式であり、丹下としては圧倒的に美しいプロポーションの折板構造を実現させ、何としてもＭＩＤの連中を黙らせたかったに違いない。また福島教育会館では屋根に波打

[5-4] 今治市庁舎

つシェル構造を採用し鈍重な表現を極めたのに対して、今治市庁舎では壁・屋根とともに折板構造を採用して、構造の一貫性を追求している［5−5］。

坪井らは公会堂の構造設計に際し、以下三点に特に留意して検討を進めた。第一に柱脚をタイビームで結んで二鉸《ヒンジ》式鉄筋コンクリートラーメンとし、柱部分の壁を全長にわたり変断面として扱った。また屋根面には折板のアコーディオン的変形とウェブ部分の座屈を防ぐための梁型を通している。

第二に、この公会堂は階高が高いため、比較的小さな水平荷重に対して大きな曲げモーメントが生ずる。短手方向の全水平力を折板構造それ自身が負担するのは難しいため、両側の妻側に耐震壁を配し、全水平力の三分の一を耐震壁に負担させ、残りの三分の二を二鉸《ヒンジ》式ラーメンの壁で処理した（vi）。

第三に壁折板と梁折板の交差部分が構造設計の肝になるが、これについても川口が明快な解説を行っている。

「梁も壁も折板で構成する場合、スパン方向には折板によるラーメン構造を想定して設計することができますが、その際、梁と壁の折板同士を単純に接合しただけでは、コーナーで断面形が崩れてしまって、ラーメンとしての力が相互に伝達

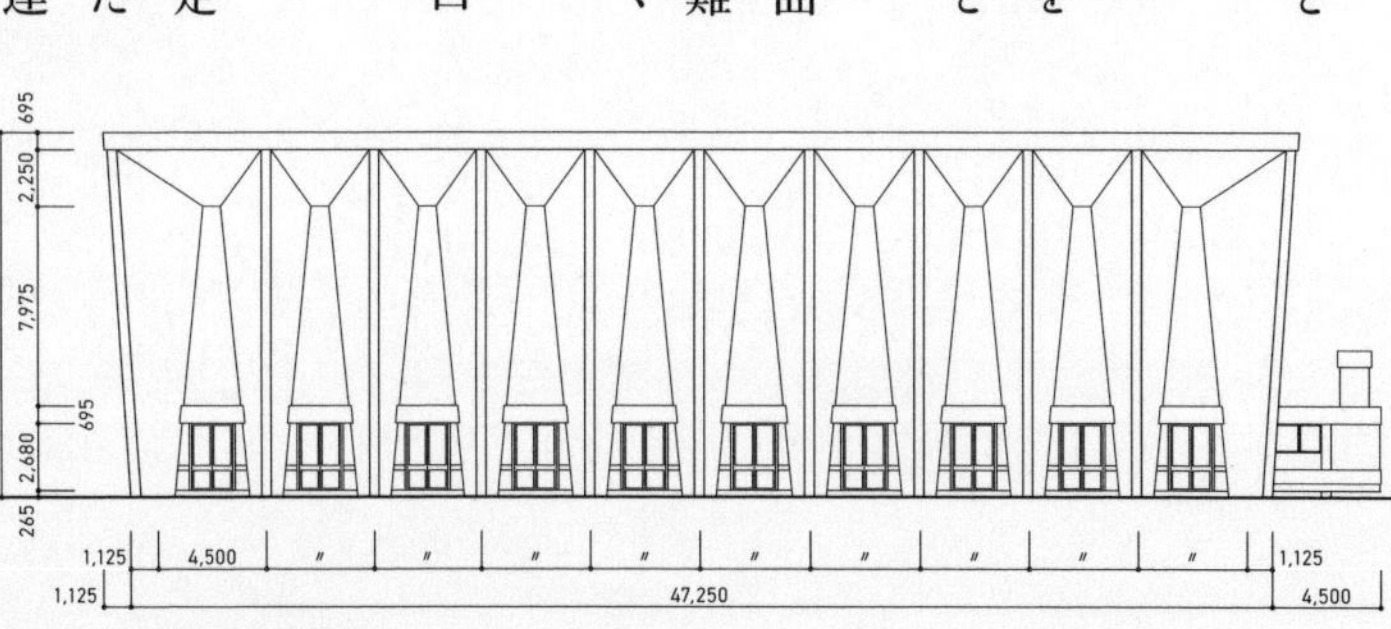

［5−5］今治市公会堂東西立面

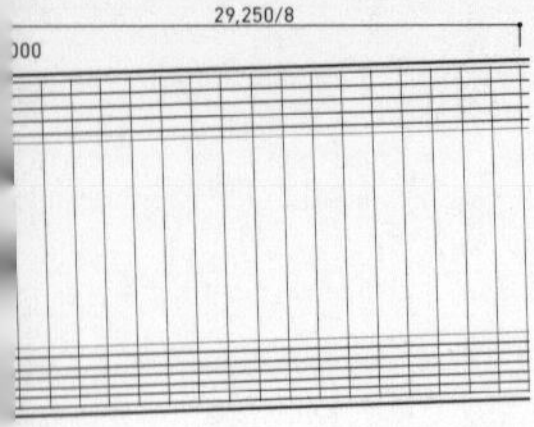

できなくなる。そこで、隅角部には柱、梁の断面形状を保持するためのスティフナーが必要になるのです。この問題は、紙の模型をつくってみればすぐにわかるので、比較的説明しやすいですね」(vii)

柱と梁の力の伝達を十分に行えるディテール（仕口補強板）は特に工夫を要した。というのも、この箇所の配筋は大変に複雑で、特に山の部分で剪断応力度が大きくなるため、この剪断応力度をどの程度に抑え、曲げモーメントによって決まる配筋をいかにうまく納めるかが重要であった［5-6］。

現場工事と折板撓み測定（一九五八）

丹下研究室と坪井研究室の連名による『今治市庁舎・公会堂建築工事特記仕様書』を見ると、施工者に対して従来の型枠製作の概念を廃し、「鋳物」をつくるような心構えで正確な作業に努力するよう求め、大工の選定に注意を促している。また従来のコンクリート打設に際し、コンクリートの色調に注意することはもちろん、表面の豆板、その他欠損を生ぜぬよう万全を期し、各部に人員を十分配置し、突き固め、型枠叩き等を十分に行うことを要求している(viii)。

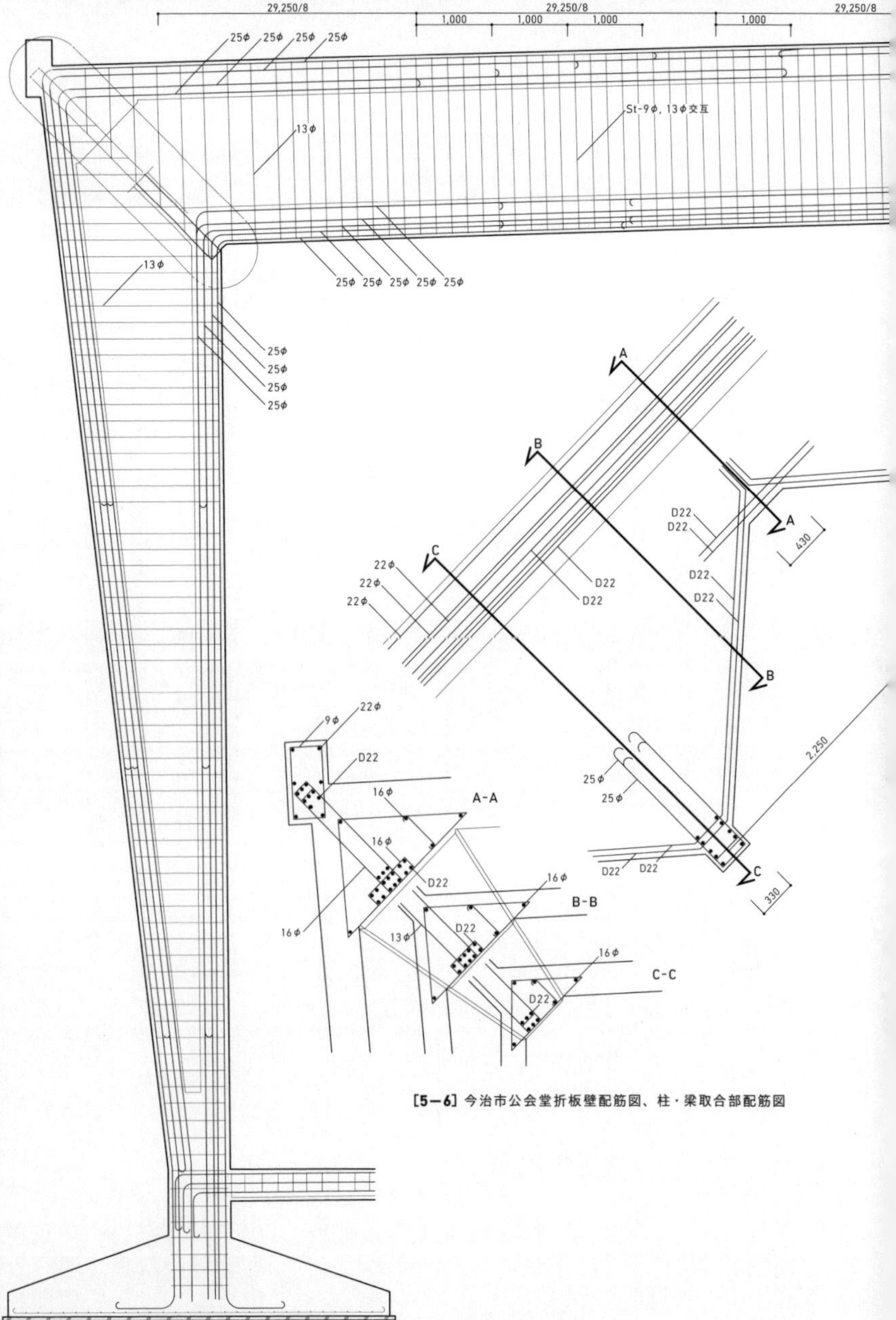

[5−6] 今治市公会堂折板壁配筋図、柱・梁取合部配筋図

今治市庁舎・公会堂の現場監理を担当したのは丹下研究室の磯崎新と茂木計一郎であった。茂木の回想によれば、公会堂では折板屋根で大スパンをつくるという難工事のため、施工を請け負った大林組はコンクリートの打ち方と仮枠の組み方に苦労した。特に側面の折板が傾いており、凹凸しているため非常に大きい仮枠を組んで施工している[5-7]。

また公会堂屋根へのコンクリート打設は一九五八年五月に行われた。この屋根面は一部壁面を入れて約四二八立米あるが、ミキサー一台は二一切(約〇・五八立米)なので必然的に一日の打込み量が決定された[5-8]。特に五月二十五日から二十六日にかけて屋根中央部(約二〇メートル×四〇メートル)の凸凹の大屋根に打継ぎができないよう、二〇時間連続で全体を回りながら徐々に打っていった。この屋根面の打設時にどの程度屋根が撓むか、坪井研究室の藤沼敏夫が測定を行っている。藤沼は一一カ所の測定点を設定し、計測を行い、結果は[5-9](谷側、山側の撓み曲線図)のとおりであった(ⅸ)[5-10]。

一方で、市庁舎の施工も困難を極めた。公会堂の難解な壁に比して市庁舎はルーバー状の構造壁が垂直で斜めに据えられているため、大林組は当初安直に考えていたという。しかし施工が始まると、四〇センチ程度の薄い壁の仮枠そのものがフラフ

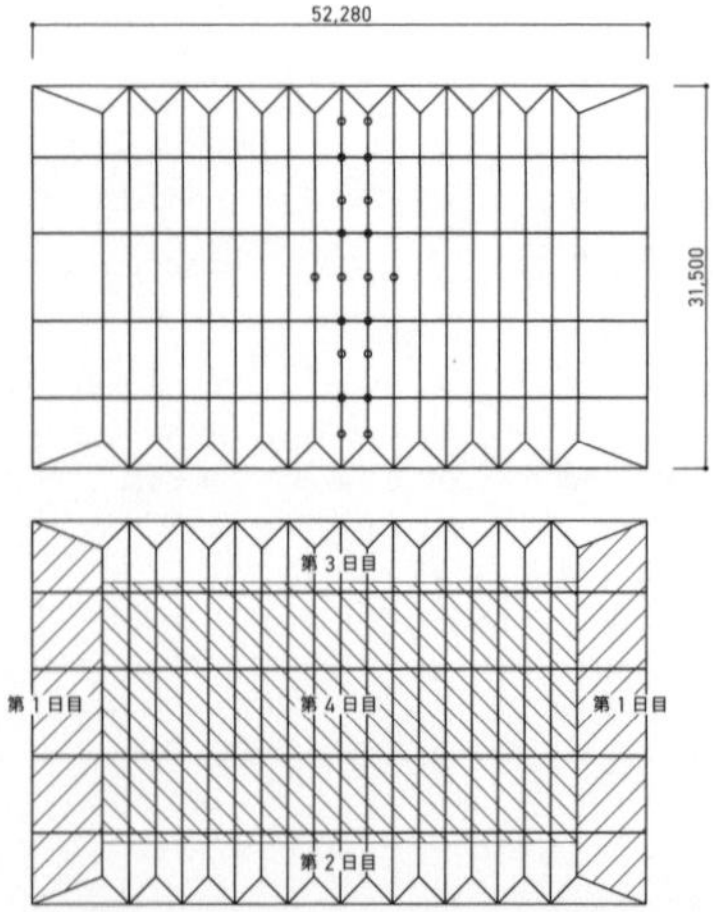

[5-8] 今治市公会堂折板屋根撓み測定箇所と折板屋根コンクリート打込み手順

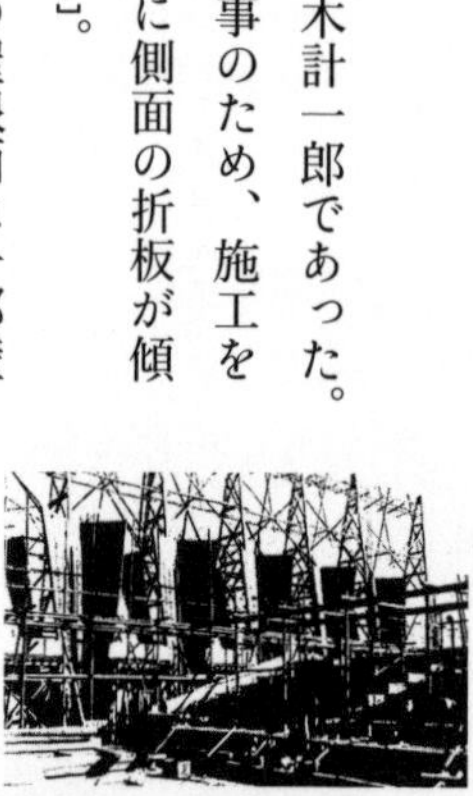
[5-7] 今治市公会堂型枠工事

ラし、そこに約一六メートルスパンの梁が架かるため、壁の垂直を出すために大変な苦労を要した。

世田谷区民会館と今治・広島の比較
都市スケールとヒューマンスケール

今治市公会堂の竣工からやや遅れた一九五九年三月、前川國男は世田谷区民会館を完成させている[5-11]。こちらも壁・屋根ともに折板構造を採用し、また坪井善勝が構造設計を担当しているため、今治と世田谷はプログラムも形態も非常によく似た建物となっている。しかし両者が決定的に異なるのはスケール（プロポーション）の扱いであった。

たとえば世田谷の施設群は二階レベルにデッキをまわし、脚下にピロティを設け、ヒューマンスケールに基づいて統一感を与えている。これに対し、丹下は広島平和記念公園、旧東京都庁舎、香川県庁舎などのピロティを都市スケールに合致するようまとめている。丹下は自らのピロティのスケールを古代ローマの神殿を構成する「神々の尺度」に引きつけて説明する（x）。今治ではピロティの代わりに巨大な遮光ルーバーが広場に面して据えられている

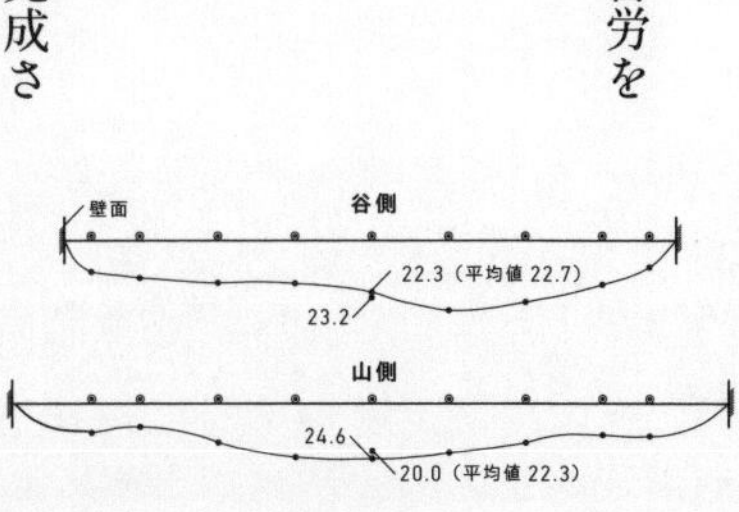

[5-9] 今治市公会堂撓み曲線図

[5-10] 今治市公会堂屋根面の配筋

が、これらも都市スケール（神々の尺度）と呼ぶにふさわしいものであった[5-12]。

また二階の手摺という細部に注目して世田谷と広島を比較すれば、世田谷の折板壁は二階レベルに手摺がまわり、さらに小さな階段も取り付くことで、折板特有の都市スケールとこぢんまりとしたヒューマンスケールが混在し、折板壁の迫力が半減している。これに対して丹下の広島平和記念公園陳列館に据えられた中二階（メザニン）は「神々の尺度」をより強調する副旋律として機能させている。

以下、筆者の推測にすぎないが、MIDは民衆論を建築に翻訳する際、人民の一人一人に寄り添うことを是としたために、可能な限りヒューマンスケールを重んじて国民建築を組み立てたのではないか、と思われる。個人住宅や集合住宅を設計する場合、こうした原則は的を射ているが、数千、数万という不特定多数の群衆が押し寄せる公共建築をヒューマンスケールで統合するのは規模の点から無理があった。MIDは民衆論を字

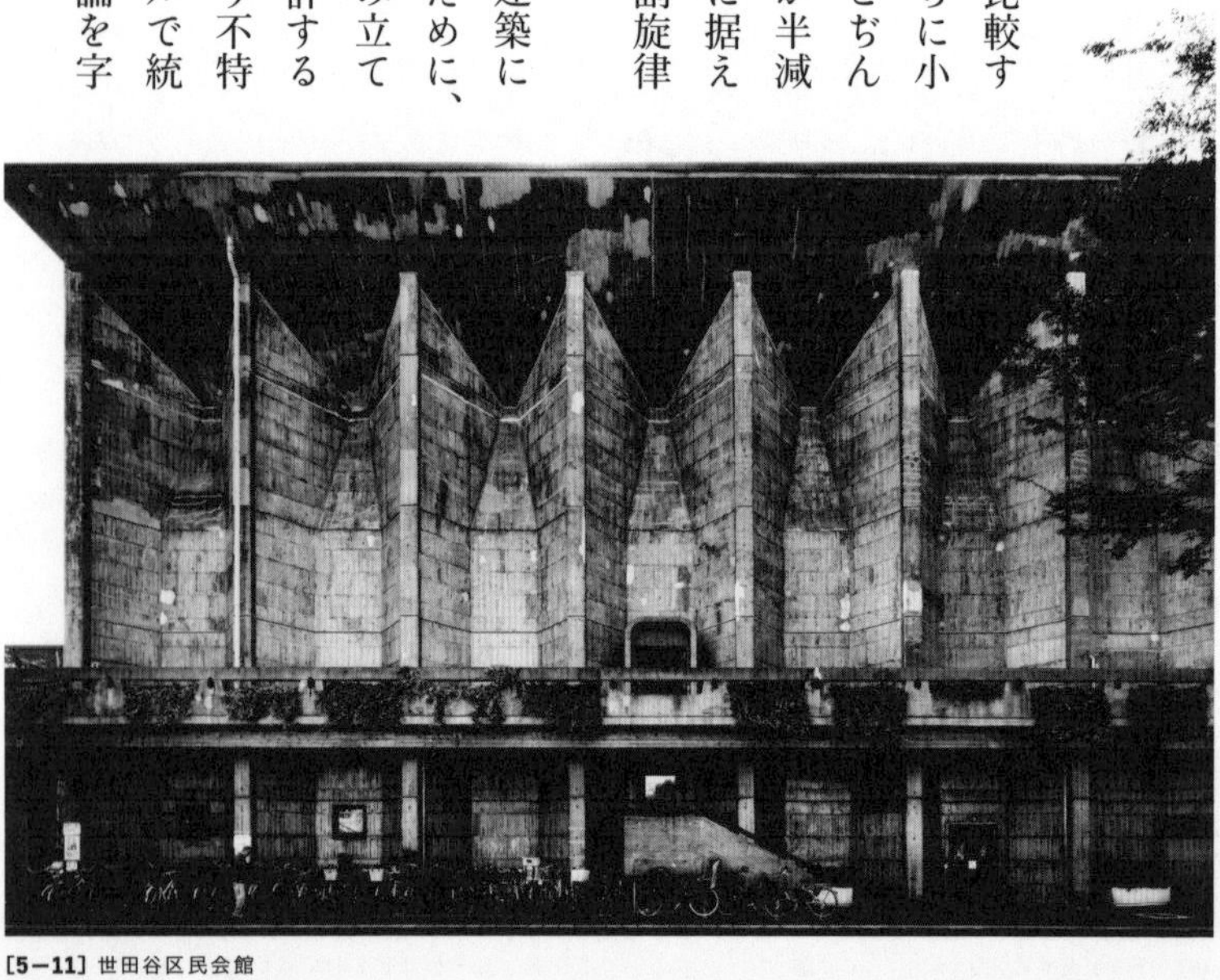

[5-11] 世田谷区民会館

面どおりに解釈して国民建築に投影した結果、ヒューマンスケール（等身大の労働者）と都市スケール（群衆としての労働者）の混濁が発生し、丹下に比してＲＣ打放しの魅力を引き出しきれなかったと考えられる。

その後の今治市庁舎・公会堂市民会館の増築（一九六四〜一九六五）と改修工事

今治市庁舎・公会堂が竣工した六年後の一九六四年、公会堂と向き合う形で市民会館の増築が決定し、一九六五年に竣工した。当時、今治市には公会堂以外に集会施設が乏しく、中小会議室を含めた多目的に利用できる施設が要望された。しかし市庁舎前の広場が手狭であり、市民会館の設計に際し、広場を極力広くとるよう配慮された。また市民会館は市庁舎・公会堂とは対照的に柱・梁のラーメン構造に大きなガラス面と庇を付加したデザインを採用し、広場との一体性を強調している。その後、市庁舎・公会堂・市民会館が取り囲む市民広場は駐車場

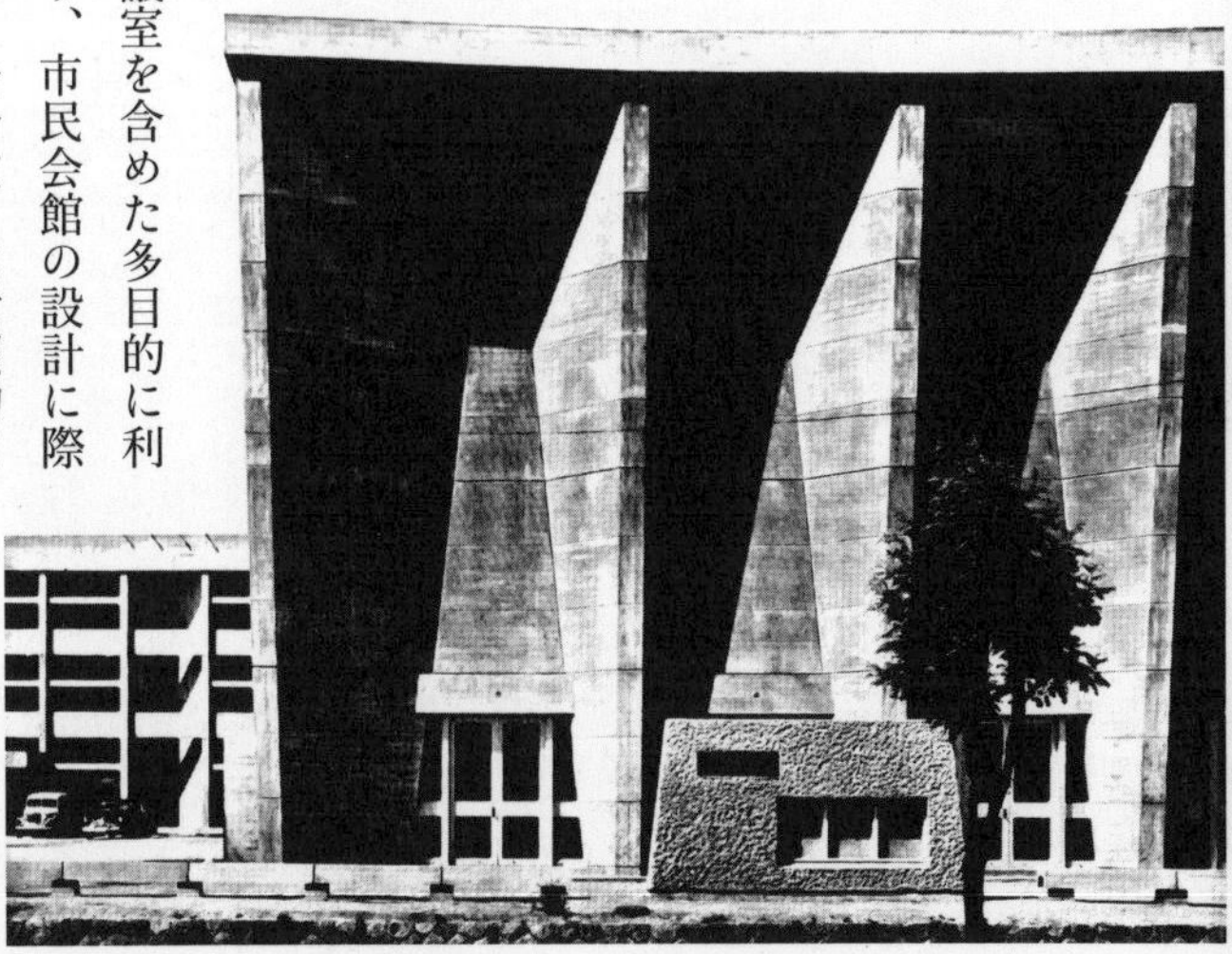

［5−12］今治市公会堂、奥に今治市庁舎

として利用され、都市のコアとしての機能を失っていった。

近年、今治市は公会堂の設備の老朽化と耐震化の検討に着手し、二〇一三年八月三十一日には改修記念式典が開催された。総工事費七億五〇七五万円をかけ、外装は打放しではなく塗料を塗布し、コンクリートの打増しなどによる耐震化も実施した。音響や照明など舞台装置、空調設備を更新し、座席数は二五八席減らして座席幅も広げて利便性を高めている(xi)。一方で市民会館の耐震性能が著しく劣っていることが判明し、取壊しの危機にさらされている。こうした動きに地元では取壊し反対の声が上がり、二〇一三年には丹下生誕一〇〇周年記念のシンポジウムが開催され、町歩きイベントも行われたことは記憶に新しい。

半世紀前に「神々の尺度」をもった都市のコアとして建設された施設群は二十一世紀において地方都市の近代化遺産となり、今治市民や建築関係者によって大切に継承されようとしている。これは建築群の視覚的魅力や今治市民および関係者の見識の高さのみならず、半世紀後の使い勝手にも対応できる無柱空間と耐震スペックを建物自体がもち合わせていたことが大きな要因であろう。

〈註〉

(i) 足立光章「福島教育会館：表現について　民衆の逞しい生活力を反映するもの」『新建築』一九五六年二月号、二一～二二頁
(ii) 葉山一夫「建築創造におけるレアリズムの方法　福島教育会館のめざすもの」『新建築』一九五六年一〇月号、三〇～三三頁
(iii) 座談会（池辺陽、丹下健三、大高正人、林昌二、高橋寿男、葉山一夫、針生一郎、岩田和夫）「建築家は民衆をどう把えるか」『美術批評』一九五六年一一月号、九〇～一〇九頁
(iv) 「今治市庁舎の設計監督丹下東大助教授に委嘱　早くて着工は本年度末」『今治新聞』一九五六年一一月四日
(v) 「42　川口衞」豊川斎赫編『丹下健三とKENZO TANGE』オーム社、二〇一三年、七二一頁
(vi) 藤沼敏夫「折板構造・今治市公会堂」『建築』一九六一年一月号、六七～六八頁、『今治市公会堂構造計算書』一九五七年七月三一日
(vii) 前掲書（v）、七二一頁
(viii) 丹下研究室・坪井研究室『今治市庁舎・公会堂建築工事特記仕様書』一八～二四頁
(ix) 藤沼敏夫『折面屋根撓み測定実験』（私家版）一九五八年七月一日
(x) 丹下健三「広島計画：建築の尺度について、または、空間と社会」『新建築』一九五四年一月号、一一頁
(xi) 「今治市公会堂改修工事終了し記念式典」『愛媛新聞』二〇一三年九月一日

＊**扉頁**　図版提供：丹下都市建築設計
＊**【5−1】**　設計：ミド同人、一九五六年　撮影：村沢文雄

＊【5―2】設計：ル・コルビュジエ、一九五七年　撮影：丹下健三、内田道子アーカイヴ

＊【5―4】撮影：丹下健三、内田道子アーカイヴ

＊【5―7】【5―10】出典：『建築』一九六一年一月号

＊【5―11】設計：前川國男、一九五九年　撮影：彰国社写真部

＊【5―12】撮影：多比良敏雄

6

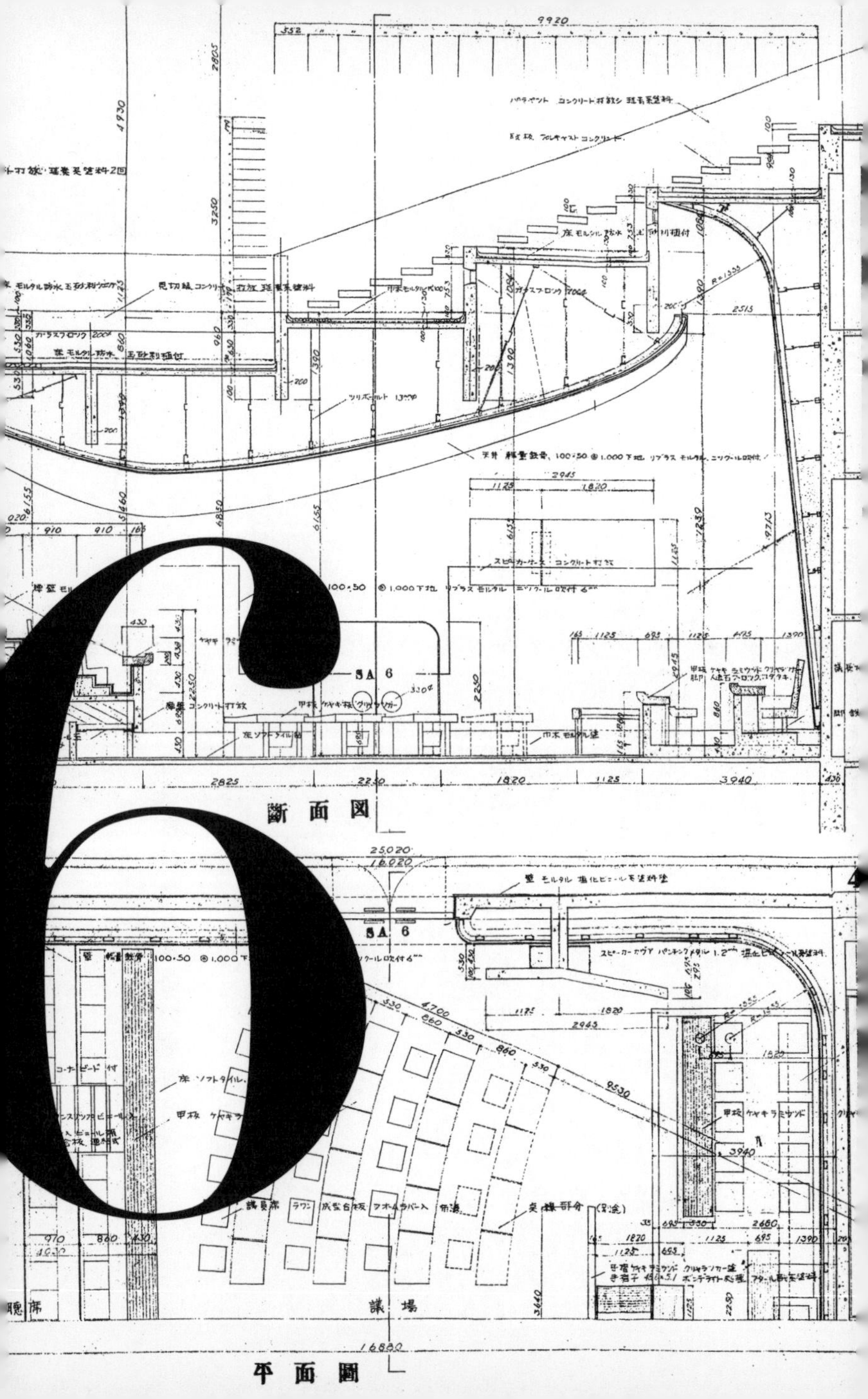

断面図

平面圖

プレキャスト・コンクリート

――倉敷市庁舎と電通大阪支社

一九五〇年代の丹下研究室における PCa、P・Sの取り組み

マルセイユのユニテから受けた落胆と感動

一九五一年夏、丹下健三はCIAM第八回ロンドン大会に参加するために渡欧し、マルセイユでユニテ・ダビタシオン（設計 ル・コルビュジエ、竣工は一九五二年十月、以下ユニテ）の施工現場を見学する機会に恵まれた。

帰国直後、丹下は前川國男・生田勉との座談会の席で、夢にまで見たル・コルビュジエのユニテに複雑な心境を抱いたことを率直に語っている。丹下が渡欧する前年、日本国内で出版された雑誌『国際建築』にはユニテ特集が組まれ、「ファサードの被覆および日除けバルコニーは、事前製造（プレファブリカション）のコンクリート要素」（i）が用いられている、と紹介さ

れていた。おそらく丹下はこの特集を通じてユニテを予習し、現場見学に臨んだと思われるが、建設プロセスの工業化とはほど遠い「手工業の粗放さ」(ii)を目の当たりにし、コルビュジエがなぜプレキャスト・コンクリート（以下ＰＣａ）に固執したのか、疑問を呈している。この発言を受けて、前川は、フランスのコンクリート技術は馬鹿にしたものじゃない、と反論している。それでも丹下は引き下がらず、あんな高い所まで重たいプレキャストを上げる意味がわからないと述べ、技術水準の低すぎる施工現場で工業化を無理に推進する姿勢に強い抵抗を感じた、と吐露する。と同時に、丹下はゴシック建築に似た感動をユニテに覚えた、と述懐したが、この抵抗と感動は、のちに「機械と手の葛藤」(iii)という丹下の生涯のテーマの一つに連なっていった。

丹下は座談会の締めとして、当時のヨーロッパにおける近代建築は意識だけが過剰であるが、工業水準や経済水準が過剰な意識（崇高な理想）に追いつかず、実作の大半は「ハリボテのごま化し」であった、と総括する。その中で、ヨーロッパの現実に拘泥しながら近代建築を実現するコルビュジエだけは天才であり、ユニテの現場に感動すれども、「近代建築の完成された姿とはどうしても思えない」ものであった。丹下にとって近代建築とは「天才を超えた何か普遍的なもの」(iv)であり、その萌芽を第二次大戦後のアメリカ建築に感じる、と結んでいる。

丹下はユニテ見学後にニューヨークを経由し、SOMや国連ビルを見学して帰国したが、その際にPCaのサンプルを日本に持ち帰っている。丹下は渡欧前から銀座ショッピングセンター（一九五二年）の設計に取り組んでおり、外壁に白色打放しリブ付きPCaを用いることを計画していた［6-1］。しかし、一九五一年当時の東京にはPCaメーカーは存在せず、テラゾーメーカーであった稲垣テラゾウと湊建材工業が担当することとなった（v）［6-2］。丹下からサンプルを渡された湊建材工業の担当者はアメリカで書かれたPCaの指南書を読み解き、型枠精度を得るために風呂桶屋の力を借り、手巻きウィンチを用いて現場取付けを行っている。その後、湊建材工業は東京都庁舎（一九五七年）一階妻側の中空ブロックと階段手摺、屋上手摺を制作し、丹下研究室におけるPCa経験の蓄積に大きく貢献した。

一方で、建築の構造体そのものを工業化し、大スパンを実現する術として鋼弦コンクリート梁、プレストレスト・コンクリート（以下P・S）梁が挙げられる。この技術は土木分野でフレシネー工法と呼ばれ、一九五四年には信楽線の第一大戸川橋梁（スパン三〇メートル・四主桁）が実現していた。丹下研究室で初めてP・Sを検討したのが図書印刷原町工場（一九五四年）であった。この工場には当時最新鋭の多色輪転機が据

［6-2］銀座ショッピングセンターのPCa外壁

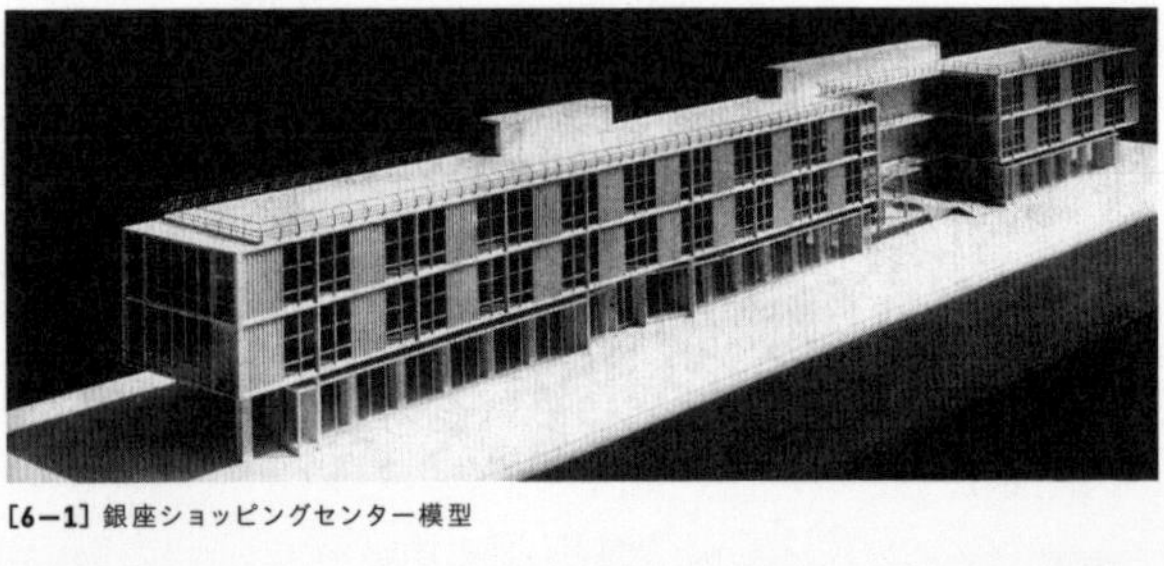

［6-1］銀座ショッピングセンター模型

えられることになっており、四〇メートルスパンの大空間が必要となった。このため、丹下研究室では浅田孝を中心としてシェルコンクリートとダイヤモンドトラスを検討した。しかし両者とも音響的に不利で、増築に際して脚部の処理が困難なこと、天井からの重量物の吊り下げに難点があること、スパン中央部にライズの高い余分な空間が残ることなどを踏まえ、P・Sによるフラットな大屋根案が推奨された。実際、浅田らは横山不学に構造計算を依頼し［6―3］、P・Sのパテント所有者である極東鋼弦コンクリート振興ともコンタクトを取ったものの、P・Sが当時の建築基準法の外側に置かれ認可に日時を要すること、一本あたり四五トンの大梁の吊揚げが困難なこと、雨仕舞いのディテールが未解決であることなどからP・Sを断念し、紡錘状の鉄骨トラスを採用することとなった。

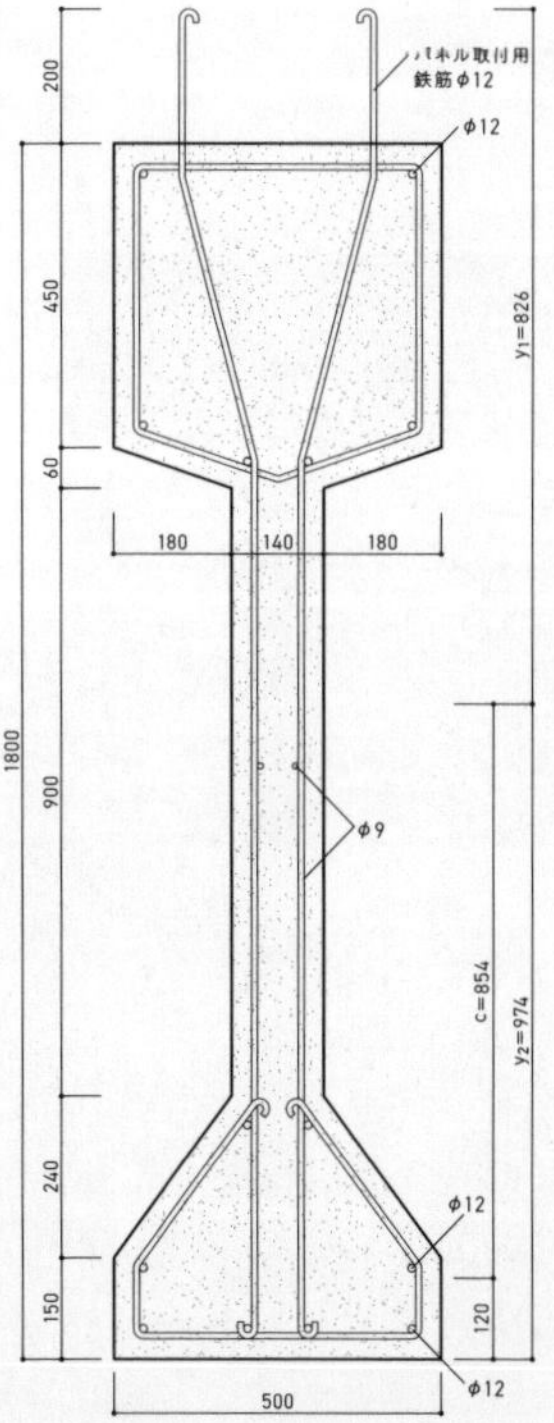

［6―3］図書印刷原町工場のP・S大梁案

PCaとP・Sの併用案の検討——静岡新聞宿舎と草月会館

一九五五年ころ、丹下研究室には静岡新聞社社宅（四階建て）を設計する話が舞い込み、のちに倉敷市庁舎のチーフを担当する西原清之も設計チームに参加した。西原らは約一二メートルおきに垂直動線をまとめたコア（階段室＋水回り）を六つ並べる横長の集合住宅案を練った。その際、コア部分は現場打ちRCとし、そこにP・Sによる大梁を架け渡し、外装のバルコニー部分はPCaを用い、足元を開放的なピロティとする算段とした。西原は東大建築学科卒業後、レーモンド事務所を経て丹下研究室のメンバーとなったが、レーモンド事務所にはすでにPCaの実績があり、西原はPCaの知識を独自に体得していたという。しかし、ここでもP・Sが火災時に爆裂する危険性が指摘され、建築基準法に抵触したため、実現には至らなかった。

翌五六年、丹下研究室では草月会館の設計を開始している。この建物は、敷地の高

低差を生かし、三階にいけばなの教場、二階に草月会の事務室やサロン、一階は庭園として利用し、庭園下に多目的のオーディトリウム（三七〇席）が計画された［6−4］。また、一階庭園の上の四本柱のピロティは上部の三階・二階のマスを支えている。オーディトリウムの機能上、構造体をできるだけ部屋内に入れたくないことから、設計当初、現場打ちＲＣの柱にＰ・Ｓ梁を架ける案が検討された。しかし当時の法律・工費・技術等の諸制約によって、この案は実現できず、大量の鉄筋を配した現場打ちＲＣ大梁が架けられた（vi）。

また上層階の外壁三面にはテラカッタ・ブロックを積み上げ、外観と部屋内が同一材料となる仕上げを選択した。こうした発想は、「ハリボテのごま化し」ではない「普遍的なもの」を目指す丹下の建築思想に起因し、建築の内と外の仕上げを一致させることが多かった。しかし、水抜きの工夫を凝らしたテラカッタ・ブロックとはいえ、ＰＣａを単純に積み上げ、目地を塞いだだけの外装では止水性能をもたせることができず、竣工後の台風時には、室

［6−4］草月会館外観

内の水漏れが発生し、多大な被害が生じた（vii）[6−5]。

一九五〇年代の丹下研究室では、隙あらばPCaとP・Sを実践で用いるチャンスを窺っていたが、その都度、法律や予算の壁に阻まれ、失敗を重ねてきた。しかし、それらの貴重な経験が一九六〇年に竣工した倉敷市庁舎と電通大阪支社に生かされることになる。

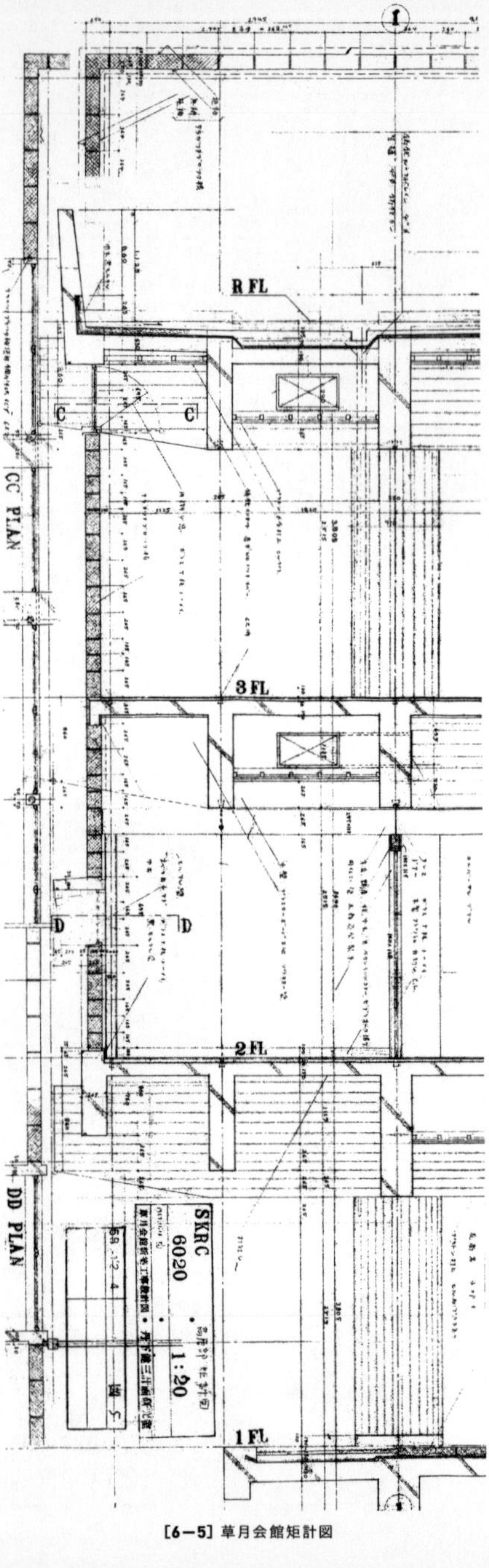

[6−5] 草月会館矩計図

倉敷市庁舎の設計・施工過程

水島臨海工業地帯の発展とグロピウスが愛した伝統的町並み

岡山県倉敷市の水島臨海工業地帯は、戦時中に三菱重工業航空製作所岡山工場が建設され、戦後には岡山県の中核的工業地帯として発展していった。一九五〇年代半ば、丹下の上司にあたる岸田日出刀と高山英華は倉敷市の主要幹線道路計画を市当局に提案し、その関連で市庁舎・公会堂の土地が用意され、丹下に市庁舎の設計依頼が舞い込んだ。いわば、瀬戸内でも有数の臨海工業地帯を抱え、今後の発展が期待される倉敷市にふさわしい近代的な市庁舎デザインが丹下に期待されたのである。

一方で、倉敷は古い蔵の町並みがつとに有名で、建築家ワルター・グロピウスが一九五四年に来日した際にも訪れている［6―6］。このとき、グロピウスをアテンドしたのが丹下であった。グロピウスは倉敷の町並みと倉敷民芸館（一九四八年開館）に展示された織物を見学したのち、ラジオを通じて以下のように発言している。

「私は倉敷について強い印象を受けた。特に表現の著しき統一を

［6―6］グロピウス来日

持ったこの町を見出した今日は珍しい日であった。美術館の上に立って見た屋根の形態の如くこの町の偉大なる実在は如何なる新しい建築及び間在する何物によっても妨害されることなくあるものは独自の特性を持った前時代の一つの町の感情さえ感じられるのである」(viii)

グロピウスは日本に滞在している間、丹下を含む日本の建築家に向けて、西欧の後追いばかりでなく、自らの伝統を大切にするよう、幾度となく説いたという。日本の経済発展以上に伝統の継承を願うグロピウスの思想に丹下は複雑な反応を示したが(ix)、倉敷市庁舎の設計をもって伝統的町並みの中の近代建築とはどうあるべきか、という難問に答えることになった。

倉敷市庁舎の基本設計・実施設計

丹下は倉敷市庁舎の設計に取りかかるにあたって、スタッフに数百案に上る立面図を検討させた。これに参加したスタッフらは当時の作業を振り返る際、一様に辟易とした表情を浮かべ、「何か核となるアイディアがないと、パターンの集積になってしまい、発展がない」(x)と回顧している。おそらく、丹下の頭の中で、伝統的な町並みと縁を切る庁舎デザインとすべきか否か、無数の立面図を前に逡巡していたものと思われる。こうした中で、有力案となったのが大谷幸夫が検討していた、インド・チャンディガールのハイコート（設計　ル・コルビュジエ）に類似した案であった。これに対して、西原は丹下に「倉敷はコルビュジエでなくて、校倉なんかの方がしっくりいくんじゃないですか」（xi）と提案し、丹下モデュロールに沿って正倉院を基調とする水平ラインを多用した立面を検討し、採用されるに至った。

西原は倉敷市庁舎の設計に取りかかる前まで、先に触れた静岡新聞の集合住宅を検討していたため、倉敷の初期段階では三つのコアを並べ、そこにP・S梁を架け、外装にはPCaを用いる検討を行った。その後、丹下の指示により三つのコアは二つのコアに取って代わり、P・S梁も現場打ちRC梁となったものの、倉敷市庁舎はシンプルな柱、梁の配置、水平力に対する集約的なコア・システム（中央部の壁柱、壁梁形式による巨大なフレーム）という明快きわまりない構造計画を獲得できた。

また、西原は外装のPCaにガラスをいかに嵌め込むかで苦心惨憺し、PCa以上にガラスが多い穴だらけの案も検討したが、結果的に複数種類の大型中空ブロックを積み上げる案に収斂した。その際、西原は草月会館の外装の弱点である止水性能の保持にも配慮していた。一方で、丹下は外観の検討を通じて、倉敷の町並みに配慮すべく、柱や最上階の大梁の一部を必要以上に太くするよう指示を行った（xii）。これに対して構造を担当していた坪井研究室の青木繁は「構造体以外のものの表現――たとえば校倉造りを思わせる屋上階の大梁の交叉する納まりや、一階の隅柱と大梁の取り合わせなど――は構造的には全く第二義的なものであって、上述した構造計画に臨んだ私たちの姿勢とは相容れない問題ではなく、むしろ、全く異質な問題と解釈してよいであろう」(xiii)と述べ、RC造の大スパン実現という技術的命題と伝統的景観に配慮した外観の問題は位相の異なる問題であり、矛盾しない、と振り返っている。しかし、施設規模が大きくなり、構造形式が明快になればなるほど、外装を担う化粧PCaは社会的コンテクストへの接続や調停という難題が押し付けられた。結果として、内部機能が外装と連動しないという超高層の難題(構造と無関係に表層を操作するほかないという諦念)が先取りされた、ともいえよう[6−7]。

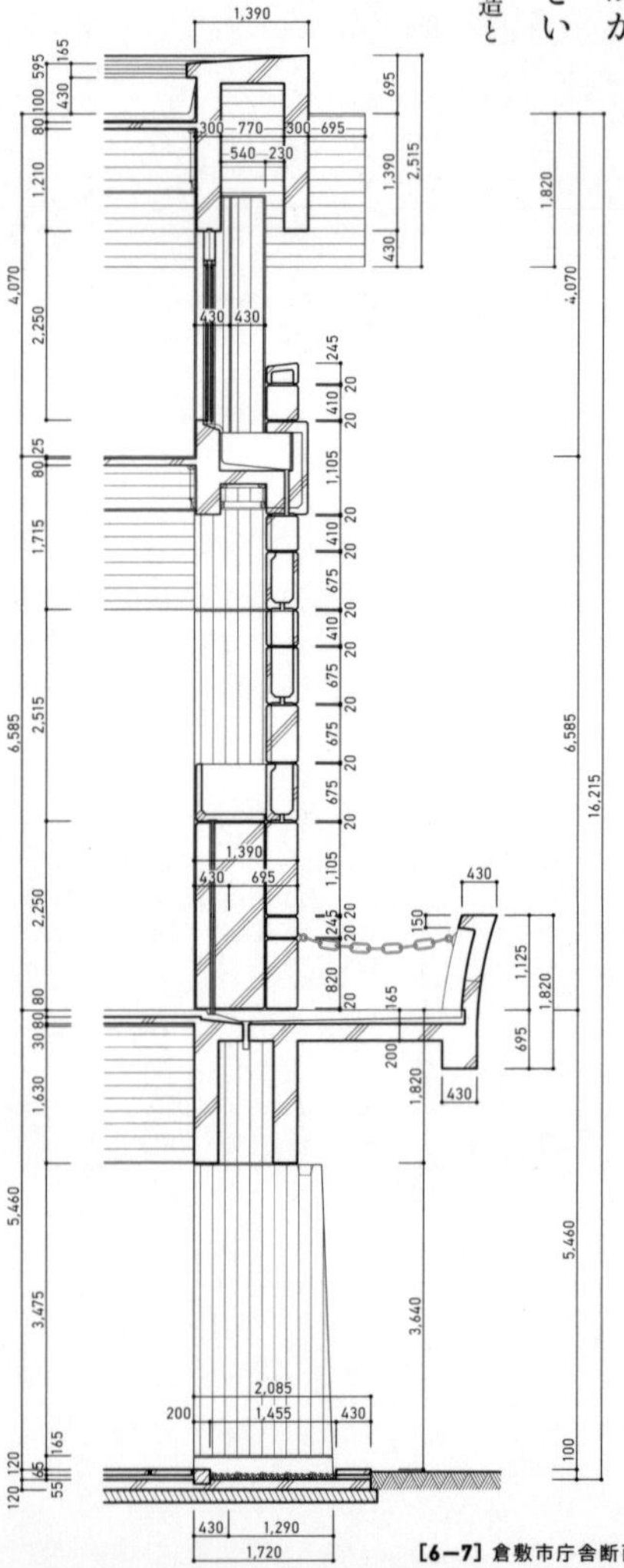

[6−7] 倉敷市庁舎断面詳細図

倉敷市庁舎の施工現場
大型化粧ＰＣａコンクリートの製造過程と精度管理

倉敷市庁舎の施工現場では、敷地内にＰＣａの仮設製造工場を設けた［6−8］。これはＰＣａそのものが重く、輸送コストを低減するためであった。さらに、ＰＣａ同士のジョイント部は草月会館での失敗を鑑み、できるだけ溶接を避けて嵌入を選択した。また施工が容易で、かつ毛管現象を起こすような曖昧な接触を避けて、二重壁とした。ＰＣａの種類は一四種類に及んだものの、建物全体からＰＣａに至るまで丹下モデュロールに沿って寸法が定められていたため、数量管理は容易であった。一方で、蒸気による養生を行うためＰＣａそのものの精度管理に苦心し、かつ高所での大型化粧ＰＣａの取付けが不慣れなため、ねじれ・歪みが発生し、積上げの精度管理が困難であった(xiv)。

なお、丹下は倉敷市庁舎の二階コンクリートを打設する段階で渡米し、半年間日

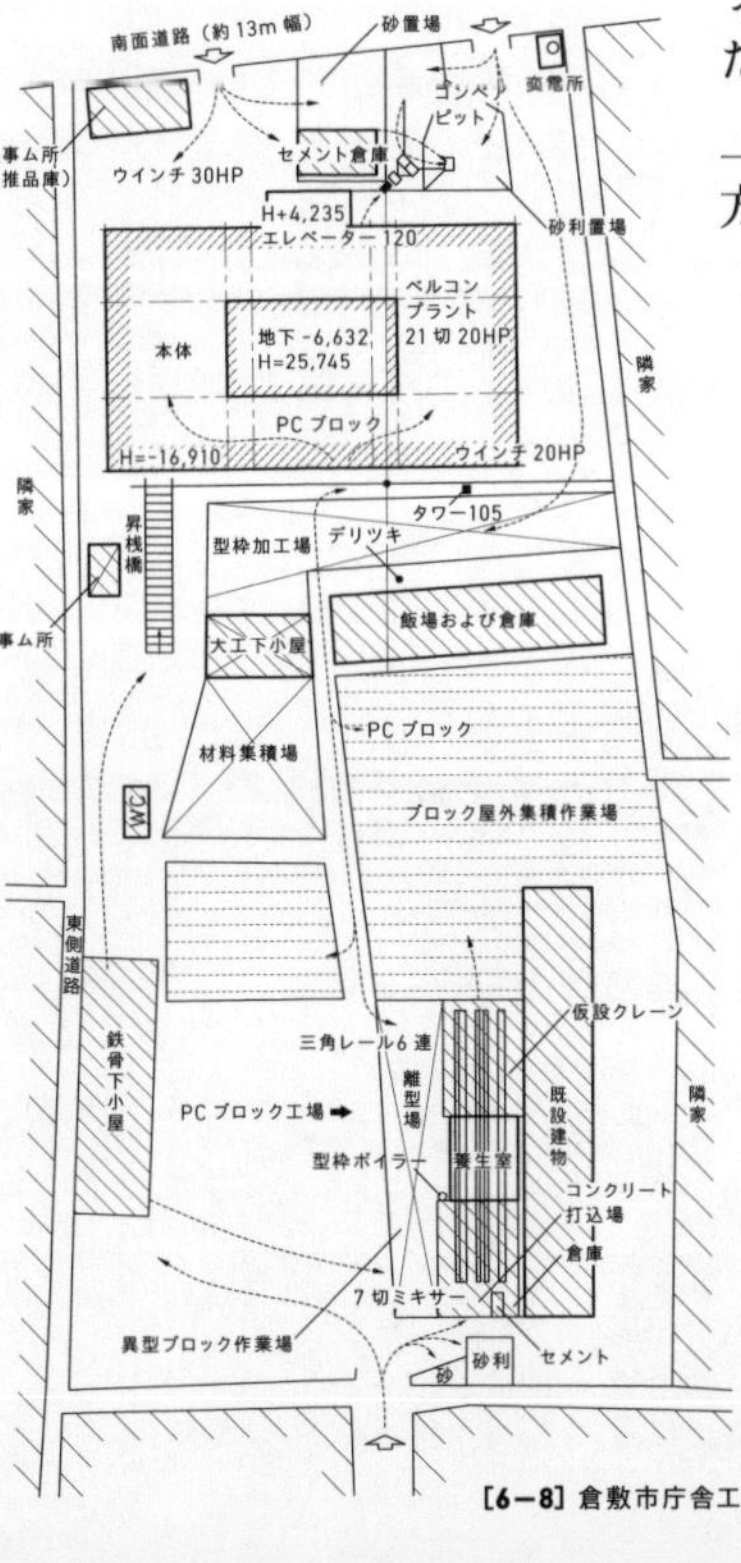

［6—8］倉敷市庁舎工事計画図

本を離れている。これは丹下がＭＩＴの客員教授に招聘されたためで、その間、現場の状況と工程管理を西原が書簡にしたため、ボストンの丹下に報告し、指示を仰ぐスタイルが採られた。その書簡を読み解くと、施主、管理責任者（丹下研究室）、施工会社、そして施主の信頼の厚い倉敷の建築家（浦辺鎮太郎）の複雑な関係が浮かび上がってくる。こうした文面からも、丹下がさまざまな人間関係の中で倉敷の町並みに配慮した市庁舎を設計していたことが窺われる［6-9］。

電通大阪支社の設計・施工過程

商都・大阪の電燈的建築とグロピウスの感想

かつて大阪は天下の台所と称され、商都として栄えてきたことで広く知られる。また一九三〇年代にはネオンの普及により、夜の大阪は一層煌びやかに彩られることとなった。当時、京阪神の夜間景観を扱った書物には「電燈照明」の重要性が謳われ、「夜間に享楽する近代人の感覚には、その消費的な夜間においては照明

［6-9］倉敷市庁舎を見る丹下健三

を考慮せずには商業の繁栄も都市の殷賑も之れを期待し得ない」(xv)と記されている。そして、特に秀でた夜景として、大阪・中之島の朝日ビルディング、大阪・梅田の阪急百貨店、歌舞伎座、松竹座、カフェー、キャバレーなど多様なビルディングタイプの夜景が取り上げられたことからも、モダンな商都・大阪の繁栄には電燈的建築や人目を引く斬新な広告が不可欠となっていたことがわかる。

それから二〇年後の一九五四年、グロピウスは倉敷訪問の前に大阪の上六交差点を訪れたが、「この一群の家には秩序もなければ、何を意図しているのか分からない。形が入り乱れ、どれもこれもお隣りとハデさを競い合っている態だ」(xvi)と憤っている。戦後復興期の町並みの混乱は大阪に限ったことではないが、倉敷を愛するグロピウスが夜の大阪を歩いたならば、煌くネオンサインに一層憤慨したのではないか、と推察される。

電通大阪支社におけるＰＣａ「キャストストーン」

倉敷市庁舎と同時期、丹下研究室では大阪・中之島を敷地とする電通大阪支社の設計を依頼されている。建物そのものはオフィス、テレビ・スタジオを併せもつ八階建ての複合ビルであり、電通という会社の特質上、各部局の編成替え、会議、応接が重要視され、基準階は大部屋形式を採用している(xvii)。主構造はＳＲＣ造、外装に「キャストストーン」と呼ばれる大型化粧PCaを用い、丹下モデュロールに沿った、水平・垂直の施工精度が高い、端正な外観を実現している[6−10]。わざわざPCaにストーンと命名したのは、おそらく大理石や花崗岩といった高級石材のような高級感のあるPCaを目指してのことと考えられ、タイル貼りによる「ハリボテ」のオフィス群の中で、「ごま化し」のない外観を目指したものと思われる。

施工は竹中工務店が担ったが、「キャストストーン」は長さ三・八メートル×幅〇・八六メートル×厚〇・〇八メートルの大物であり、施工の各段階において綿密に検討がなされた。第一にブロックの成型精度をよくするために、砕石の研究、採石コンクリートの養生法、研磨と成型精度の維持が検討された。第二に運搬方法、特に破損に対する養生方法、吊揚げ用の特殊な金物の検討を

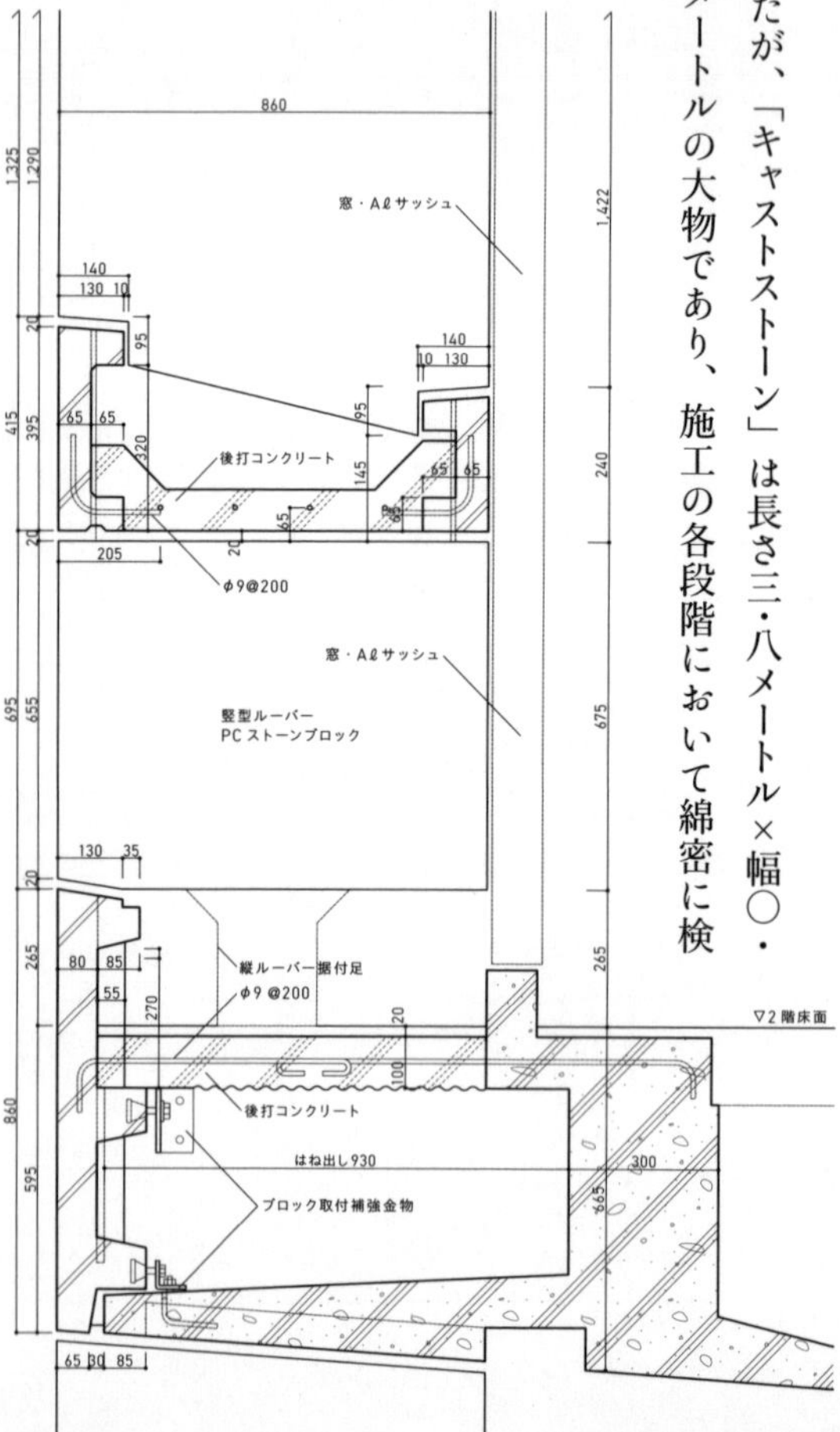

[6−10] 電通大阪支社断面詳細

行っている。第三に取付け後の歪みの防止を目指して、砕石コンクリートの水セメント比の低下、配筋による内部応力の分散、特殊な防水エキスパンション・ジョイントの検討がなされた。特にエキスパンション・ジョイントのディテールではPCaの伸縮によるひび割れ発生を避けるために逃げを確保し、かつ防水を実現することがテーマとなっていた。

また、仕上げとして水研ぎ作業を行い、汚れの修正、付着物（モルタルやコンクリートのペースト等）の除去を行い、清水洗いと撥水剤の塗布を行った［6―11］。

現場変更――ネオン広告の大きさ検討と無線用鉄塔問題

電通大阪支社の敷地は中之島のシンボルである朝日ビルディングの隣という絶好のロケーションで、施主からは商都にふさわしい外観を再三にわたって要求されていた。たとえば、丹下がボストンで描いたと思しき電通の外観スケッチが残されているほか［6―12／6―13］、大谷は丹下宛の書簡の中で、施主が大きく目立つロゴを欲していることを伝え、ネオンを用いた屋上広告ロゴの検討スケッチを送っている。同様に、電通大阪支社と京都支社と無線でつなぐために、地上八階のオフィスの屋上に高さ三〇

［6―11］電通大阪支社外観

メートルの鉄塔を建てたい、と施主からの要望が出された。結果的に電波の許可がおりず、鉄塔案は却下されたものの、設計者が施主に振り回される様が目に浮かぶ。

竣工後の解説文の末尾に、「屋階にある広告塔は、単にアドバタイジングのためにあるのではなくて、屋階がいろいろに機能する――昼休みの憩いの場、あるいは野外パーティなど――場合を考慮して、その核になるように考えた」(xviii)とわざわざ書き加えてあることを考慮すると、設計者が屋上広告の問題を屋上庭園の理念に読み替えることで、建築と広告の難問に向き合おうとしたことが窺われる。

一九五〇年代におけるP・S、PCaの意味付け
倉敷と大阪から学ぶこと

一九五一年にユニテの現場を訪れた丹下は、コルビュジエを天才と賞賛しつつも近代建築の完成形とは見なさず、「天才を超えた何か普遍的なもの」を戦

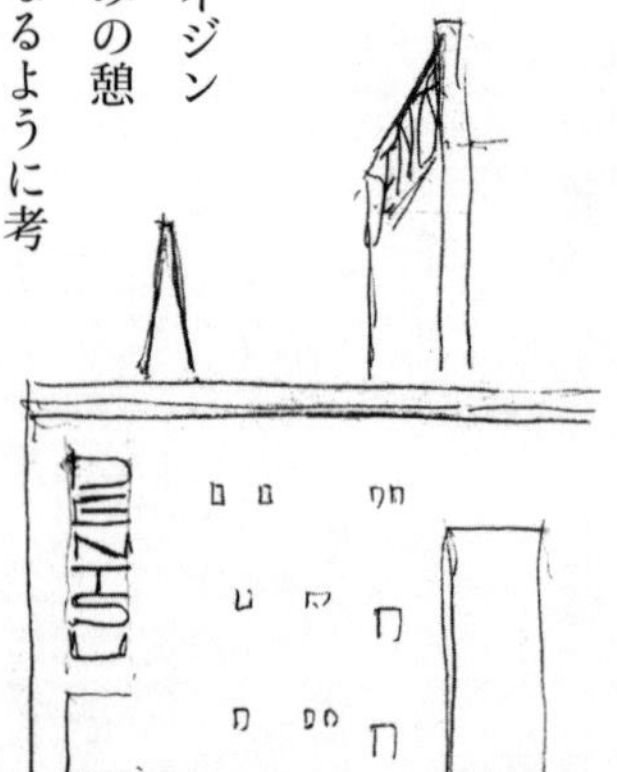

[6−12] 電通大阪支社下書き、スケッチ

[6−13] 電通大阪支社下書き、スケッチ

後アメリカの建築に見出していた。丹下の議論の焦点は、ヨーロッパの建設技術水準の低さと建築理念の高さのギャップ解消にあり、「手と機械の葛藤」がその後の丹下の大きなテーマとなった。

丹下はヨーロッパ以上に建設技術水準の低い日本において、ＰＣａ、Ｐ・Ｓの実現に奔走し、オフィス、工場、集合住宅、華道教室などで積極的にチャレンジした。しかし、火災時の爆裂の危険性からＰ・Ｓ梁による大空間は実現しなかった。また、ＰＣａを実現する際にも、「ハリボテ」にならぬよう、テラカッタ・ブロックの組積にチャレンジしたものの、止水性能をもたせることに失敗した。

こうした躓きを経て、丹下は五〇年代末に倉敷と大阪という全く異なるコンテクストにおいて大型化粧ＰＣａに取り組み、どちらも施工精度の確保に苦心しながらも完成度の高い建築を実現した。特に倉敷市庁舎は単純明快で普遍的な構造システムに到達し、化粧ＰＣａを伝統的景観になじませた結果、世界のどこにもない特殊な外観を獲得した。さらに倉敷市と児島市との合併により、二〇年ほどで市庁舎としての役割を終えたが、その後に美術館としてリノベーションされた。竣工後半世紀後の今日も活用されていることからしても、倉敷市庁舎は高品質の長寿命建築であった。また、単純明快な構造形式と外装の分離問題は、来るべき超高層時代の課題を先取りしており、丹下研究室がＰＣａの工業化とモデュロールをもって立ち向かった点が興味深い。

一方で、電通大阪支社は享楽的な広告が溢れる商業都市空間において、近代建築がいかにあるべきかがテーマとなった。これはラスベガスのごとく歴史性を欠くネオン景観とストイックな近代建築の対比という普遍的課題に連なっており、丹下は「ハリボテ」ではない近代建築によって応えようと苦心している。

倉敷市庁舎・電通大阪支社におけるＰＣａ建築の完成をもって、丹下は憧れだったコルビュジエを技術的に消化し、コルビュジエへの追走を終えている。一九六〇年代に入ると、丹下はアメリカの大量消費社会に照準を合わせ、高速道路と建築の統合を目指し、情報化社会の到来を察知するなど、未来志向の観点で都市と建築を捉えるようになる。その中で、ＰＣａはゆかり文化幼稚園のシーガル・セクションや、電通本社ビルの妻壁プレキャスト・ストーンなど、特徴的な屋根表現や超高層建築の壁面表現として活用範囲が拡張していった。

〈註〉

(ⅰ) 吉川逸治「ル・コルビュジエのマルセイユの新しき建築：集合住宅―緑の都市の基本単位」『国際建築』一九五〇年五月号、五四頁
(ⅱ) 丹下健三・前川國男・生田勉座談会「欧米社会と近代建築の潮流」『国際建築』一九五一年一二月号、四頁
(ⅲ) 座談会：神谷宏治、中田捷夫、千葉一彦、千葉学、豊川斎赫「建築と芸術のコラボレーション」槇文彦・神谷宏治編『丹下健三を語る』鹿島出版会、二〇一三年、二八六頁
(ⅳ) 前掲書(ⅱ)、一三頁
(ⅴ) 清家剛「2　黎明期のPCa建築」松村秀一監修『ファサードをつくる』彰国社、二〇〇五年、六一頁
(ⅵ) 長島正充「草月会館」『新建築』一九五八年一〇月号、二頁
(ⅶ) 豊川斎赫「第7章　エンジニアとの協働：五〇年代の意匠・構造・設備の自律と連関」『群像としての丹下研究室』オーム社、二〇一二年、二三七頁
(ⅷ) W・グロピウスによるラジオ山陽放送、一九五四年七月六日の発言、浦辺鎮太郎「倉敷の三日間」『グロピウスと日本文化』彰国社、一九五六年、一八六頁
(ⅸ) 豊川斎赫「Ⅲ往復書簡　丹下健三とワルター・グロピウス：ヒューマニズムとユルバニズムを照射する伝統論」槇文彦・神谷宏治編『丹下健三を語る』鹿島出版会、二〇一三年、三一八～三二八頁
(ⅹ) 「一九　稲塚二郎インタビュー」豊川斎赫編『丹下健三とKENZO TANGE』オーム社、二〇一三年、三四六～三四七頁
(ⅺ) 「一三　西原清之インタビュー」前掲書(ⅹ)、二二五頁

(xii) 「一三 西原清之インタビュー」前掲書(xi)、二二五頁
(xiii) 青木繁「ラーメン構造」『建築』一九六一年九月号、九三頁
(xiv) 武藤倫男「倉敷市庁舎のプレキャスト部品製作について」『建築』一九六〇年一〇月号、八六〜八七頁
(xv) 石川芳次郎による巻頭言 照明学会照明智識普及委員会 編纂『京都・大阪・神戸明りの名所』一九三三年、四頁
(xvi) 津島一夫「グロピウス大阪を見る」『グロピウスと日本文化』彰国社、一九五六年、一八五頁
(xvii) 大谷幸夫「電通大阪支社」『国際建築』一九六〇年八月号、三三頁
(xviii) 渡辺定夫「電通大阪支社について」『新建築』一九六〇年七月号、六四頁

＊扉頁、【6－5】 図版提供：丹下都市建築設計
＊【6－1】 出典：『国際建築』一九五一年九月号
＊【6－2】 出典：外川貞頼『私のプレコン人生』私家版、一九九〇年
＊【6－4】 豊川斎赫所蔵
＊【6－6】【6－9】【6－12】【6－13】 内田道子アーカイヴ
＊【6－11】 写真提供：横山建築構造設計事務所

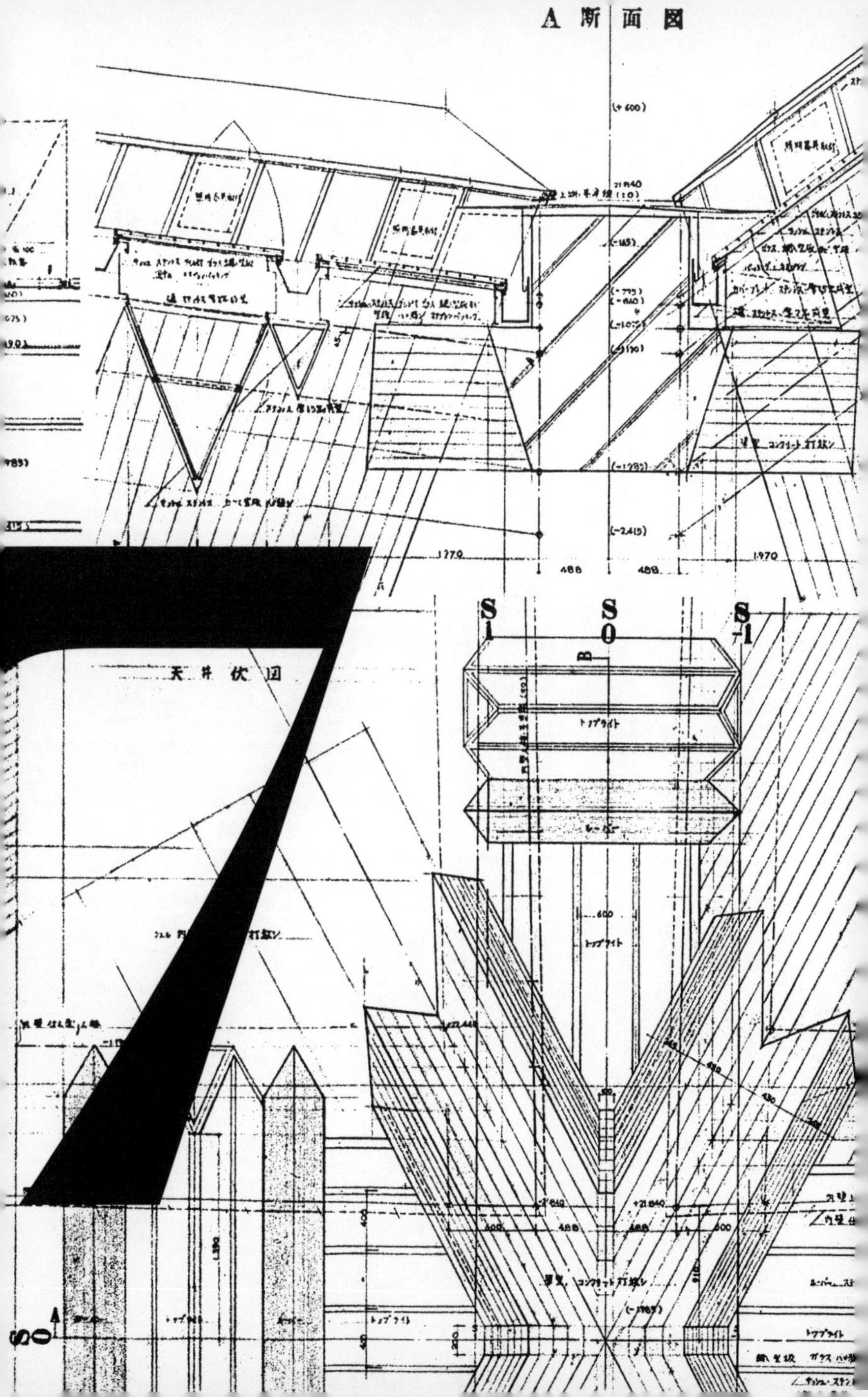

7
A 断面図
天井伏図
S 1
S 0
S -1
B
トップライト
(+600)
(±0)
(-165)
(-2,415)
1970
488
488
600
+21,840
+21,840
488
488
壁面 コンクリート打放シ
(-1985)

HPシェルによる大聖堂の建設と改修
――東京カテドラル聖マリア大聖堂

東京カテドラル聖マリア大聖堂コンペ（一九六一〜一九六二）

一八九九年、東京都文京区関口台町に「玫瑰塾《まいかい》」付属聖堂が聖母仏語学校の学生の手により建てられ、全日本カトリック教会の中心になっていった。一九二〇年には、この地にゴシック様式の東京大司教座聖堂が建設されたものの、戦災により破壊されてしまった。

戦後、カトリック教会は人口の密集地帯や貧困地帯に優先的に社会福祉施設を復興、新設して人心の安定を図り、その生活の向上に寄与すべく努力してきた。そのため、本部たる首都カテドラルの戦災復興が立ち遅れていた。こうした困難に対して、西ドイツ国民から多額の援助（二〇〇万マルク、当時の日本円に換算して約二億円）が寄せられ、カテドラルの建設が現実味を帯び始めた。

一九六〇年代初頭、日本とヴァチカン市国は大使を互いに派遣しており、カトリック信者の多い国々の来賓が日本を訪れた際の諸儀式を行える場所の整備が必要とされ、日本の国力にふさわしい規模のカテドラルの建設が期待された。さらに、一九六四年の東京オリンピックに訪れる競技者や観光客の中には多くのカトリック信者が含まれ、カテドラルの建設が彼らの宗教的要求を満たし、日本の文化に対する理解を深めるのに役立つと見なされた(i)。

一九六一年十二月、カトリック東京大司教は、関口台町にカテドラルの建立を計画し、前川國男、丹下健三、谷口吉郎の三名を指名して設計競技の説明会を行った。審査員には教会建築の設計経験があった今井兼次・早稲田大学教授、建築計画学の吉武泰水・東大教授、建築構造学の杉山英雄・東大教授、ドイツ・ケルン大司教区の建築家ウィルヘルム・シュロンプらが選ばれていた。

説明会が開かれた当日、丹下が渡米していた関係で、丹下研究室の阿久井喜孝が代理として出席した。ここで示された設計条件とは、六〇〇人収容の椅子席、二〇〇〇人の礼拝者が立てるスペース、および行列が通れる広さを加えた面積をもつ聖堂、約一〇〇平米のパイプオルガンとコーラス員のためのスペースを二階に設置する、聖堂内部は祭壇および周囲と信者席を聖体拝領台で区切ってはっきり分けるといったもので、多くの宗教的な条件が示された。また、塔はできるだけ高いものとすること、聖堂の前と横には広場が求められ、このほかに附属建物として、司教館、司祭会館、司祭館、修道女院、使用人の宿舎、ガレージの計画も含まれた(ii)。

HPシェルを駆使したコンペ案の作成

カテドラルのコンペ案を検討するにあたって、丹下研究室では各自が一案以上持ち寄り、研究室のテーブルに一斉に模型を並べ、丹下を含めてスタッフ全員で議論を交わしている。この方式は国立屋内総合競技場の設計時にも採用されており、この中から丹下がめぼしい案を二、三選出し、ブラッシュアップする方法が取られた。ここにHPシェルの模型を提出し、コンペの担当者となったのが阿久井であった。その他にスイス・チューリヒから来日して丹下研究室の一員となっていたマックス・レヒナー、日系二世のブラジル人・佐々木マリオがコンペ案の作成に協力している。

阿久井がHPシェルに注目したのは駿府会館(一九五七年竣工)に端を発する。一九五〇年代後半、さまざまな国でシェルの可能性が追求され、ヒュー・スタビンスによる「世界文化の家」の計画案が『Architectural Forum』誌でも紹介されていた。丹下はこの案に触発され、駿府会館でRC造のHPシェルを採用することとしたが、阿久井はこれをさらに発展させ、

HPシェルを縦使いできないか、検討を開始した。

検討当初、阿久井は最終案の十字架のトップライトをあまり意識せず、四角形、五角形、六角形、七角形などさまざまな形の組合せにトライしている。その様子を見て、丹下は「体育館を設計しているのか」(iii)と揶揄したという。また、平面計画として、設計条件となっている祭壇と信者席の必要面積的大小の関係を検討し、信者席側の中心軸を引き延ばす過程で、十字架を意識するようになった。また、HPシェルの端部を合掌屋根のように接合するのではなく、隙間(トップライト)を設け、採光を取ることを考えた。

一方で、大聖堂の配置計画も非常に困難であった。一般に仏教寺院は西方浄土の教えから方位を決定するが、キリスト教会では東方からの光を重んじ、祭壇を東に向ける。しかし、この関口台町の敷地は要求する建物規模に対して敷地が狭く、変形していた。この敷地は目白通りに対して長く面しているため引きが少なく、広場の確保にも苦慮した。これに対して、丹下は敷地入口から直接カテドラルへアプローチするのではなく、いったん迂回する案を出し、一件落着している。

その後、一九六二年五月のコンペ締切りに向け作業が続き、丹下は設計主旨を以下の三点にまとめている。

1　中世の寺院がコミュニティの象徴であり、都市のスカイラインの中で垂直的な民衆であったように、このHPシェルを垂直に架構したカテドラルの主要部は、カトリックの精神を形において象徴したものであり、またふくらみのある勾配は、日本の都市環境の調和をはかったものである。

2　道路の交通量を考え、直接聖堂に入る方法ではなく、道路から小広場へ、ついで外界からへだてられた広場、さらに教会へと入るアプローチを考え、教会へ入る人の心理的変化を考慮している。

3　カテドラルの内部は精神の小宇宙を象徴するものであるから、コンクリートの技術の中で超越的な世界を作り出そうとしている。HPシェルの垂直的架構と十字型プランの持つ空間で精神的な神秘さを表現した（iv）。

この結果、丹下はカテドラルコンペで最優秀賞に選出され［7－1］、丹下研究室内でカテドラルの設計と国立屋

【7－1】コンペ時の模型写真

内総合競技場の設計を同時に進めるという離れ業に挑むこととなった。

基本設計・実施設計

外装の検討と構造形式の決定

コンペを勝ち取った後、丹下研究室でカテドラルの基本設計・実施設計・現場監理を担ったのは荘司孝衛であり、構造設計の担当は坪井善勝研究室の名須川良平であった。この案を進めるにあたって、まず問題となったのはトップライトの大きさであった。コンペ案の模型では聖堂中央部に向かってトップライトが膨らんでいるが、ここには立面のシャープな印象を残しつつ、聖堂内にはたくさんの自然光を注ぎたい、という設計意図が反映されていた。しかし、このトップライトを実現しようとすれば、コンクリート打設時、およびトップライト設置時に聖堂内中央に巨大な櫓を立てる必要が生じる。そのため、名須川は聖堂中心部のトップライトを極力絞り、施工上の困難さを回避することを主張した。こうした議論の中で、二〇分の一模型を作成し、コンペ案に比してトップライトを絞ると同時に、トップライト直下に十字型のクロス梁を配置することとした[7-2]。このクロス梁は八枚のシェルの上部縁梁に伝わる応力が集中する箇所であり、水平荷重時に生じる不釣合い軸力に対処することが求められた。このクロス梁の理論解析を行うために、アクリルによる模型実験も行った。

トップライトと同時に問題となったのが外装の素材選択であった。コンペ模型の外壁はＰＣａストーンを割り付けたデザインとなっていた。これは丹下の意向だったが、石を積めば荷重が大きくなってしまい、ＲＣ造のＨＰシェルを採用した理由が不明瞭となる。このことから、外をなるべく軽くして、経済的で一番強いものをつくるという姿勢を明確にして、聖堂全体を金属で被覆することとした。当時、最も入手しやすかったのがアルミであったため、二〇メートルのアルミ製モールディングを実際に捻ってみたところ、襞状の皺が発生し、外装にはふさわしくないことが判明した。また銅は軟らかすぎ、ステンレスに期待をかけることになった。

ステンレスの場合、捻って光を当てるとアルミと同じく皺が発生したが、ステンレス表面にエンボスをかければ皺の発生が抑えられることがわかった。さらにステンレスの細物であれば、皺があまり目立たないこともわかったため、ステンレスのモールディングを細かい

［7―2］油粘土によるクロス梁検討模型

ピッチで設置した後、その間にステンレスの平板を差し込んでいく計画とした。ただし、この平板もHPシェルの一部を構成するため、捻る必要があり、またHPシェルの上辺と下辺の平板幅の寸法が変化するため、細心の検討を要した[7-3]。

こうした施工・外装の検討を経て、構造計画は以下のようにまとめられた。等しい大きさの二枚の長方形板を互いに平行に向かい合わせた一対の構面を鉛直に立てる。このような構面を四組つくり、各鉛直辺を互いにつなぐと四本の鉛直な交線をもった十字型の架構ができる[7-4]。[7-4]に示したこの面構造は自重に対して非常に安定した構造で、A、B、Cの各面とも完全な平面応力状態にある。水平力に対しては、X方向力に対しB面が、Y方向力に対しAC面が平面応力状態にあるが、他の面構造は二辺支持、二辺自由の境界条件をもった平面板の挙動を示す。そして、[7-4]において点DがD′に、点EがE′に移動して点線で示したような一階で菱形平面に変形させたのが、カテドラルの基本形状であり、全体として四種八枚の鉄筋コンクリートのHPシェルから構成されている(V)。

[7-3] 実施設計時の模型

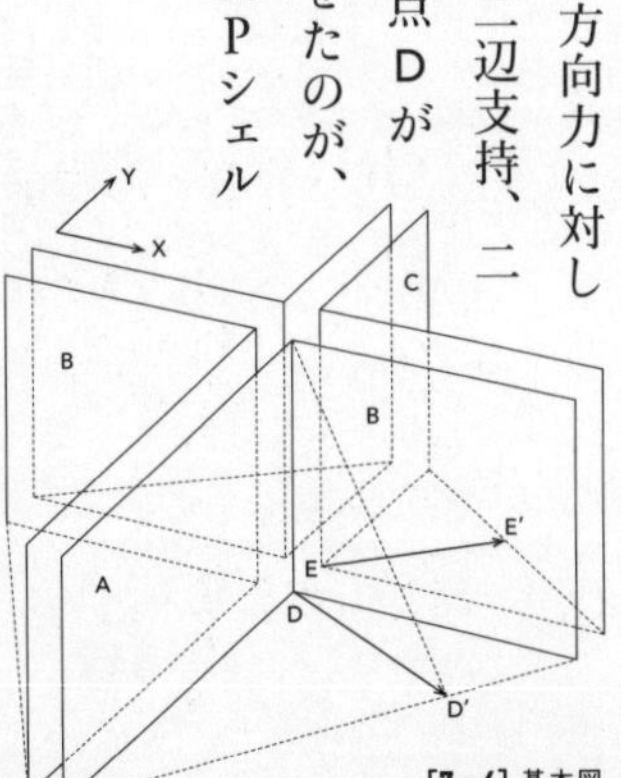

[7-4] 基本図

この組合せＨＰシェル構造は壁に似ているため大きな開口部をもったシェルを除けば、自重に対して非常に安定した構造であり、応力・変形に関して問題となる点は少なく、傾斜したシェルが下部で水平方向に開きだそうとする力は引張材で押さえることによって解決された。具体的には、全体の壁面は厚さ一二センチのシェル面（カテドラル内側）と縦横二メートルピッチの補強リブ（外側）で構成される［7−5］。部材量では厚さ二〇センチ相当の板にもかかわらず、剛性では厚さ三〇センチの板に相当し、変形の抑制と材料の節約の点から有利であった（vi）。

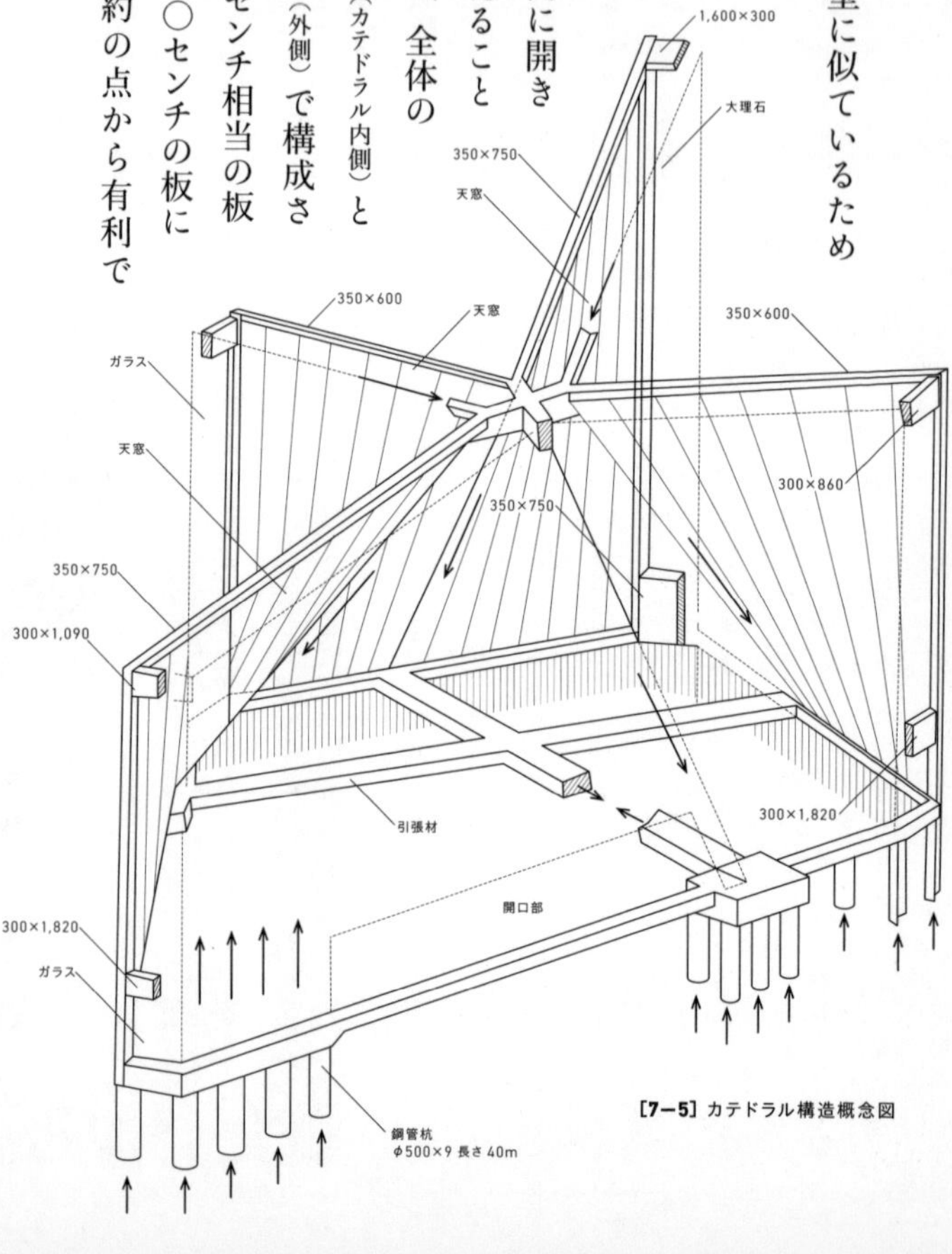

［7−5］カテドラル構造概念図

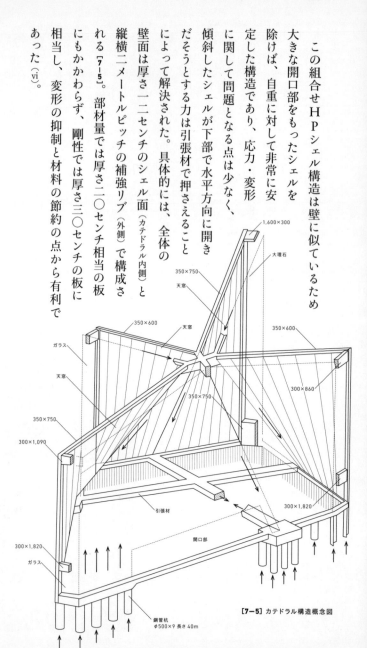

音響対策

複数枚のHPシェルで構成される内部空間の形状は非常に複雑で、丹下研究室では意匠的な立場からコンクリート打放しの仕上げを希望していた。しかし、音響設計を担当した石井聖光は図面から計算した残響時間ではいかに教会といえども過大となることを危惧していた。そこで二〇分の一の模型を用いて音響実験を行うと、壁からの反射音がエコーとなって障害を起こす危険性がきわめて高く、床上八メートルから上の壁はすべてなんらかの形でエコーの原因になっていることがわかった。

そのため、①壁面に吸音処置をする、②壁面に凹凸をつけて当たった音を乱反射させる、③壁面に共鳴吸音器（レゾネーター）を取り付けて低音を吸収する、という対策を考えたが、造形の立場から①、②は採用されず、③のみを利用して解決することとなった。

このレゾネーターはグラスウールを仕込んだ塩化ビニルのパイプと板からなるが［7―6／7―7］、コンクリート打設時に発生するセパレーターの穴二千カ所に設置することとした。その結果、完成後の残響時間は空席で約七秒（500c/s）、一五〇〇名入場して約三・五秒で目標値内に納まり（vii）、一方でシェル面のどこに吸音装置が仕込まれているか、来訪者にはわからない仕上げが実現した。

［7―6］2種類のレゾネーター

［7―7］レゾネーター取付け後の現場

高さ制限と日影制限――建築基準法の緩和

構造、外装などの検討が進められる一方で、カテドラルの施工に取りかかるためには建築基準法に謳われた高さ制限と日影制限の緩和を求める必要があった。そこで施主の代表である東京大司教区・大司教の土井辰雄は二つの基準緩和を求めるために、当時の東京都知事・東龍太郎宛の書簡の中で以下のような理由を列挙している。そもそも欧米各国の首都カテドラルはその国の文化と技術の象徴とされ、文化的遺産の一つと見なされる。そのため、各国の首都カテドラルの建物高さは四〇メートルに達し、ケルン大聖堂に至っては高さ一六〇メートルに及ぶが、いずれも建物平面の幅と高さの比率が重視される。今回の設計においても、一般の聖堂とは異なり、首都カテドラルの要求を満たした結果、自ずと大きな平面となり、高さ方向も必然的に高くなった、と説明している。

また、日影については冬至の日影図を示し、日影のかかる住宅四軒が東側の傾斜地に立ち、境界に植木を施しているため、西日を期待していないことがわかり、カテドラル建設による影響は少ない、と指摘している(viii)。

こうした陳情が功を奏し、一九六三年三月からカテドラルの現場工事に着手できた。

現場監理（一九六三〜一九六四）
墨出し・型枠・モールディング

四種八枚のHPシェル空間を実現するにあたって、面内のすべての点をx、y、zの三座標で表現することは不可能なため、施工段階ではHPシェルの縁梁および面内の各素線が直線である性質が重宝された。まず基本となる座標点を計算し、縁梁に沿って墨出し用のアングルを取り付ける。このアングルの水平方向に向き合った一対をそれぞれ等分し、ピアノ線を張ると縦方向の素線となる。そのピアノ線を基準にして縦方向に大引となる角材を垂直方向に取り付け、同様に横方向のピアノ線を基準にして根太を取り付けることで施工全体の基準とした［7―8／7―9／7―10］。

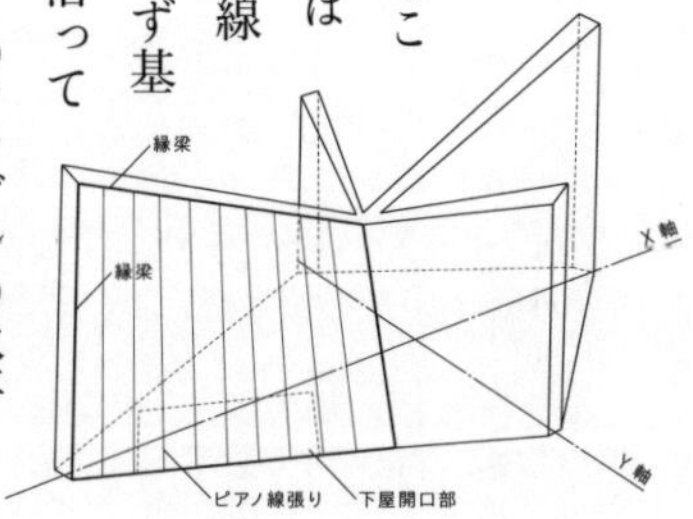

［7―8］HPシェルの墨出し解説図

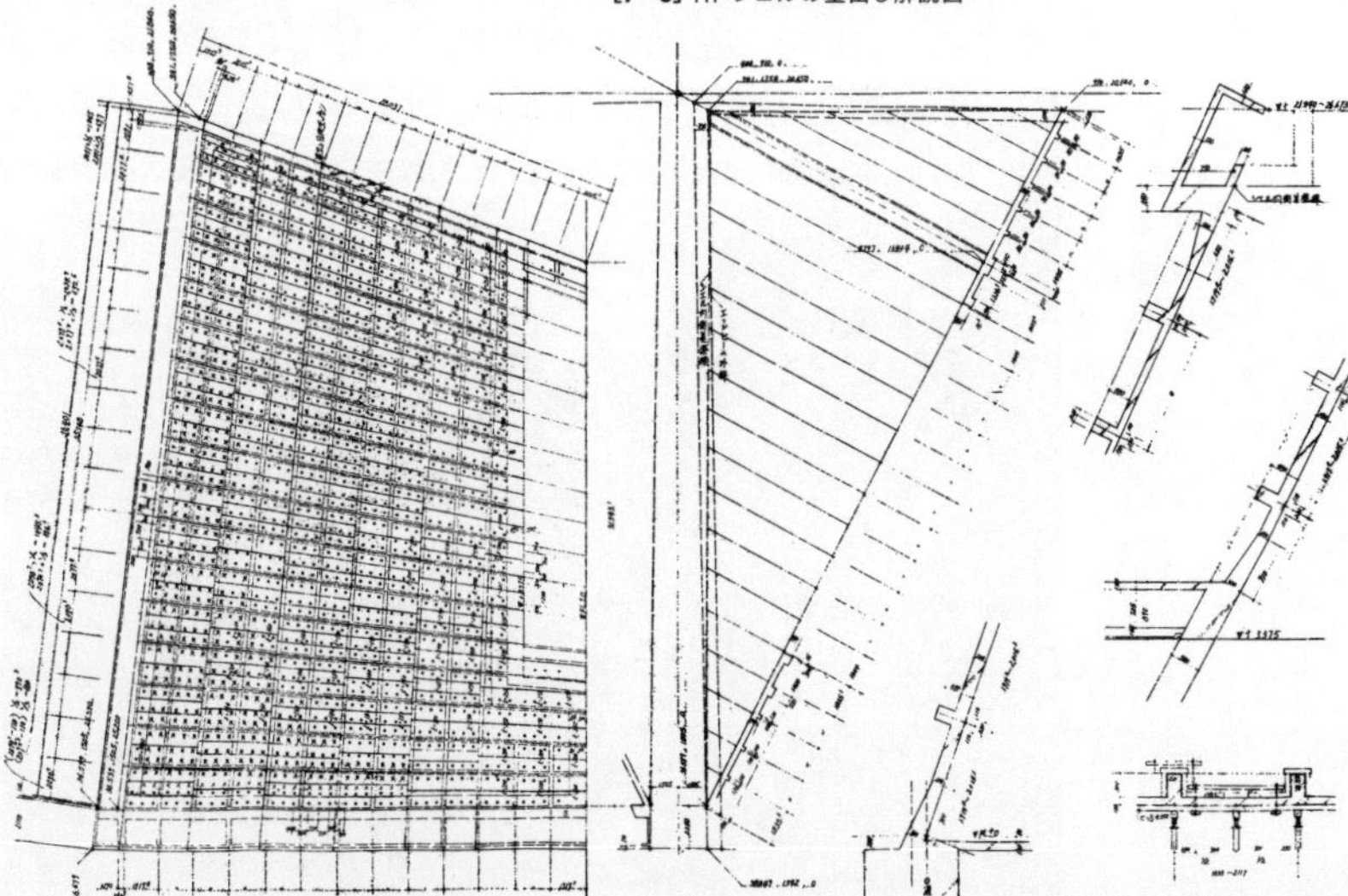

［7―9］シェル1リブの割付け図

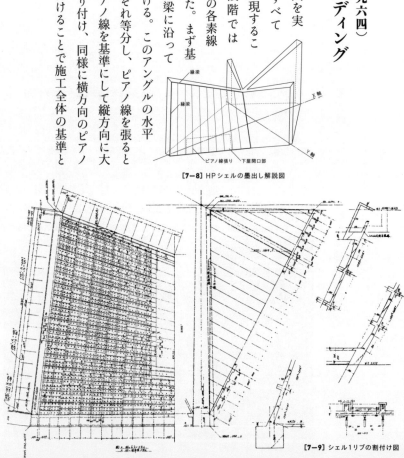

次いでこの根太に沿って縦方向に板を張ると内型枠が完成するが、内壁の型枠は仕上げを考慮してエゾ松材が採用された。また外側は縦横二メートル間隔の補強リブが取り付くが、このリブ二段分（四メートル）に沿ってコンクリートを打設した。ただし、リブが地面に平行ではないため、打設後、コンクリートの上面を蓋で押さえるものの、鉄筋があるゆえに蓋からコンクリートが漏れてしまう。そのため、ノロを詰めるなど、打継ぎ面の形成に細心の注意が払われた［7－11／7－12／7－13］。

外装はＨＰシェルを美しく表現するために、一本四〇メートルほどのステンレス・モールディングを使用することとした。この長さの部材は車で運搬できず、現場にモールディング加工機（冷間ロール成型機）を設置し、現場で制作している［7－14／7－15］。これを吊り上げるために、高さ五一メートルの塔を二つ建て、運搬中に変形しないよう、丁寧に取付けを行った。先にロール加工したものを取り付けてから、やや扇形をした目板を差し込んでいった。このときには外部足場ははずされており、施工業者は各自につけた命綱や、上から垂らした縄梯子、横に何本も張り巡らしたロープを頼りに作業にあたった（ix）［7－16／7－17］。

［7－10］型枠用の根太の配置

こうして東京カテドラル聖マリア大聖堂は無事竣工し、一九六四年十二月八日、献堂式を迎えることができた。

改修工事（一九八五〜二〇〇七）
設計思想の継承問題

ジオメトリーの継承

カテドラルは竣工後、度々漏水に悩まされ、祭事中に祭壇前にバケツを置いたこともあったという。これは敷地が高台にあることから、強風による気圧差で網入りガラスに亀裂が生じ、四つあるトップライト面に降った雨が勾配に沿って中央部に集中し、漏水したと考えられる。そのため、一九八五年にはトップライトの上五〇センチの位置に半透明の板がかけられ、一九九八年にはさらにその上に半透明の折板を被せ、HPシェルの最上部を覆ってしまった。これにより漏水は減少した

[7—11] 内壁型枠取付け

[7—12] 型枠を外した内壁

[7—13] 外型枠を外した状態

ものの、トップライトの効果を半減させることとなった。

またステンレスの外装も目板のずれた箇所が目立ち始め、ステンレスとRC躯体を緊結する鉄骨下地が結露や漏水によって腐食してしまい、見た目以上のダメージを負っていたことも判明した（x）。

そのため、二〇〇四年より本格的な改修工事計画が検討され、竣工当時の丹下の設計思想を踏襲した形で改修工事が進められることとなった。しかし、改修工事を始めるにあたって施工業者を悩ませたのがHPシェル面の墨出しであった。これを解決できたのは竣工当時の現場監理を担当した荘司孝衛で、現場事務所に関係者全員を集め、割り箸を使ってHPシェルの原理を説明することで、さまざまなパーツの墨出しが円滑に進むようになった。

改修工事現場ではまずコンクリートの既存躯体を清掃し、塗膜防水を施し、その上に溶融亜鉛めっきしたスチールで下地をつくった。さらにその上に木毛セメント板、さらにアスファルトルーフィングを敷きステンレスを張って、ステンレス製捨てカバーを設置し、最後に長さ四〇メートルに及ぶステンレス製

［7—14］現場に据え置かれたモールディング成型機

［7—15］取付け前のモールディング

［7—16］モールディングの取付け

化粧カバーを取り付けた（xi）【7―18】。この方法は竣工当時のモールディングに目板をはめる工法とは異なり、ＲＣ躯体への漏水を可能な限り防ぐと同時に、竣工当時の外観を維持できるメリットがあった。

竣工当時用いられたステンレスはSUS304で、改修工事に用いられたのはSUS445J1と呼ばれる比較的新しい材料であった。前者に比して後者は、①熱膨張率が低いため温度変化による伸縮の影響が少なく、屋根部材として長いところで約四〇メートルある長尺の化粧カバー材料として適しているということ、②クロムの含有量が高く、耐食性に優れているという利点が挙げられる（xii）。ただし、色味が前者に比して後者は鈍かったが、荘司は竣工当時、丹下が外装の反射を気にかけており、後者の鈍い反射こそ丹下の設計意図に近いと説明した。このことで、カテドラルは改修を通じて設計者の意図により近づくことになった。

また、トップライトも漏水を防ぐために新たにガラス面を設けたが、今後の改修を踏まえて新旧のガラス面の間にメンテナンス通路を設け、外観上は竣工当時に近いデザインとする

【7―17】目板の差込み作業

ことができ、カテドラル内部にも竣工当時の明るい光が降り注ぐようになった[7−19]。

この改修工事から学ぶべきは、荘司がいなければ墨出しさえ困難で、カテドラルの改修は満足に行えなかった、という点である。言い換えれば、カテドラルの設計思想の根幹をなすジオメトリーの継承こそ傑作(マスターピース)の維持に不可欠であり、竣工当時の設計や施工に携わった人々の経験は何物にも代え難いものと言えよう。

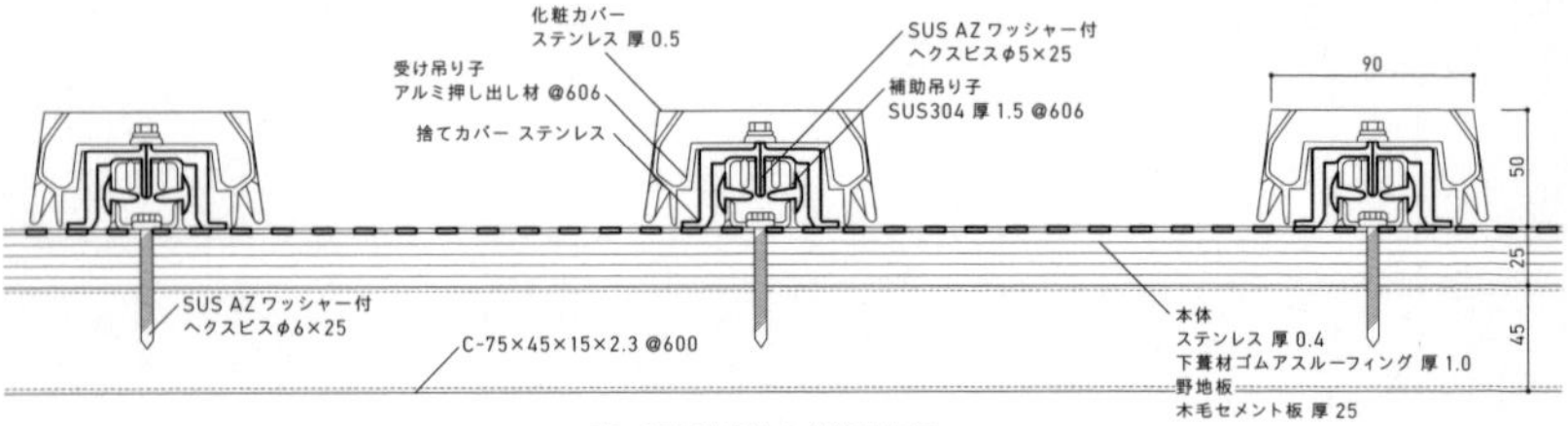

[7−18] 改修後の外装詳細図

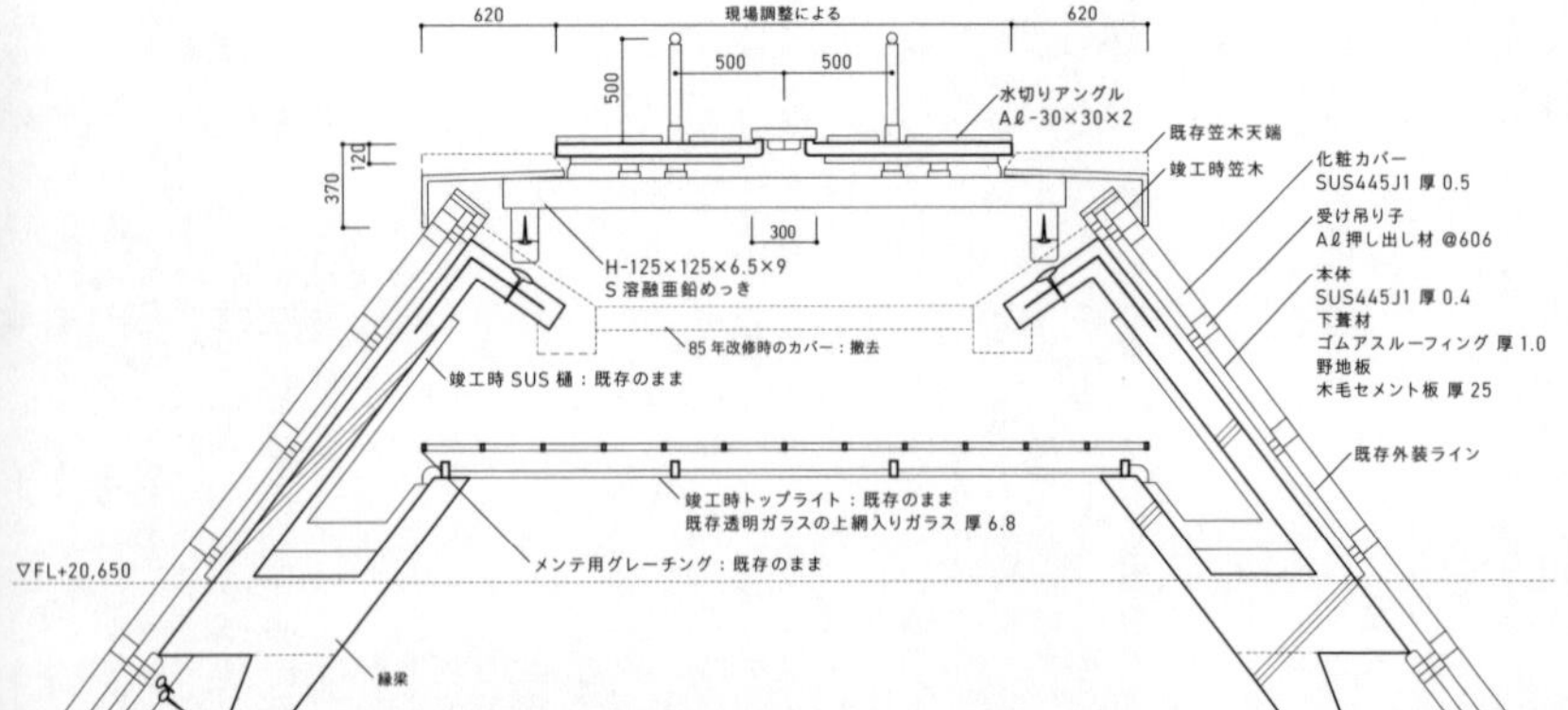

[7−19] 改修後のトップライト詳細図

〈註〉

(i) 宗教法人カトリック東京大司教区代表役員土井辰雄氏による東京都知事東龍太郎氏への「御願書」私家版、一九六三年三月

(ii) 「東京キャセドラル指名競技設計応募規定要旨」『新建築』一九六二年七月号、六九〜七〇頁

(iii) 神谷宏治・荘司孝衛・阿久井喜孝・豊川斎赫「3　超多忙な時代の中で：『東京カテドラル聖マリア大聖堂』とその周辺」、槇文彦・神谷宏治編著『丹下健三を語る』鹿島出版会、二〇一三年、八二〜一一二頁

(iv) 「東京キャセドラル指名競技設計入選案設計主旨」『新建築』一九六二年七月号、七〇頁

(v) 名須川良平「坪井善勝の仕事5：東京カテドラル聖マリア大聖堂」『空間構造』一九九五年七月号、四五〜四六頁

(vi) 名須川良平「東京カテドラル聖マリア大聖堂：構造概要」『建築文化』一九六五年六月号、一一四〜一一五頁

(vii) 石井聖光「東京カテドラル聖マリア大聖堂：音響」前掲書(vi)、一一七頁

(viii) 前掲書(i)

(ix) 小山田進「東京カテドラル聖マリア大聖堂：シェルの施工」前掲書(vi)、一一六頁

(x) 「丹下健三の代表作二つが同時期に改修」『日経アーキテクチュア』二〇〇七年一二月二四日号、七二〜七三頁

(xi) 大成建設工事課長・笠巻正嗣のコメント「カテドラル修復特集」『日刊建設工業新聞』二〇〇七年九月二八日

(xii) 木村知弘「カテドラル改修」『ステンレス建築』二〇〇八年五月号、九〜一三頁

＊**扉頁**　図版提供：丹下都市建築設計

＊［7―1］［7―2］［7―3］［7―6］［7―7］［7―10］［7―11］［7―12］［7―13］［7―14］［7―15］［7―16］［7―17］　写真提供：東京カテドラル聖マリア大聖堂

＊［7―9］　図版提供：大成建設

8

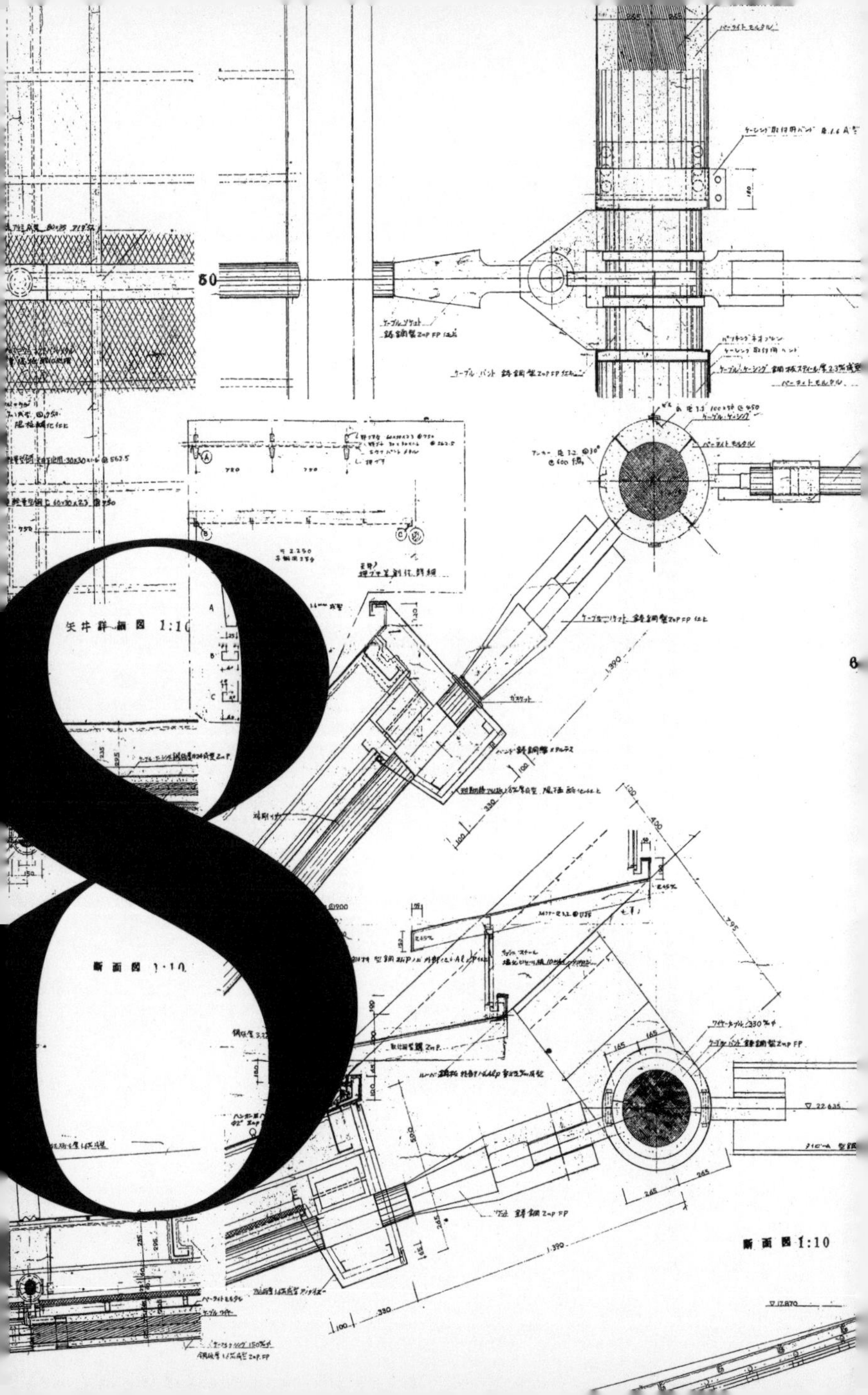

サスペンション構造——国立屋内総合競技場

建設省監督員たちが見た競技場施工現場の実像

一九六四年十月、東京でオリンピックが開催され、丹下健三は水泳とバスケットボールの競技会場として国立屋内総合競技場（以下、競技場）を設計した。この建築は丹下の長いキャリアの中で最高傑作の呼び声が高く、すでに多くの解説、論考が発表されてきた（i）。このことを踏まえ、本稿では競技場を理解する新しいアプローチとして建設省（当時）監督員たちの視点に注目し、第一体育館の施工現場とその後の改修工事に光を当ててみたい。特に、施工現場の実態を知る資料として、建設省関東地方整備局が取りまとめた『国立屋内総合競技場施工記録』（一九六四年、全一三七頁）と同局営繕部建築第二課技官・根岸嘉市による連載「国立屋内競技場の施工主として吊り屋根の施工」（『建築界』一九六五年四〜一〇月号）を用いることとする。

第一体育館の各工事について

基本データと工程

まず競技場の概要についてあらかじめ触れると、敷地面積：約九万一〇二二平米、構造：RC造、SRC造および高張力による吊り屋根構造、階数：地上二階・地下二階、延べ床面積：約二万七五〇七平米（第一体育館）、約四八六二平米（附属諸室）、約五六七五平米（第二体育館）、収容人員：第一体育館一万一五九三名、第二体育館三五四五名（立ち見席含まず）、工事費：約三〇億六千万円、施工業者：清水建設（第一体育館）、大林組（第二体育館）となっている。

次いで工程に目を向けると、吊り屋根の基本・実施設計は意匠：丹下健三、構造：坪井善勝、設備：井上宇市のコラボレーションにより十二カ月程度で終了した［8－1］。建設省はこの案の実現には最低でも二二カ月の工期が必要と判断していたが、工事現場では一九六三年二月に仮設工事が始まり、六四年八月末の引渡しが厳命され、結果的に十九カ月の短期決戦が強いられた。

根岸は第一体育館の工程を左右する関門を五つ挙げたが、第一に二本のメインケーブルの

［8－1］竣工後の第一体育館（左より丹下、坪井、神谷、井上）

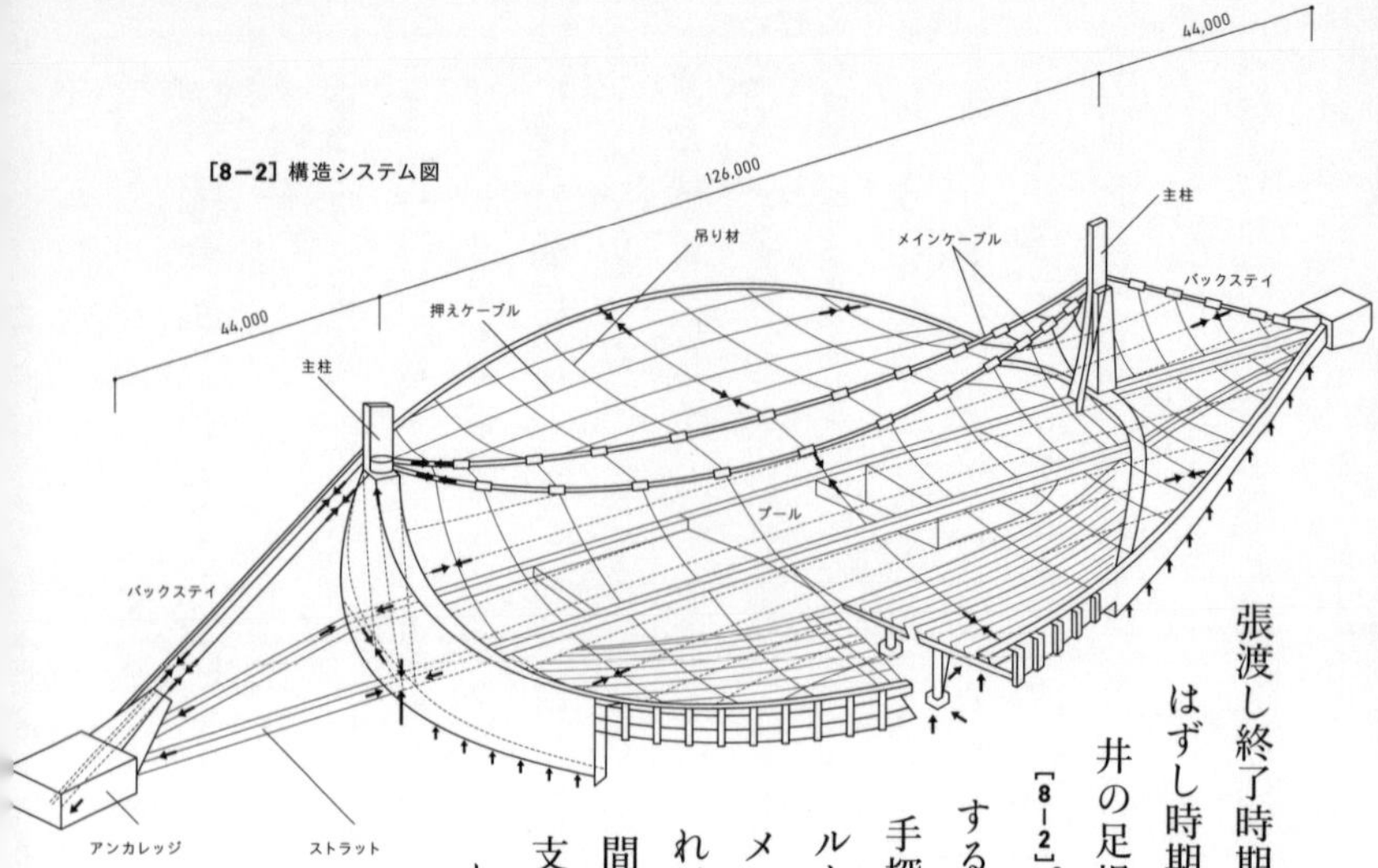

[8−2] 構造システム図

張渡し終了時期、第二にスタンド端部を支える三角支柱の取はずし時期、第三に屋根鉄板の施工終了時期、第四に天井の足場はずし時期、第五に外構工事であった（ii）【8−2】。第一の関門は、前人未到の吊り屋根を実現する際にどのようなトラブルが発生するか全くの手探りであった。第二の関門は、メインケーブルと片持ち梁状のスタンド端部を結ぶべく四・五メートル間隔で吊り鉄骨梁（吊り材）が取り付けられ、RC造のスタンドを引き上げるが、施工の間スタンド端部を支えるのが三角支柱で、この支柱が撤去されないと外周のアルミ製建具が取り付けられない。第三の関門は複雑な曲面からなる屋根面が張れないと、同様に複雑な天井面の施工が始められない。第四の関門は、屋根面の施工には屋内に高さ三〇メートルを超える足場を要し、これを撤去しな

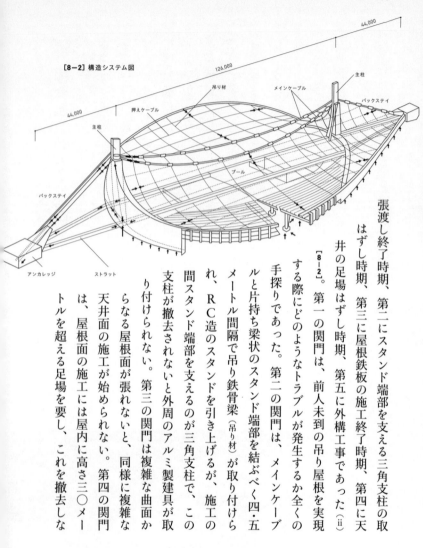

いとプールの施工が始められない。第五の関門は、外構工事が梅雨と重なり、関東ローム層を使った盛土にどれほどの時間を要するか計算しづらかったためである。

墨出し（一九六三年二月）と基礎工事（一九六三年三〜七月）

第一体育館を基礎付けるジオメトリーは円とサインカーブの組合せによって定まる**［8—3］**。特に柱位置が曲線と直線の交点から求められるため、電子計算機を用いて一週間の時間をかけ墨出しを行った(ⅲ)。現場では一桝九メートルの方眼状の基点から角度、距離を求め、測定にはリバーストンスチールテープ（長さ五〇メートル、目盛り一ミリ、温度補正数値付き）を用い、測量するときには一〇キロで引いた。

競技場の基礎支持方法にはH形鋼杭、ペデスタル杭、独立基礎の三種類が用意された。H杭は二本の主柱、スタンドを受ける柱脚ヒンジの柱の基礎など、大きな荷重のかかる箇所に用いられる。H杭は全長二二〜二四・三メートル、二本つなぎとし、耐用年限は一〇〇年（すなわち一〇〇年経過したときに杭耐力が設計値まで下がる）と見込まれている。一本の主柱の下に四七本のH杭が打たれ、第一体育館には四二五本用いられている。

[8—3] ジオメトリー

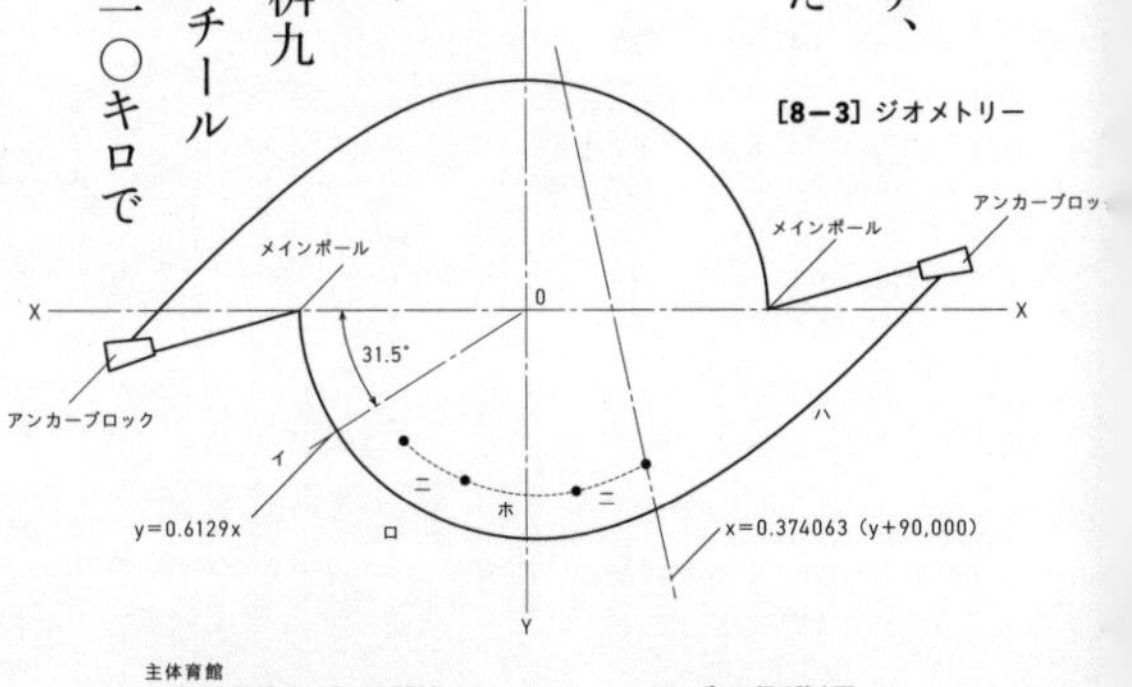

主体育館
イ (y+0.510) 2+x2=60.7522　メインポール廻り壁内面
ロ (y+0.5310) 2+x2=64.0752　2階コマスタンド内側
ハ y=58.765 cos 0.88724x　玄関内面
ニ (y+19.803) 2+(x−10.916) 2=66.9042　スタンド大柱芯通り
ホ (y+90,000) 2+x2=137.9452　同上

次いでペデスタル杭は主に下段スタンドやロビー等の柱の基礎に用い、全長は一六〜二九メートル、第一体育館では五一四本用いられた。独立基礎は主要構造部分から突出した部分と附属棟の平屋部分のみに用いられ、エキスパンションジョイントで区切られる。ただし、ボーリング試験の結果からすれば問題なかったが、竣工後に関東ローム層の圧縮力が大きかったためか、一部に沈下が発生した(iv)。

コンクリート型枠足場、型枠、打設(一九六三年七月〜一九六四年三月)

工程の第二関門で触れた通り、第一体育館のスタンド端部は鋼製三角支柱で支え、それ以外の箇所はパイプ枠足場で支えられた[8-4/8-5]。この三角支柱は一カ所で約四九トン支えることになり、長期間にわたって大きな荷重がかかるため、支柱を受けるコンクリートスラブや盛土について事前に荷重耐力を計算し、転圧などを行って慎重を期して計画した。またスタンド端部からピアノ線を下げ、沈下量を常時測定した(v)。

第一体育館のスタンド部仕上げの大半が打放しで、複雑な曲面を有するため、型枠についてさまざまな材料を用いて仕上がりと工費を検討した。その際、二種類以上の材料を用い

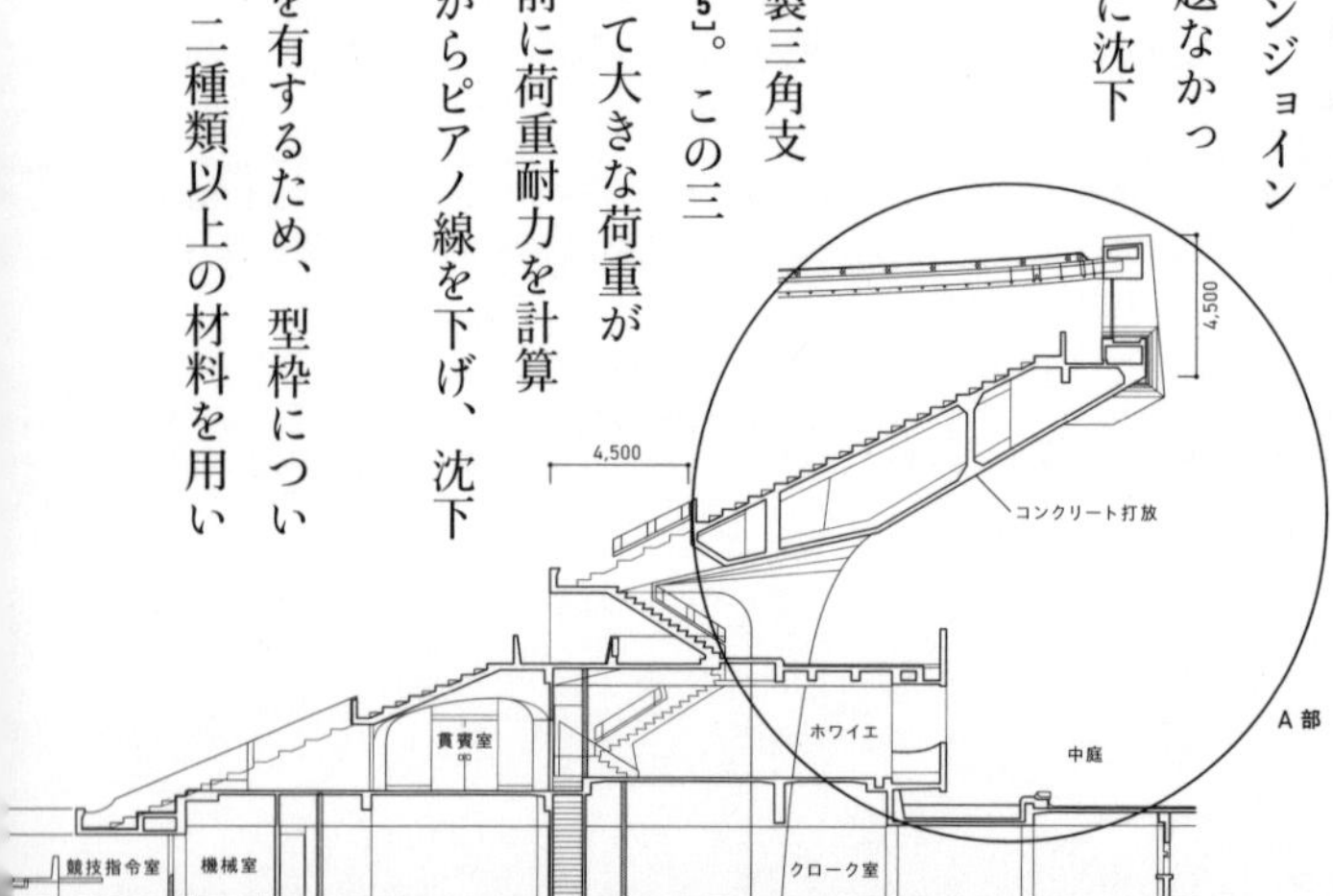

[8-4] スタンド矩計図

ないことを重視したため、ベニヤ（下地厚一二ミリ＋合板厚三ミリ）が採用となったが、下地板がやや薄く、施工中の狂いも発生しがちであった。合板の種類についてもシナ、ブナ、ラワンなどを検討し、結果として普通ベニヤの上にストロン樹脂膜を貼った合板を用いることとした。

スタンドの足下は三次元的なアーチ曲面で構成され、平面が点対称で形がすべて異なるため、図面には全部表現しきれず、アーチの一部についてあらかじめ実物大の型枠組立てを行い、設計者と打合せを重ねた。

型枠の建入れ精度は、柱打放し一〇〇〇分の一、塗りもの一〇〇〇分の二を標準とした。型枠の安全性で最も心配であったのは、スタンドが傾斜している点で、コンクリート打込み時に斜め下に流れ落ちる力が生じて、型枠に水平方向の力が生じるかもしれないということであった。この力がどのくらいになるか皆目見当がつかず、足場には十分筋違いを配して万全を期した（vi）。

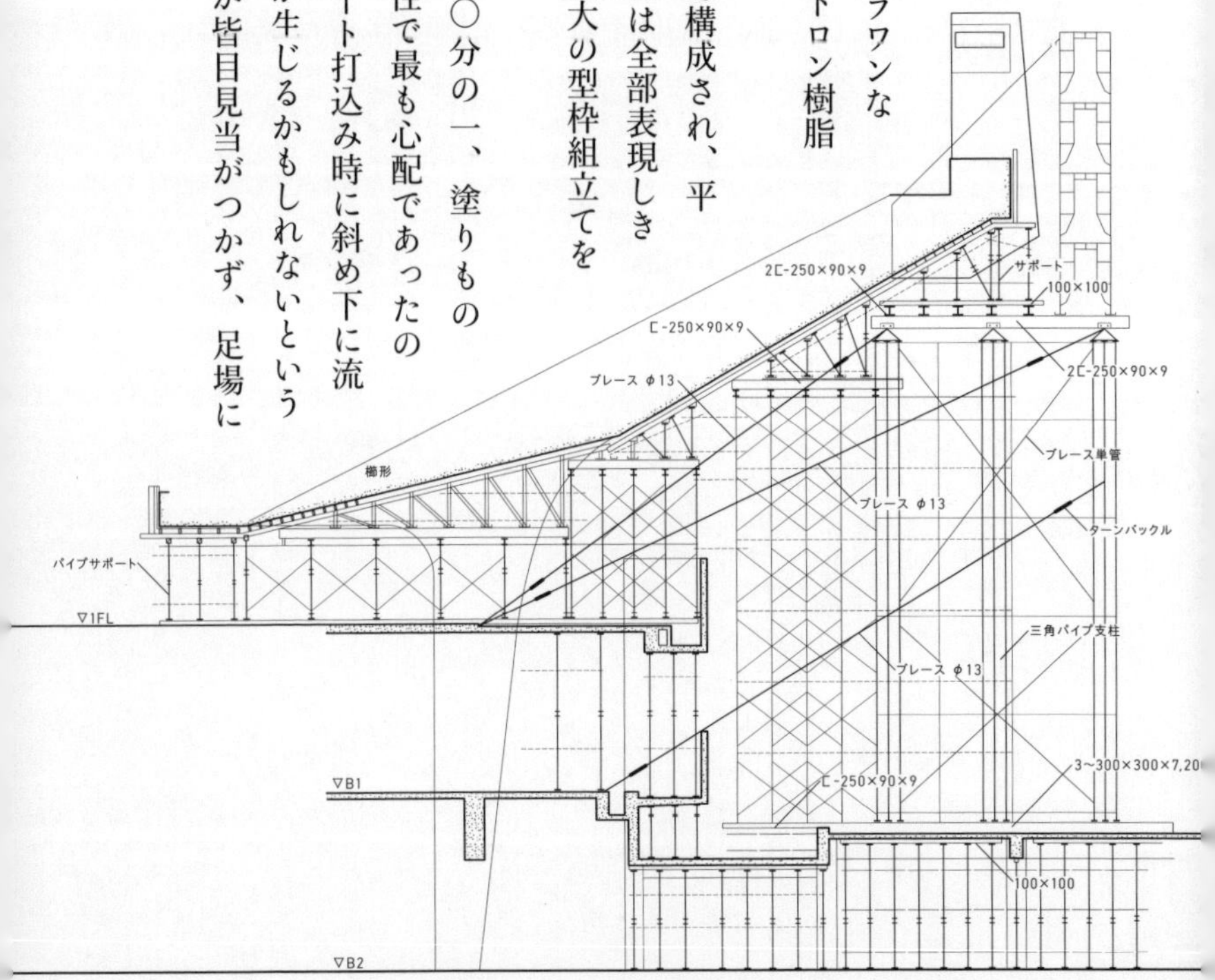

[8−5] A部スタンド支保工

吊り屋根パーツの準備――ワイヤーロープ、鋳鉄、ダンパー

第一体育館に用いられるワイヤーロープにはメインケーブルと押えケーブルとがある。これらを構成する素線には、JIS G 3502-1960ピアノ線材規格一種甲（SWRSIA）相当の線材が用いられた(ⅶ)。またロープの撚り方については第一体育館では静的に使用しすり減るということがないため、ラング撚りが用いられたが、これは柔軟性や屈曲疲労性に優れ、鉱山や索道の主索に用いられる撚り方であった。

長さ約二八〇メートルのメインケーブルはAロープ三一本、Bロープ六本から構成され[8−6]、公径五二ミリのAロープは一二七本のワイヤーを撚っており、公径三四・五ミリのBロープは六一本のワイヤーを撚ったものである。押えケーブルは公径四四ミリで九一本のワイヤーを撚っている。これらのワイヤーロープは撚り戻りがあるため保証破断力の半分前後の荷重で二時間プレテンションをかけた後、設計荷重の張力をかけてロープ長さを測ることとした。これにより、ロープの弾性係数を向上させ、ロープの癖を取り除くことができた。一方でロープは気温や直射日光の具合で伸縮するため、太陽熱の影響の少ない早朝か曇りや雨の日を選んで行われた(ⅷ)。

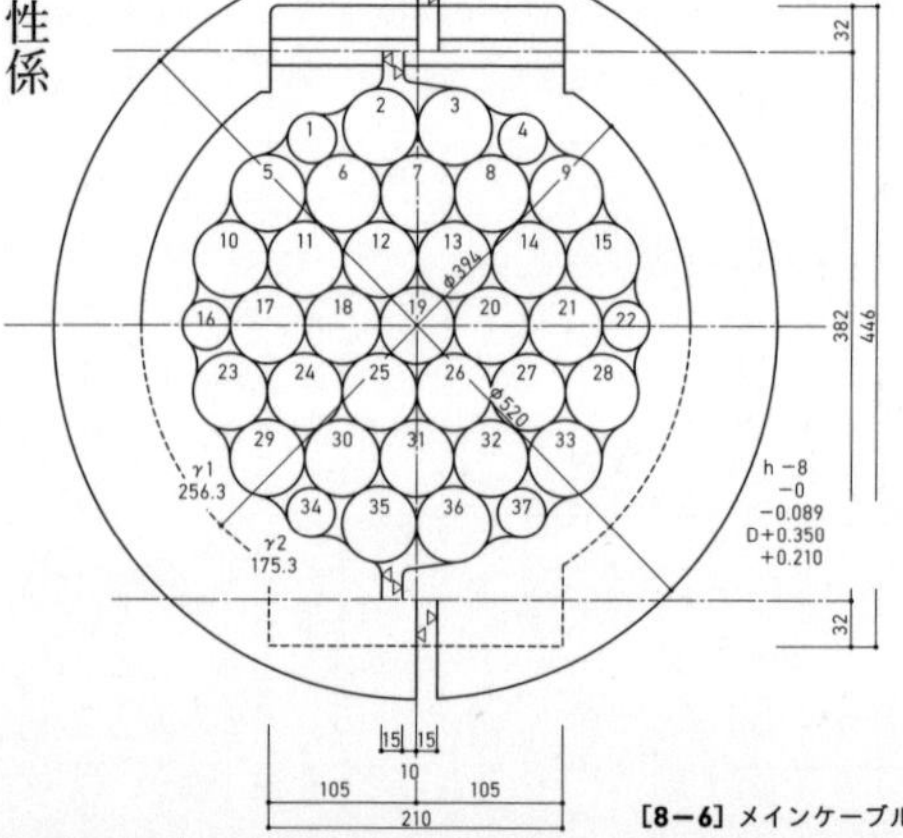

[8−6] メインケーブル

鋳鉄は第一体育館の吊り屋根を実現する上で重要な役割を果たし、構造を担当した坪井、川口衞らによってメインケーブルや吊り鉄骨梁の複雑な挙動に即応する発明的ディテールがいくつも生み出された。それらの中でも特にサドルと球形バンドの開発は特筆に値する。前者は主柱の上に据えられ、後述するメインケーブルの架け渡しから屋根面・天井面の施工に至る過程で、温度変化、荷重の増加、横開きする度にケーブルが動き、撓み、捻れるが、メインケーブルが主柱上で滑らかに動くディテールとなっている［8−7］。後者は吊り鉄骨梁のメインケーブルがピン接合されるための部材で、屋根面の荷重の変化、温度変化、強風時のロープの変化のために吊り鉄骨梁端部にモーメントが生じないよう球形のユニバーサルジョイントを設置し、どの方向へも回転するようにした(.ix)［8−8］。

鋳物はさまざまな形状の鉄製品をつくれる反面、製作過程で「す」が発生するため、第一体育館で用いる鋳物製品に対して厳しい検査（鋳肌状況、ダイチェック検査、磁気探傷検査、超音波検査、穿孔試験）が行われた。ただサドルは円錐形でくびれをもつ複雑な形のため、完全な検査はできなかったものの、十分耐え得るものと判定された。なお、サドルの摩擦を軽減するための潤滑油として二硫化モリブデンが用いられた。

［8−7］回転サドルの原理
左より円錐回転・並進・最終位置

［8−8］球形ジョイント

また、第一体育館の風による影響を検討するため、風洞実験を行ったが、風荷重がかかった際に屋根面が吹き上げられ上下動することが確認された。予想された変形はスパンの一三〇〇分の一〜六五〇分の一くらいで大きいものではないが、暴風に対しても十分な安全性を考慮し、減衰させるための防振ダンパーを計画し、主柱からメインロープを掴み、越屋根内に納めている。当時、防振ダンパーを実装した建物はきわめて稀で、根岸にとっても全く未経験の装置であった。

ロープの架渡し（一九六三年十二月十日〜一九六四年一月十日）

主柱のコンクリート打ちが終了する一段前に、サドル下の鉄骨が設置された。この設置は実質上メインケーブルの位置を決めることになるので、正確を期して行われた。また、ロープの架渡しを行うために、以下の順序で行われた。主柱上に一一メートルの門型タワーを建て、これにキャリヤー用のロープを架け、①原宿側アンカーブロック位置にロープリールを置き、これからウィンチで原宿側主柱上まで引き出す。②主柱上でキャリヤーにもり替えて主柱間に渡す。③渋谷側メインポール上で再びもり替え、ウィンチで渋谷側アンカーブロックへ引き下ろす。④メインポールの両端ソケットを原宿側および渋谷側アンカーブロックにセットし、シム（馬蹄形のプレート）でロープ長さの調整を行う（x）。

ロープの位置（長さ）は無張力時の中央とバックステイのサグ（垂れ下がり量）によって決められていた。しかし、日中や日没直後では輻射熱や気温によりロープ自身の温度を内部まで測定できず、その影響が最も小さい真夜中、風のほとんどないときに行った。特に最初のロープの位置によってすべてが決まるため、二〜三日かけて決められた。

最初の一本が決まると、その次からは円形に重ねていき、日中一段以内を三〜四本張って夜中に調整した。複数の張られたロープに対しては、原則として「つかずはなれず」張ることを合い言葉としてきたが、ロープが多くなって四段以上になってくると、今まで夜中に調整できていたロープが曇りの日でさえもバラバラになり、上のロープが下のロープへ割り込んでくるような状態になる。それが夜になってロープ温度が一定になってくると揃ってきた［8-9］。極寒の真夜中、地上三〇メートルの吊り足場の上での試行錯誤を経てなんとかAロープ、Bロープをすべて架け渡し、四・五メートル間隔の球形バンドと押えケーブルで束ねていった。最初のバンドでロープ中央（二分の一）を束ね、次に四分の一、八分の一の箇所で束ねていくことで、ロープ相互の不具合を散らし、二本のメインケーブルが無事架け渡せた。

その後、スタンド端部のコマ柱附近に取り付けたアンカーを用い、一本のメインケーブルについて二一本のロープで同時に横引きして所定の位置に横開きした［8-10］。この間に越屋根トラスを二本のメインケーブル間に取り付け、メインケーブルの大まかな形状を確定させ

[8−9] メインケーブルの張渡し

た。実際、この工事現場で最も危険と思われたのが、この越屋根トラス取付け作業であった（xi）。このトラスはメインケーブル直下のプール内で組み立てられ、キャリヤーによって吊り上げられ、地面に垂直に立ち上げて、トラス両端と球形バンドをピン接合し、トラス間に母屋が架けられ、ようやく安定を得るが、きわめて不安定な施工であった。

吊りロープから吊り鉄骨梁への変更と架設

現場が始まった当時、屋根をメインケーブルに直角方向（サイドスパン）へ支える構造体は吊りロープで、この上に剛性をもたせるための補剛リブ（丈の高いI型梁）が載っていた。現場ではこのディテールに対して製作困難と指摘する声が多かった。

そもそも吊り屋根曲面とは、吊り材と押え材が互いに逆曲率で、相互に張力を及ぼし合うことができ、曲率の変化が連続的であることが望ましい（xii）。しかし第一体育館で与えられた特殊な境界条件（三次元的スタンドと天を突き刺す主柱）に対して、理想的な吊り屋根曲面を吊りロープと押えロープでは形成できないことが実験的手法から明らかになっていた。ここで川口が吊りロープと補剛リブを兼ねた吊り鉄骨梁に置き換える「セミリジッド屋根構造」を提案し、施工可能な案として採用に至った。

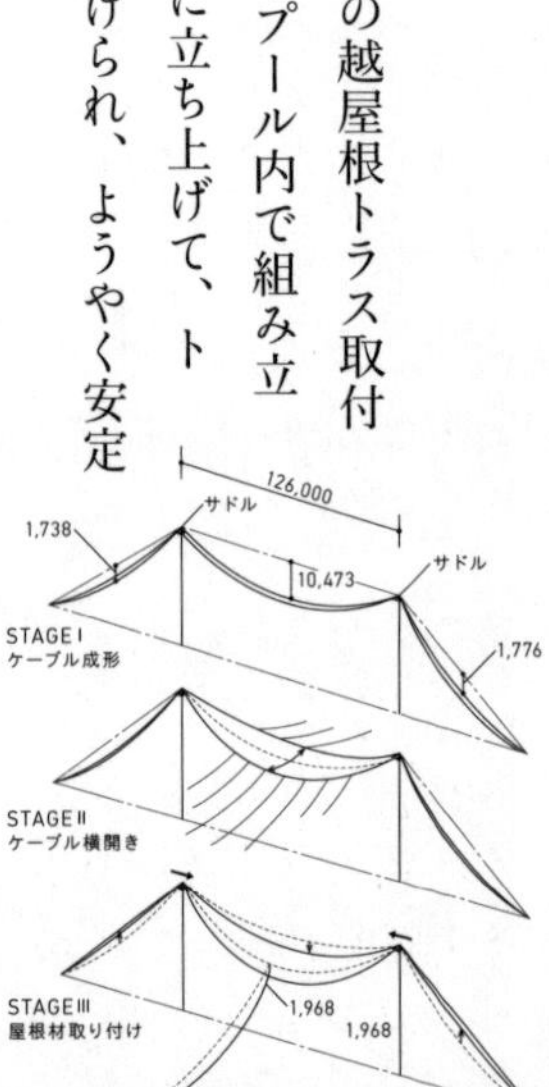

[8—10] メインケーブル変形

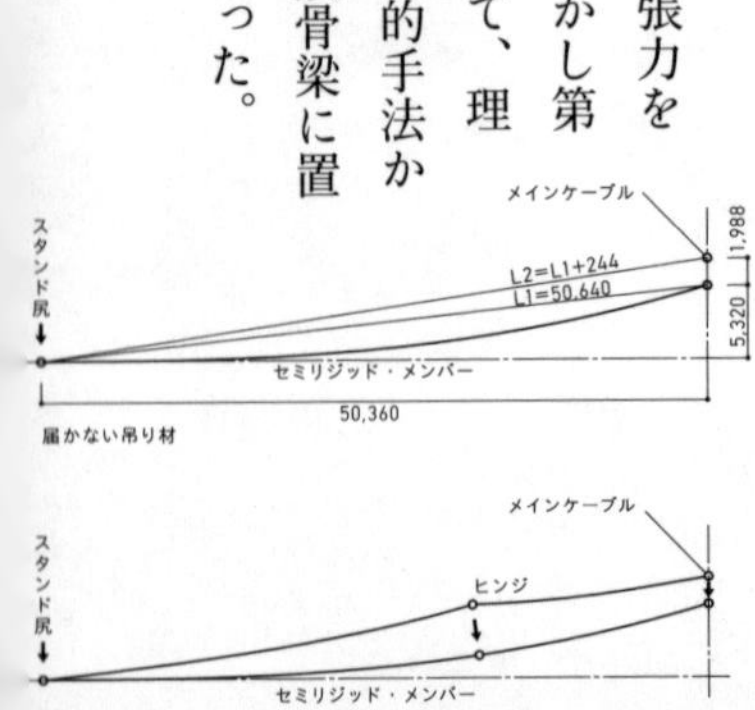

[8—11] セミリジット説明図

またメインケーブルは越屋根が架設された後、屋根施工がすべて終わるまでに中央部で約二メートル垂れ下がる。一本の吊りロープであればメインケーブルが変動してもスタンド端部は取り結べたが、吊り鉄骨梁の場合、形がフィックスするため約二四センチ長さが足りないことが確認された。そこで吊り鉄骨梁中間部のモーメントがゼロになる部分をピン接合とすることとした[8-11]。これにより取付け時には伸び、屋根面が施工されるにつれて、吊り屋根曲面に近づけることが可能になった。

次に押えケーブルを吊り鉄骨梁に貫通させる部分は、梁丈の中央に円孔をあけロープを通すこととした[8-12]。ロープが梁と直交方向に通じているので、押えケーブルがロープ長さ方向に自由に動いてしまうと梁を横方向に引っ張ることになり、梁に横曲げが起こってしまうので、クランプと称する器具で取り付け、梁と直角の面で自由に回転させた。

ここで吊り鉄骨材の製作に触れると、この梁は最長で五〇メートルもあり、工場で二〜七本のパーツに分割して製作された。これを現場に搬入し、クライミングクレーンで吊り上げ、パイプ足場の上でジョイントし、厳密な検査の後、溶接した。その際、梁長さの製作誤差が吊り梁のサグに大きく作用し、隣同士のサグが大きく違うと屋根鉄板に滑らかな曲線

[8−12] 第一体育館吊り鉄骨と押えケーブル、スタンドコマ柱（RC部）の取合い

が得られない、と危惧された。そのため一つのパーツの誤差を二ミリ以内、全長で二〇ミリ以内を許容誤差とし、フランジプレートとウェブプレートを連続隅肉溶接した。

母屋、屋根板、トムレックス、天井板の取付け

吊り鉄骨が架設されると、次に母屋（C形鋼）が取り付けられる。吊り鉄骨梁に取り付けられた母屋受けピースと母屋がボルトで接合されるが、屋根全体が重みを増し、吊り鉄骨梁が徐々に変形する。この変形に追従できるよう、母屋取付け用のボルト孔を大きくし、二スパンから三スパンおきに母屋を入れない通りを設け、屋根曲面の変形に備えることとした（xiii）。

その後、四・五ミリ厚の鉄板屋根が取り付けられたが、温度変化などによる変形が予期されたため、吊り鉄骨梁上で逃げを取るほか、母屋と屋根面の接合もボルト孔をルーズにすることで対応した。また、屋根板同士は四辺とも、瓦棒で逃げの部分を覆って全溶接した。しかし、施工中に作業員が屋根面を歩いたためにへこみが生じ、また雨水が屋根面に溜まる箇所が散見される等、トラブルも絶えなかった（xiv）[8―13]。

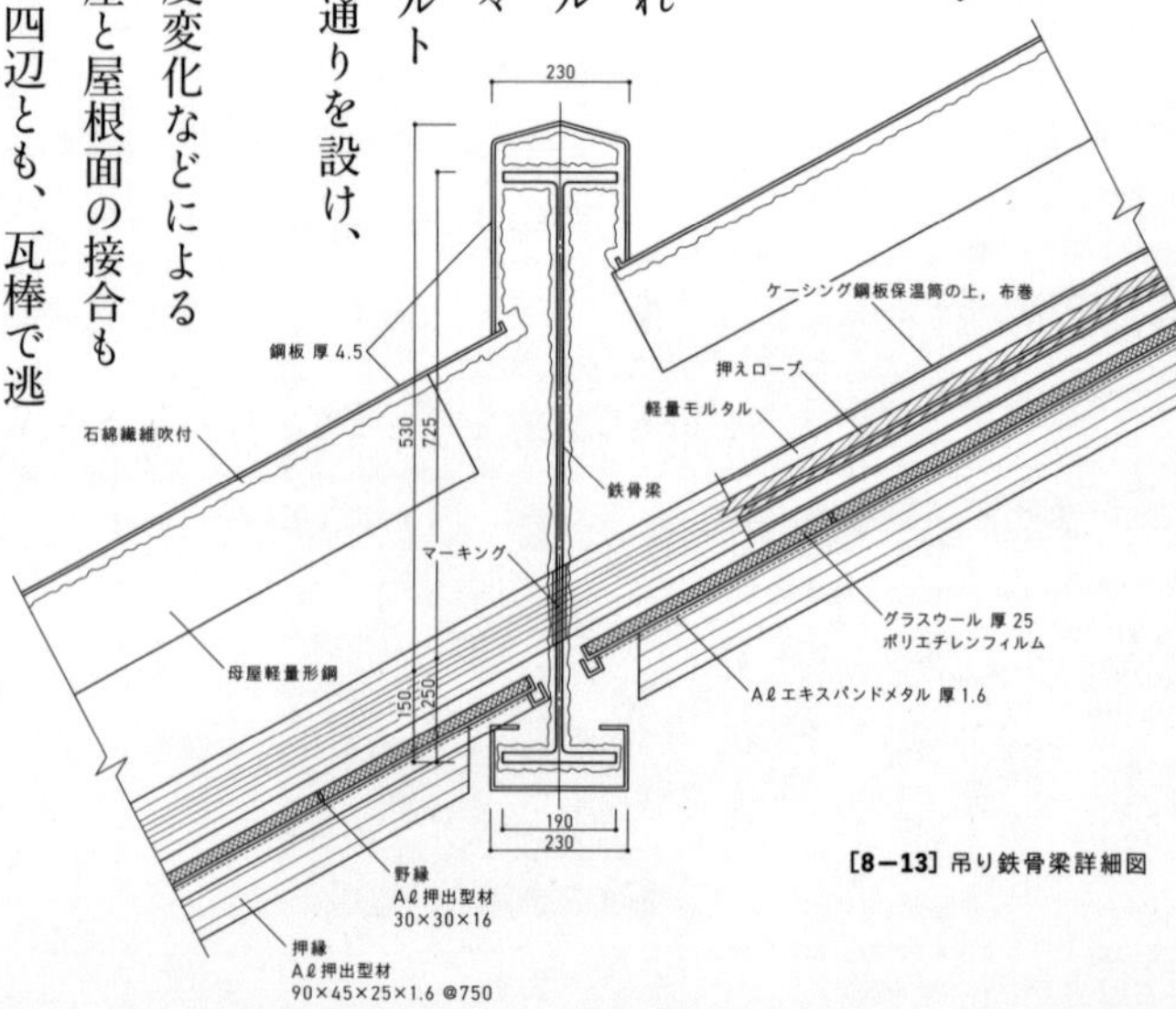

[8―13] 吊り鉄骨梁詳細図

屋根鉄板の取付けが終わり、押えケーブルが張られると、スタンド下部の三角支柱が慎重に取り外された。また断熱と結露防止を目的として、屋根裏には石綿繊維（トムレックス）を吹き付けた［8—14］。設計当初、仕様書ではアスファルトを二ミリ塗ることになっていたが、屋根鉄板が夏に八〇度、冬に〇度以下となる環境下でアスファルトを用いることは難しく、また二ミリ塗ることも施工上困難だったため、トムレックスで代用された。しかし、トムレックスも屋根裏の複雑な形状に一様に吹くことができず、不十分な施工となってしまった。

トムレックスの吹付け後、天井板の取付けが始まったが、パネル総数は三六〇〇枚、種類は隅役物を除いて五種類ほどで、工場製作二五〇〇枚、残数は現場当たりで製作した。一組四人、一日三〇枚程度張る算段であったが、特に隅役物六〇〇枚は端までパネルが張られてこないと寸法がわからないため、作業員たちは真夏の暑さの中、高さ三〇メートルの足場を何度も上り下りすることとなった。

この後、足場がすべて取り払われ、プールの仕上げや設備機器の調整が行われ、八月末に引渡しが完了した［8—15］。

［8—14］第一体育館トムレックス施工中

[8−15] 第一体育館施工遠景

改修工事について

丹下による改修提言と緊急対策

東京オリンピックが無事終了した後、第一体育館は冬にスケートリンク、夏にプールとして一般に開放され、多くの市民に愛される施設となった。しかし、一〇年以上の歳月が経ち、屋根面の錆や電光掲示板の故障等、競技場の至る所にほころびが散見された。こうした惨状に業を煮やした丹下は競技場関係者に向けて、「国立代々木屋内総合競技場の維持管理の向上と屋根面発錆に対する緊急対策についての要望書」（一九七七年七月十一日）を提出している（xv）。

これを受けて競技場側は設計監理に携わった神谷宏治、川口らに依頼し、施設全体の課題を洗い出した。その際、①アンカーブロック部が水に浸かってしまいブロック内のロープの発錆が懸念されること、②アンカーブロックの沈下を止めるためにアンダーピニングを行うこと、③主柱上のサドル部分のグラウト防錆が徹底されず何本かの素線の腐食が見られ至急対策を行うこと、が指摘された（xvi）。この報告を踏まえ、競技場は清水建設に見積もりを依頼し、諸経費を含め四一億円の改修費用が必要と判明した。当時の大蔵省はこの額に驚きを隠さなかったが、数年にわたって工事が実施された。その後、第一体育館はイベント会場として活用が始まり、二〇〇八年にはトムレックスの除去工事、屋根面への遮熱塗料の塗布、天井の全面張替えを経て、競技場は美しく蘇った。

一方で竣工当時に比べ、競技場は常駐スタッフが激減し、施設維持のためのノウハウの伝達が困難な状態にある。幸い第一体育館は二〇二〇年の東京オリンピックではハンドボール会場として利用されることが決まっており、今後、競技場全体をどのように活用していくか知恵を絞る必要があろう。

〈註〉

（i）丹下健三「国立屋内総合競技場の設計をかえりみて」『新建築』一九六四年一〇月号、一二七〜一三〇頁、「国立屋内総合競技場の記録」『建築文化』一九六五年一月号、七三〜一三一頁、川口衞「代々木競技場第一体育館の構造設計　六つの問題と解決経緯」『丹下健三を語る』鹿島出版会、二〇一三年、一四〇〜一四五頁、豊川斎赫「八章　丹下健三の象徴論：『国立屋内総合競技場』と『東京カテドラル聖マリア大聖堂』」『群像としての丹下研究室』オーム社、二〇一二年、二六〇〜二九一頁

（ii）根岸嘉市「国立屋内競技場の施工（1）」『建築界』一九六五年四月号、五五頁

（iii）建設省関東地方整備局「Ⅱ杭打工事　墨出し」『国立屋内総合競技場施工記録』一九六四年、一八頁

（iv）前掲書（ii）、六三頁

（v）建設省「Ⅳ型枠工事　五　支保工」『国立屋内総合競技場施工記録』一九六四年、七四頁

（vi）根岸嘉市「国立屋内競技場の施工（2）五　型枠」『建築界』一九六五年五月号、六五頁

（vii）「Ⅵ主体育館吊り屋根　三　材料の使用、検査」前掲書（iii）、九三頁

（viii）根岸嘉市「国立屋内競技場の施工（3）九　ワイヤーロープの製作」『建築界』一九六五年六月号、五〇〜五一頁

（ix）根岸嘉市「国立屋内競技場の施工（4）一〇　鋳鉄品の製作」『建築界』一九六五年七月号、二七頁

（x）「Ⅵ主体育館吊り屋根　四　施工」前掲書（iii）、九七頁

（xi）根岸嘉市「国立屋内競技場の施工（6）一五　越屋根トラスの施工」『建築界』一九六五年九月号、六九頁

（xii）川口衞「代々木競技場第一体育館の構造設計　六つの問題と解決経緯」『丹下健三を語る』鹿島出版会、二〇一三年、一四〇〜

一四五頁

(xiii)「VI主体育館吊り屋根　四　施工」前掲書(iii)、一〇一頁

(xiv)前掲書(xi)、七一頁

(xv)「有名建築その後：国立代々木競技場　施主〝不在〟が招く荒廃の現実　築後一五年、再生にようやく光明が」『日経アーキテクチュア』一九七九年九月三日号

(xvi)川口衞「代々木競技場調査補修工事(構造)」(一九七九年一〇月一一日)、川口「代々木体育館点検メモ」(一九七九年一二月一二日)、同(一九七九年一二月一五日)(私家版)

＊扉頁　図版提供：丹下都市建築設計

＊【8－1】内田道子アーカイヴ

＊【8－7】【8－8】【8－9】【8－12】【8－14】【8－15】　写真提供：川口衞

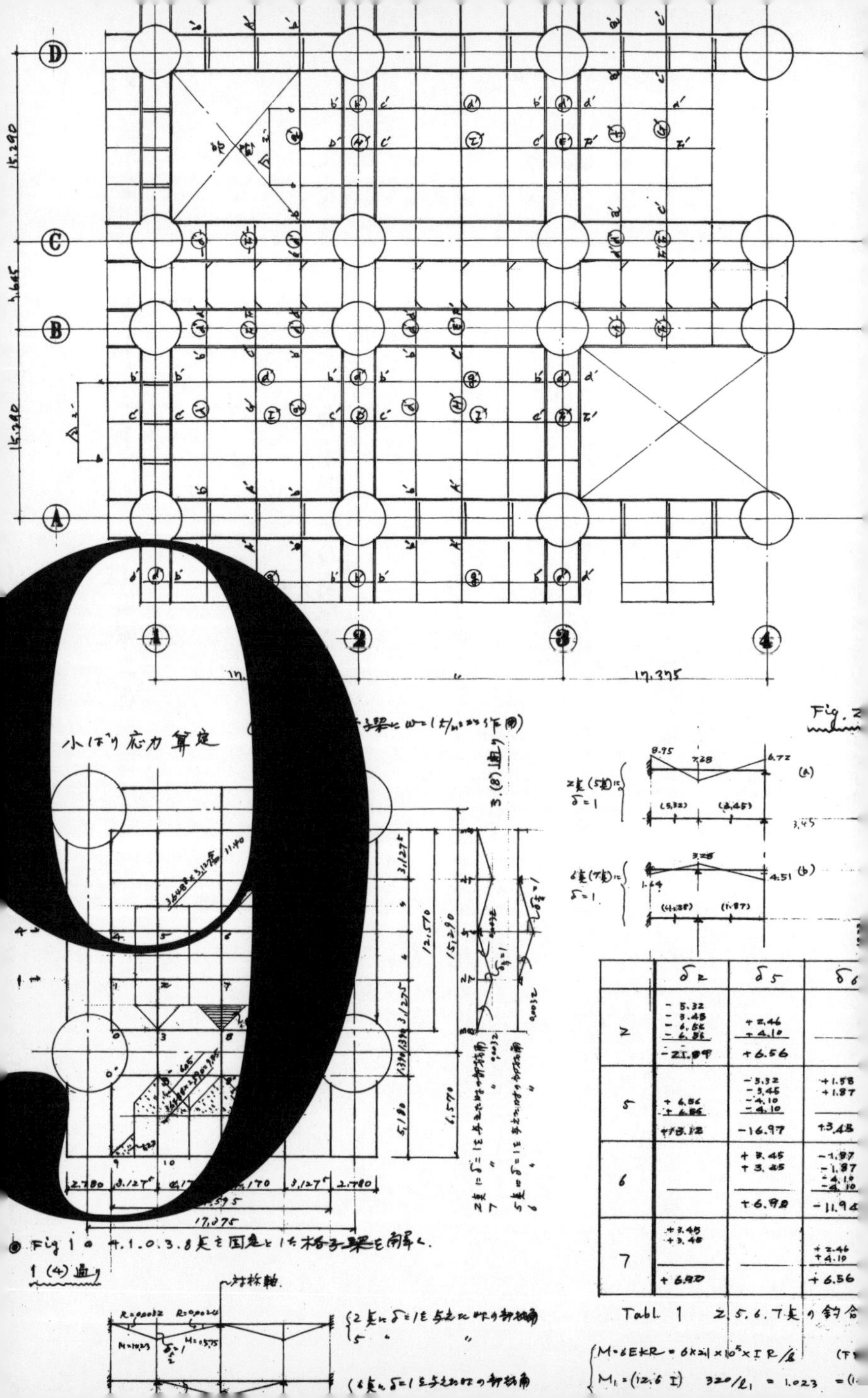
9
小ばり応力算定
17,375
15,290
Fig 1 ○ 4.1.0.3.8 点を固定とした格子梁を解く。
1 (4) 通り
Tabl. 1 2.5.6.7点の釣合

ジョイントコア――山梨文化会館

一九五〇年代末三次元都市の萌芽

静岡中心地区再開発計画（一九五九年）

一九五九年から一九六〇年にかけて、丹下健三はＭＩＴ客員教授として渡米した。この間、東大本郷キャンパスの丹下研究室に残ったスタッフたちは手紙によるやりとりで丹下から指示を仰ぎ、それぞれのプロジェクトを遂行していた。

丹下研究室の主力メンバーの一人であった磯崎新は高山英華研究室と協同して静岡中心地区再開発計画に取り組み、その経過を丹下宛てに報告している。通常、駅前再開発は複数の地権者によって構成されるが、一度に全員から同意を取り付けることは困難であり、まとまった広い土地を取得できることは稀である。そこで磯崎は、先行取得できた飛び地状の狭い敷地にエレベータ・階段・設備シャフトを含んだ柱状のコアを立ち上げ、上空で梁状に床を差し込んでいけば、立体換地が可能になるのではないか、と論を進める。具体的には、高さ三〇メートルほどのコアを二〇メートルから二五メートルピッチで複数配置し、上空に長い床を渡していった[9―1]。磯崎はこの計画の特質を以下三点にまとめている。

1 都市的なスケールをもつこと、架構が大きくなり全体として都市建築の骨組となる。
2 そのほかに多様なスペースとひろがりをもつ建築的空間をさし込むこと。
3 段階計画に耐えること、平面的・立体的なExtensionが可能でありしかもその段階での建築的表現を完成させてみることが出来るようにする(i)。

この案の画期的な点は、都市の細分化された所有・経営の規模やその集積の形態に応じて、立体換地できる点にある。さらに三一メートル以上の上空にのみ床を架け渡すことで、既存の街並みをそのまま保存することもできれば、地表レベルで新しい機能を付加することも可能になる。というのも、当時の

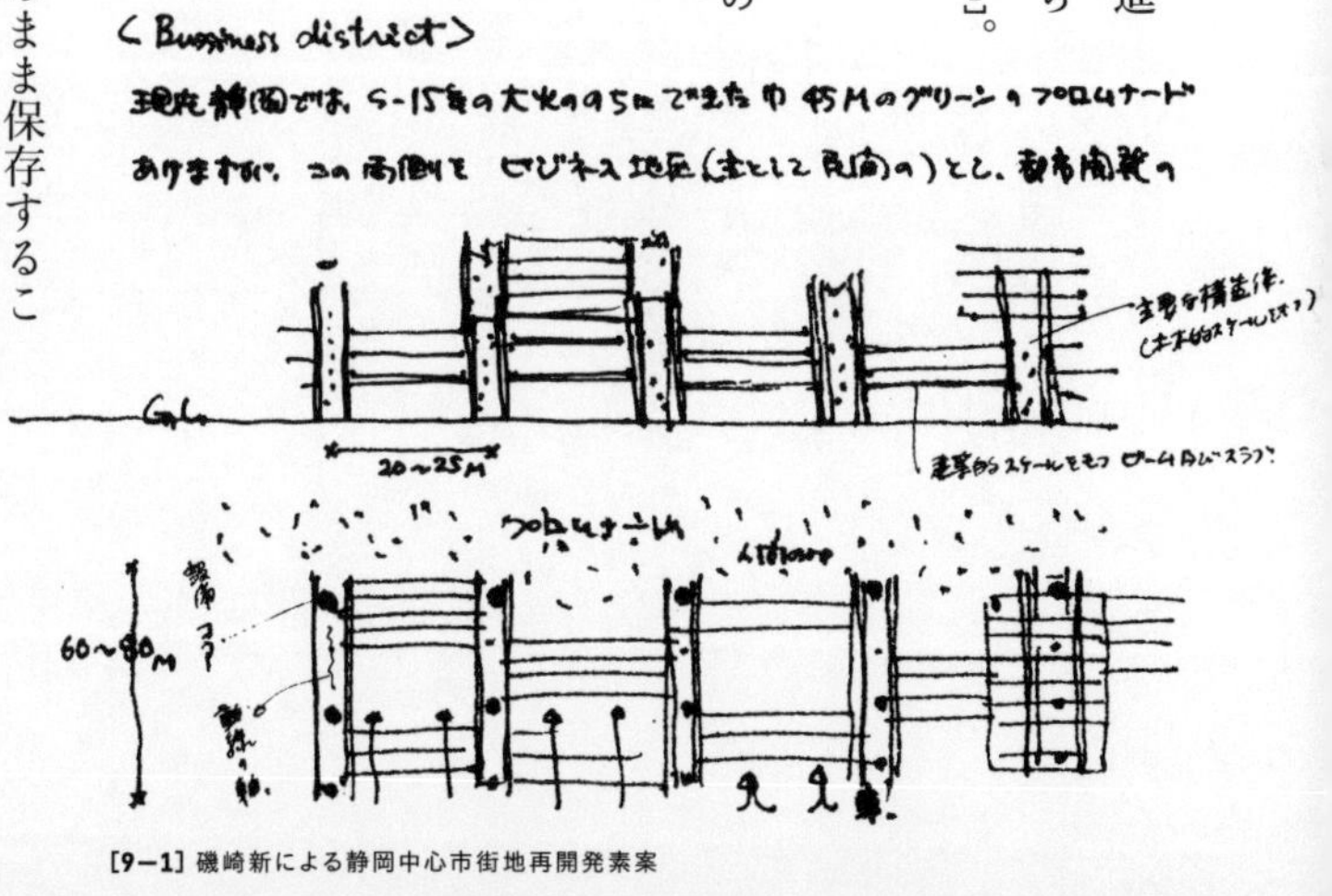

[9―1] 磯崎新による静岡中心市街地再開発素案

建築基準法では三一メートル以上の建築は建ててはならず、磯崎案は基準法の外側を目がけた近未来の都市デザインであった、といえる。

東京計画一九六〇業務棟地区（一九六一年）とブエノスアイレス市庁舎コンペ

丹下は一九六〇年三月に帰国し、六月の世界デザイン会議の成功に向けて尽力していた。一方の磯崎は世界デザイン会議には顔を出さず、静岡での着想を新宿淀橋浄水場開発計画の中でバージョンアップさせ、『建築文化』誌面上でジョイントコアと命名していた(ii)。世界デザイン会議後、丹下は東京湾上に軸線を延ばす都市構想案・東京計画一九六〇の作成に着手したが、業務棟地区には磯崎のジョイントコアを採用している。ここでは、約二〇〇メートルのグリッド上に配された垂直のコアと、それに架け渡された一〇層もしくは二〇層のオフィス群が計画された。この垂直のコアは三二メートル角、高さ一五〇～二〇〇メートルの柱でエレベータ・階段・設備シャフトを内包する。オフィス群は地上四〇メートル以上の空中に二〇〇メートルほどのスパンを架け渡され、外壁全体がトラスになるデザインが採用されている。地表面にショッピングモールやオーディトリアムといったさまざまなアクティビティが挿入可能となり、また高速移動する自動車の流れに対応するスケールとなることが期待された(iii)【9-2】。

この頃、磯崎は同じく丹下研究室に在籍していた長島正充、岡村幸一郎らと協同してブエノスアイレス市庁舎コンペに参加している。これに取り組む際、三人は「共同でやる以上は作品に関する著作権は平等に持ち、以後どう使っても文句はいわない」と約束を取り交わしていた(iv)。提出された案は正三角形平面の頂点に二本ペアのコアを配するジョイントコア超高層であったが、入選には至らなかった[9-3/9-4]。

山梨文化会館の設計プロセス

基本設計——ラーメン構造からジョイントコアへ、情報の流れを整理

山梨文化会館の設計は国立屋内総合競技場や東京カテドラル聖マリア大聖堂の設計時期と

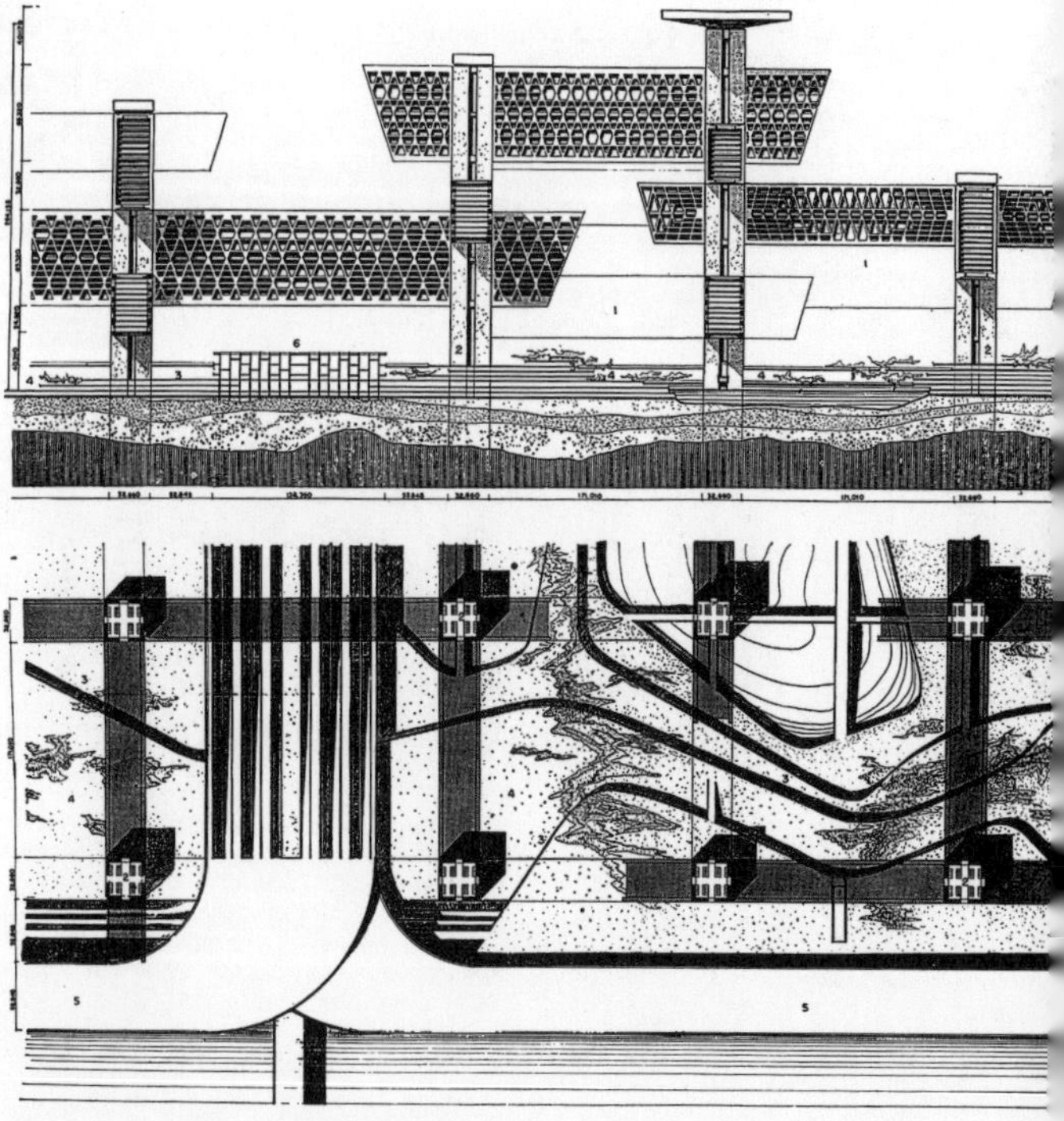

[9-2] 東京計画1960オフィスビル地区

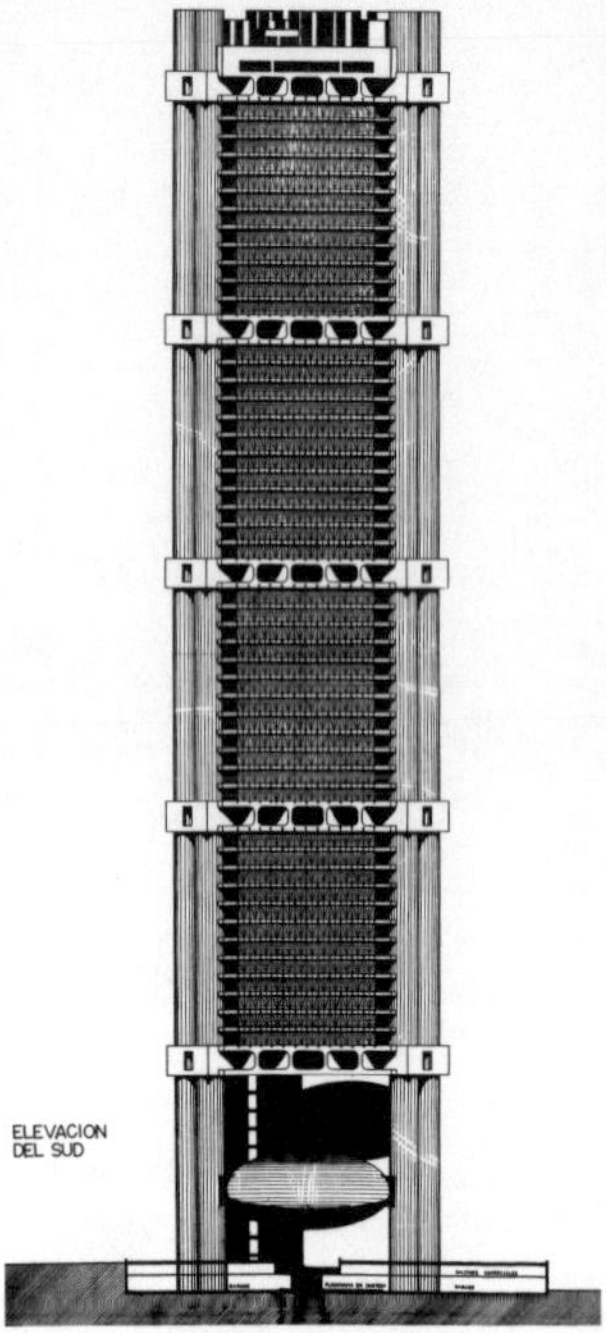

[9—3] ブエノスアイレス市庁舎コンペ

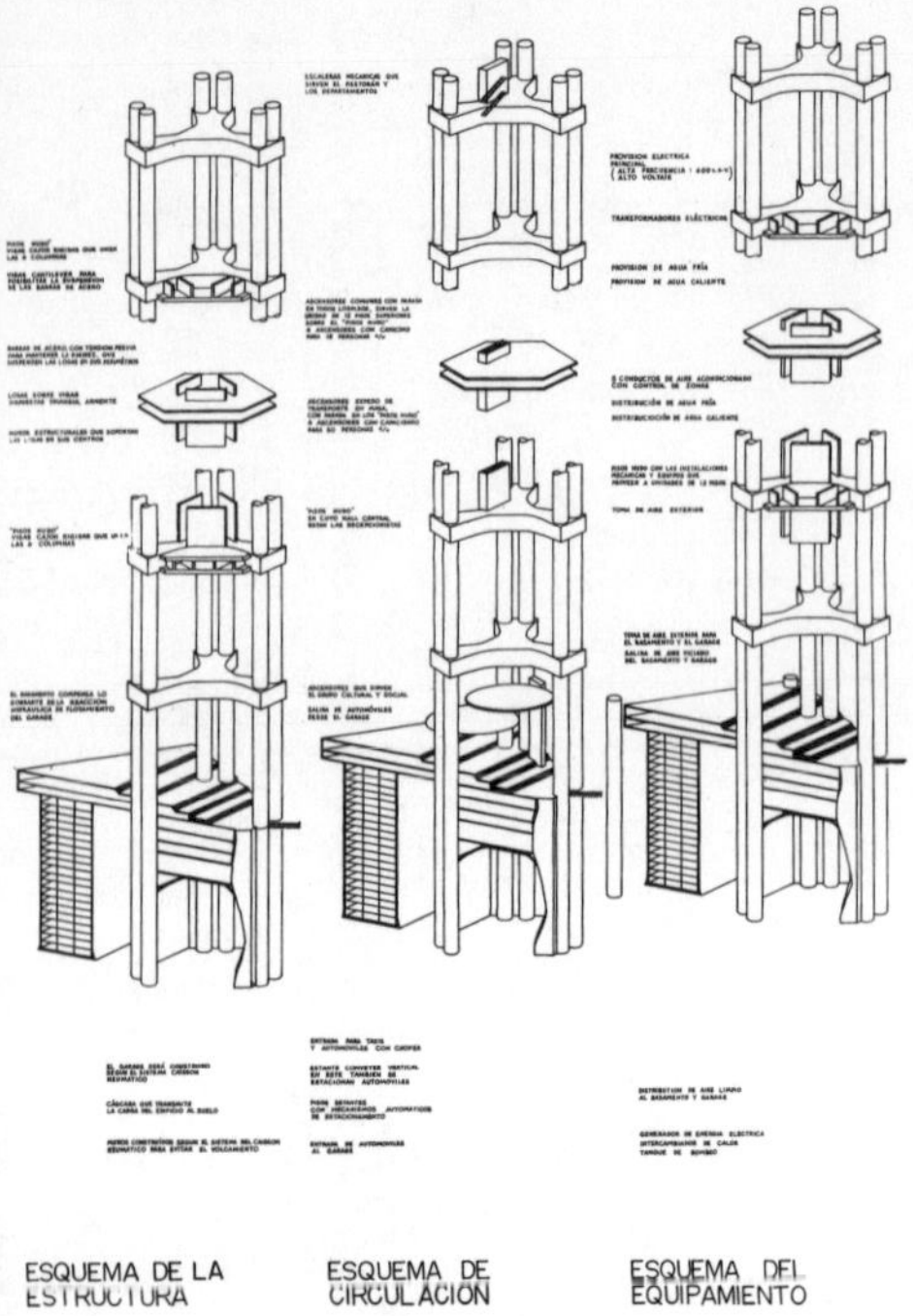

[9—4] 同アクソメ

重複し、丹下研究室内は多忙を極めていた。岡村は国立屋内総合競技場の実施設計を終えるや、山梨文化会館のチーフを務めることとなった。山梨文化会館の建設目的は、それまで散在していたテレビ放送、新聞、印刷の機能を一敷地の中に統合する、というものであった。設計当初、丹下は施主の考えを吸収する容れ物として九メートルスパン程度のラーメン構造を用いていた。というのも、無精でアノニマスなスペースを幾通りも構成し直すことで、施主の要求を設計者側が理解し、施主側も納得するためであった(v)。このころのゾーニングはメイン道路側にオフィスを、奥に新聞印刷工場やテレビスタジオを配して、敷地中央部に壁のようなコアゾーンを置いて階高調整する案であった。ところが検討を進めるにつれ、オフィスと工場とが結びつくような動きが出始め、立体的な構成が発案された。このとき、岡村が参照したのがブエノスアイレス市庁舎コンペで、「著作権を問わない」と約束を交わしたジョイントコア方式を採用した[9-5]。

ここで東京計画一九六〇業務棟と山梨文化会館を比較すると、両者とも情報化社会を主眼としているものの、後者では情報化社会に伴う「流れ」、「生成変化」といったキーワードが明確に謳われている。例えば「一個の建築の機能レベルをこえ、都市的なレベルで考えられる流れ(FLOW)と、生成変化の制御機構を必要としている」(vi)といった具合である。ここでいう「流れ」とは、紙・版・水といった物の流れ、人の流れ、情報の流れ、空調・光・熱・電気といったエネルギーの流れを指し、複数の流れの分類、序列化を通じて、雑多な諸要求に対応する装置を組織化し、全体を構成する基本条件を設定していった。また、「生成変化」とは、将来の模様替えや増築を見込んだフレキシビリティを指し、数カ月、数年のサイクルをもって変化する箇所(インフィル)と全く変化しない基幹部分(スケルトン)を強く打ち出す設計を目指していた。

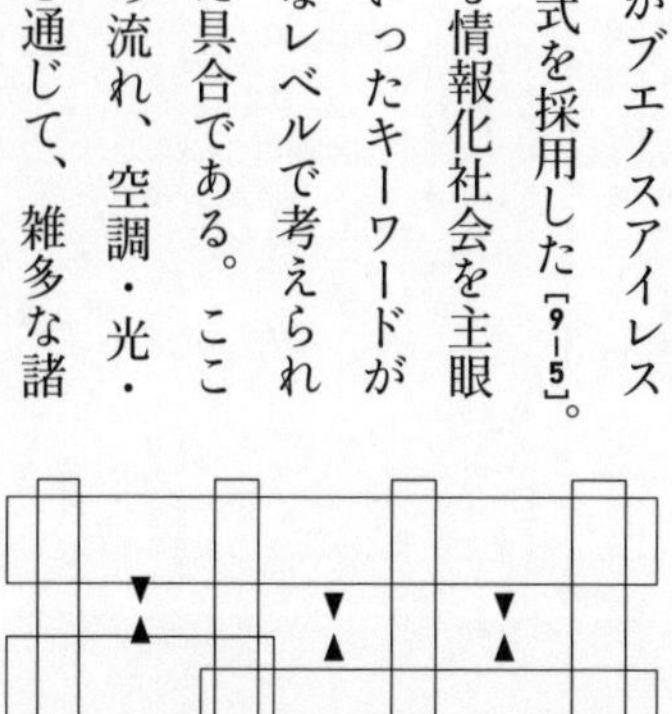

[9—5] 山梨文化会館のジョイントコアを用いた立体ゾーニング

こうした検討を進めた結果、性格のそれぞれ異なる放送・新聞・印刷という会社を立体的なゾーニングで区分し、ジョイントコア（同一外径をもつ一六本の円筒柱群）を媒介として相互間の上下交通、人工環境のコントロールおよびサービスなどを処理している［9–6］。意匠上の留意点として、立体的なゾーニングを基本としながら上方、または水平方向への増築の余地を残すほかに、建物中間での増築も検討することとした。また、ジョイントコアは山梨文化会館の象徴なので、梁がコア柱に対して抱きついたり、コア柱を梁が挟み込んだりしない表現を目指した。

一方で、丹下はURTECのスタッフに対して、「どうもコミュニケーション理論の話は難しいね」とか、「コミュニケーション理論は建築や空間に結びつかないね」(vii)と、情報化社会に即応する建築を実現することの難しさを吐露していた。

構造設計上の課題整理と解決策の模索

意匠側からの提案を受け、構造設計を担当した横山不学はその問題点を以下六点にまとめている。

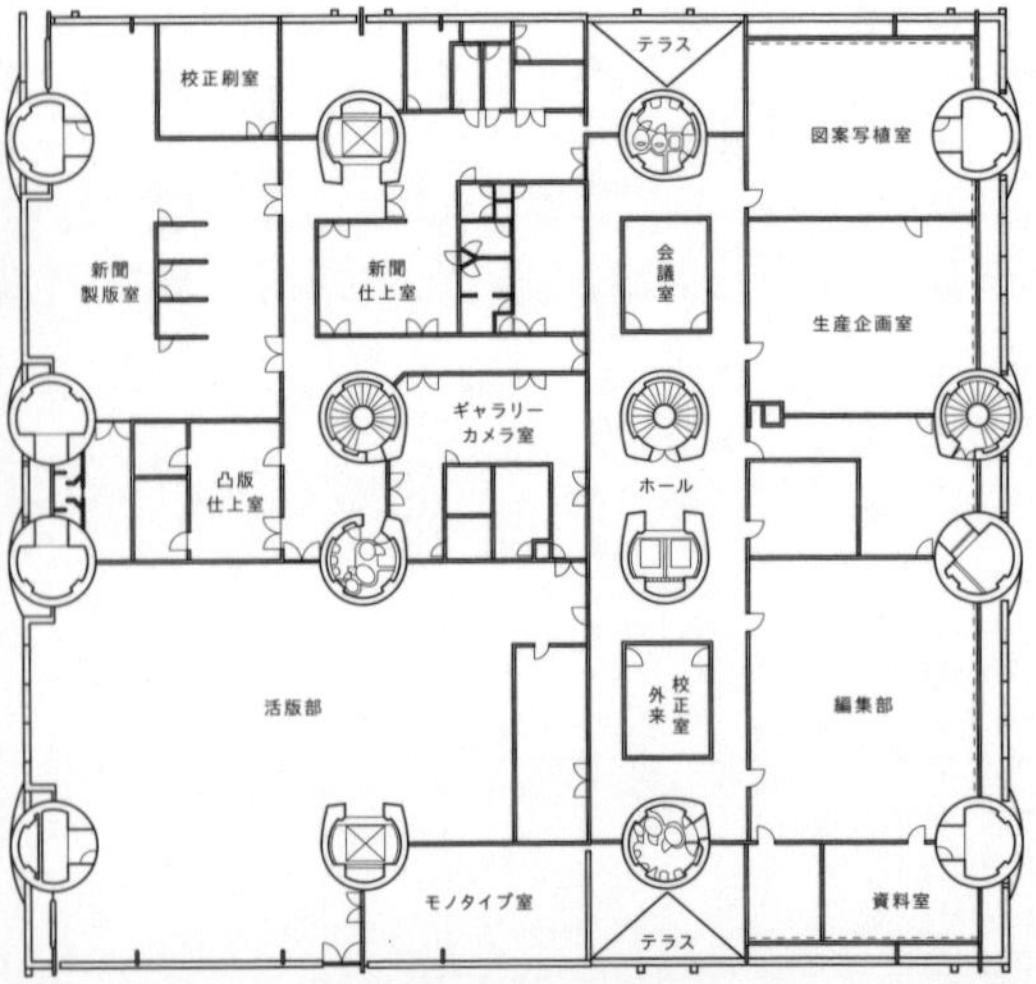

［9–6］山梨文化会館3階平面

1 大梁は円筒柱を貫通して取付ける事はできない。したがって大梁端のモーメントは円筒柱壁に起こる局部曲げモーメント、局部膜応力を介して全体曲げと釣合わなければならない。その局部応力を決定する必要がある。

2 空洞のある柱に梁がリジッドに取り付いたとき、いわゆる節点剛性はどのように評価されるであろうか。

3 円筒柱には、その性格上無視できない幅の開口が腹部にあくが、そのため1、2におよぼす影響はどの程度のものであろうか。

4 エレベータなど円筒柱腹部にあく開口の高さは、建築計画上の要請から妥協の余地無く決まってしまう。そのときn階の開口とn＋1階の開口との間隔にはわずかに大梁の丈程度の壁が残るだけである。その残った壁成内におさまるように開口部補強梁を設置して、開口によって失われた円筒の剪断力を補充できるだろうか。

5 この建物の規模であると、地震時応力は建築基準法に準拠して算定すれば良いが、曲げ系構造物にきわめて近いこの建物を法定震度だけを頼りに設計してもよいのだろうか。

6 円筒柱群は同一の外径をもち、増築後はほとんど同じ様な直圧を受ける計画であるから、できれば個々の円筒柱の受ける水平剪断力の割合も等負担としたい（viii）。

ここでは紙幅の関係から2と4の解決法について触れてみたい。まず2について、横山は円筒柱と梁の結合について四例挙げている。梁からの曲げモーメントは円筒柱との結合点において、Aではほとんどが円筒柱壁に対して面内モーメントとなり、剛接となる。Cではほとんどが面外モーメントとなり、ピンとなる。一方のBはその中間の状態で、梁取付き点はダブル（並列）梁が直角二方向から円筒柱に結合するのに都合の良い位置となり、Dのような取付きが考案された［9−7］。

次いで4について、円筒柱が曲げに強い形となるには、無開口の場合に限り、スリットをあけてしまえば著しく弱いものになる［9−8］。これを救うべく、各階ごとに開口で失われた剪断強度を開口上下にある開口部梁に付与し、開口両側に適当なリブを付けて失われた軸方向の内力ポテンシャルを回復させた。ところが開口部梁の補強は出入口の大きさ制限のために各階ごとに整理できなかった。そのため、各階の円筒柱開口部梁を補強しつつ、屋上階からすべての円筒シャフトを突出させて、突出部に剛性補強の高い「はちまき（キャップ梁）」を提案した。これは各階開口部梁で処理しきれなかった力が開口両側のリブに伝わり、梁成の自由にとれる突出部円筒の開口部梁で処理している［9−9］。図中「反力梁」とあるのは、円筒終端の境界条件を満たすものである。

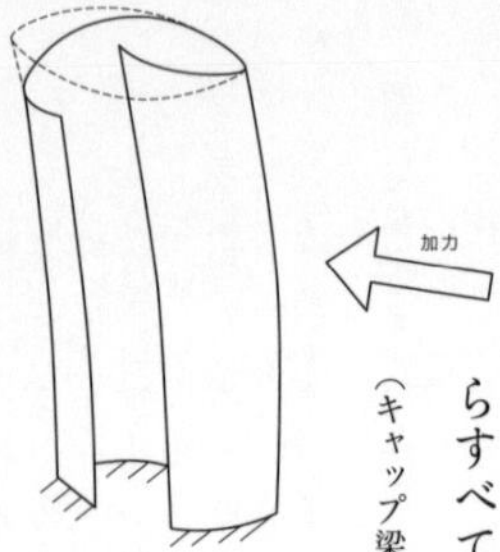

［9−8］
スリットのあいた円筒

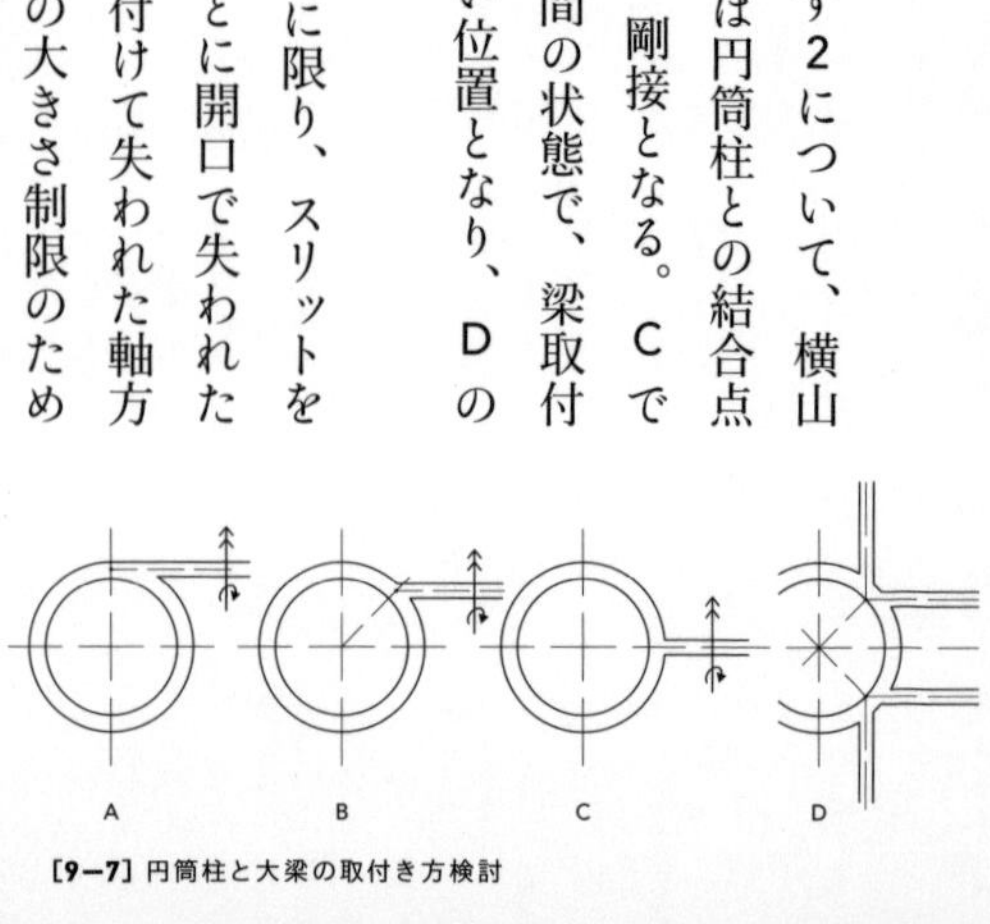

［9−7］ 円筒柱と大梁の取付き方検討

こうした検討を幾度となく繰り返し、SRC造の円筒柱と純粋S梁の組合せによる設計図は完了した。ところが円筒柱の局部応力に対する処置、開口部梁と大梁の納まりが難しく、鉄骨工作が煩雑となり、コストが跳ね上がっていた。これを受け、円筒柱と梁をともにSRC造としてディテールを簡素化するとともに、全溶接鉄骨構造をやめて鋲構造とした。ただし円筒柱と大梁剛比に可能な限り落差をつける方針だけは変更しなかった。そのため、円筒柱の肉厚が増し、あらためて新しい寸法に基づいて円筒柱の局部応力を電子計算機で検討し、一九六四年八月、ようやく最終案がまとまった。しかし、円筒柱と大梁のコネクションのスタディはその後も継続的に行われ[9-10]、たくさんのスリーブ貫通に対処していった。

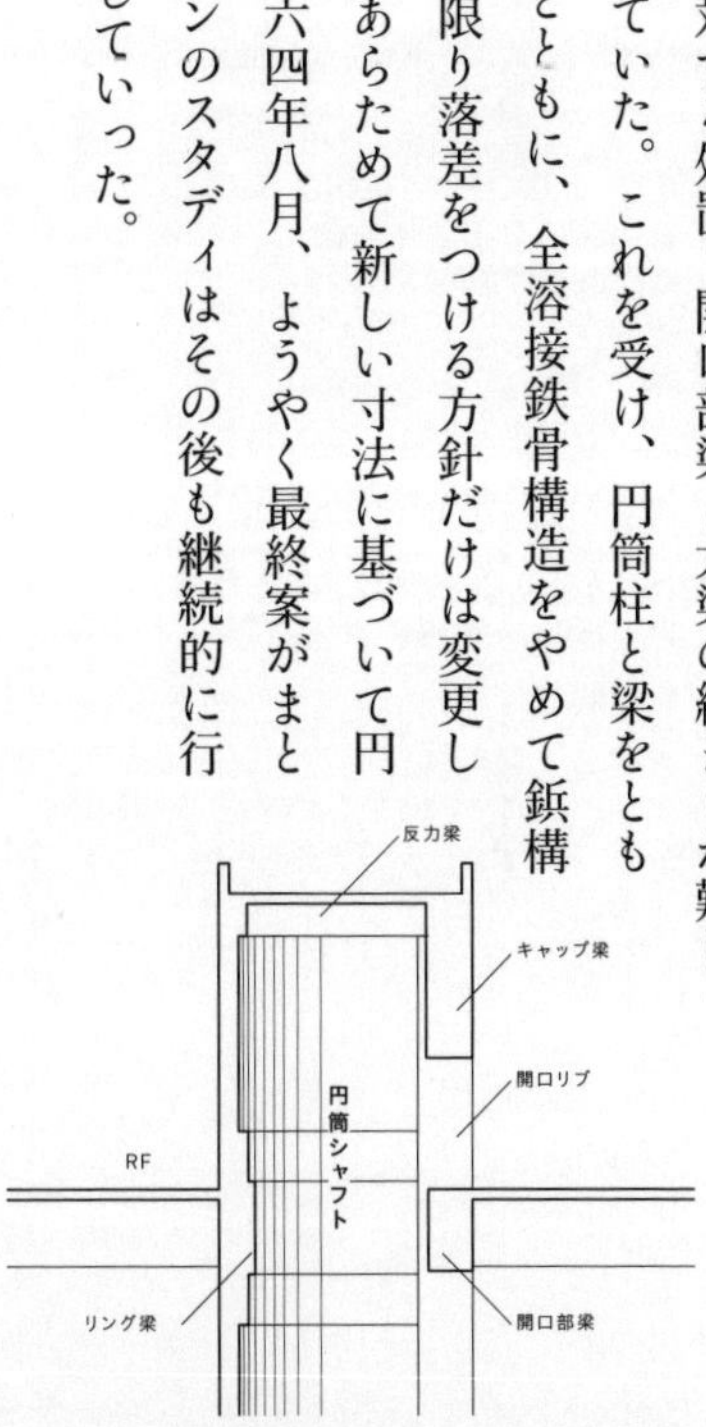

[9—9] 円筒柱を剛性補強する「はちまき（キャップ梁）」

山梨文化会館の施工プロセス

土工事・基礎工事・鉄骨工事

一九六四年九月二十九日、現場でI形鋼杭打ちが始まり、一三メートル掘り下げる掘削工事もこれと並行して開始した。当該敷地は富士山にほど近く、地盤の緩さも懸念されたが、

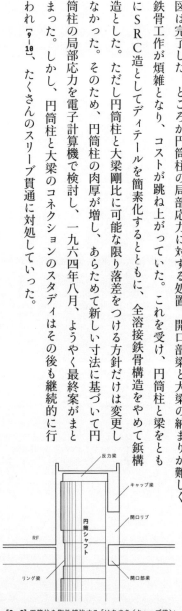

安全性の高い軟岩層に恵まれていた。掘削の工法としてはアイランド工法が採用されたが、南側三分の一は意外にも岩盤が高かった。そのため削岩機を使って一〜二メートルの厚さを掘り下げ、工期が想定より一カ月遅れることになった。次いで、基礎工事が始まった。例年であれば零下何度の厳寒が続くところであったが、幸いにも暖冬となり、コンクリートの不凍剤を用いることがなかった。また敷地の四周が道路のため搬出入が比較的容易であった。

基礎工事終了後、鉄骨工事

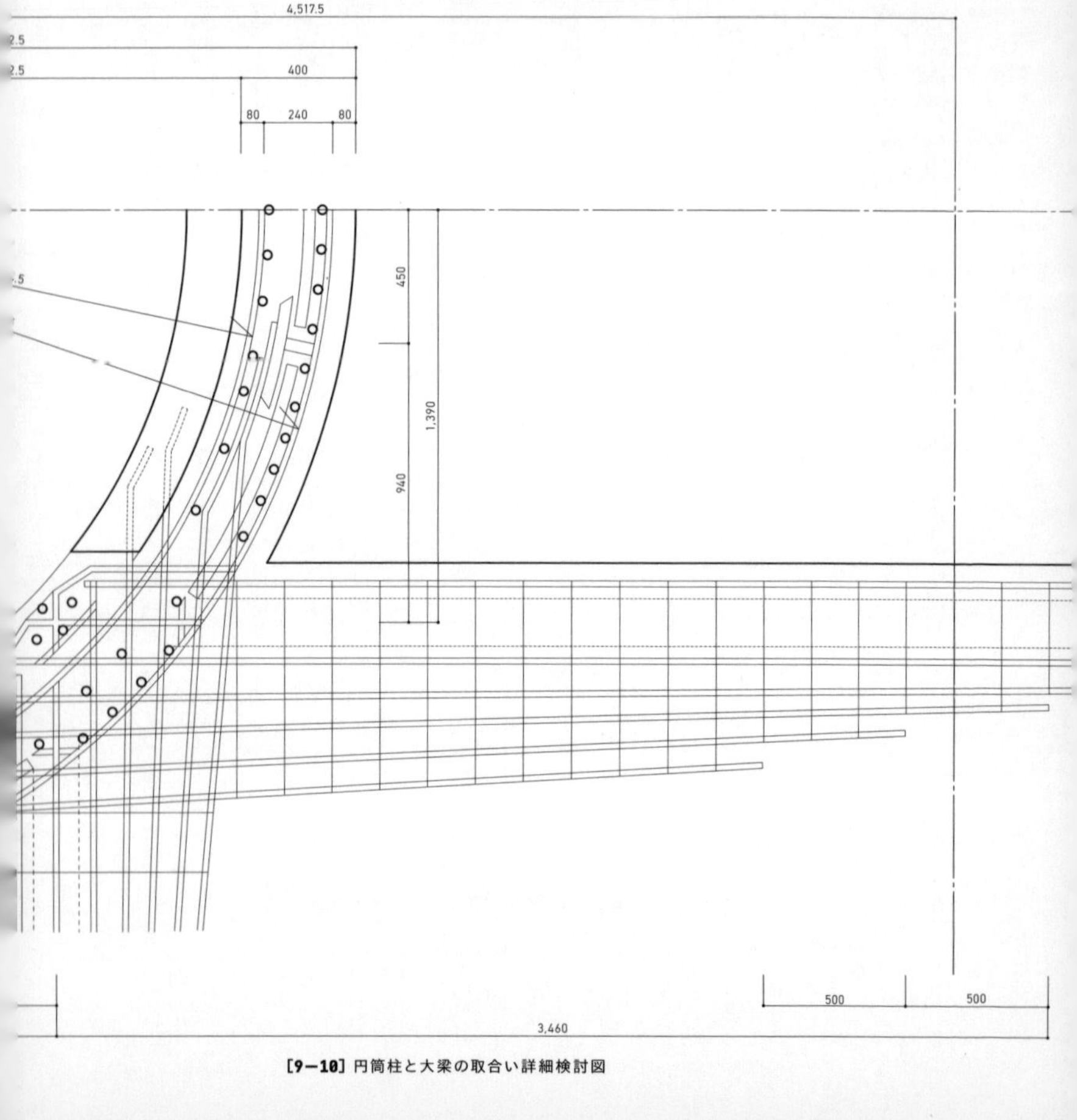

[9−10] 円筒柱と大梁の取合い詳細検討図

が始まった。鉄骨部材は日本鋼管（現在のＪＦＥスチール）が受注した。一九六四年十月に工作図、現寸に着手し、日本鋼管鶴見造船所で製作された約一四〇〇トンの鉄骨を納品、管理を行い、一九六五年九月三〇日に現地鋏鋲を完了している。ここで円筒柱を構成する鉄骨部分の詳細に目を向けると[9—11／9—12]、四本の鉄骨三角形柱と円形のつなぎ梁（リング梁）によって円形をつくり、これに直線ＢＯＸ型の開口部梁が取り付けられ、シャフトが構成されている。このリング梁および開口部梁の取付けレベルに大梁が取り付き、各階梁中間部にはリング梁の代わりにリングバンドが配置された。

　また、リング梁内部に円筒柱用鉄筋が立ち上がるために[9—13]、このリング梁が一種の鉄筋受け枠ともなった。このため、原寸図において円筒柱平面に現れ

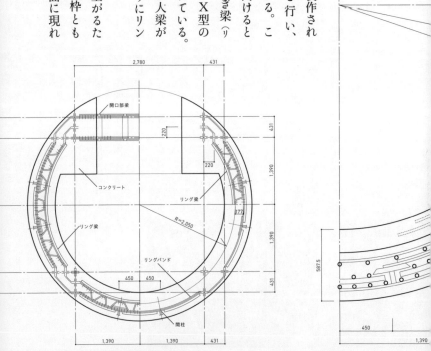

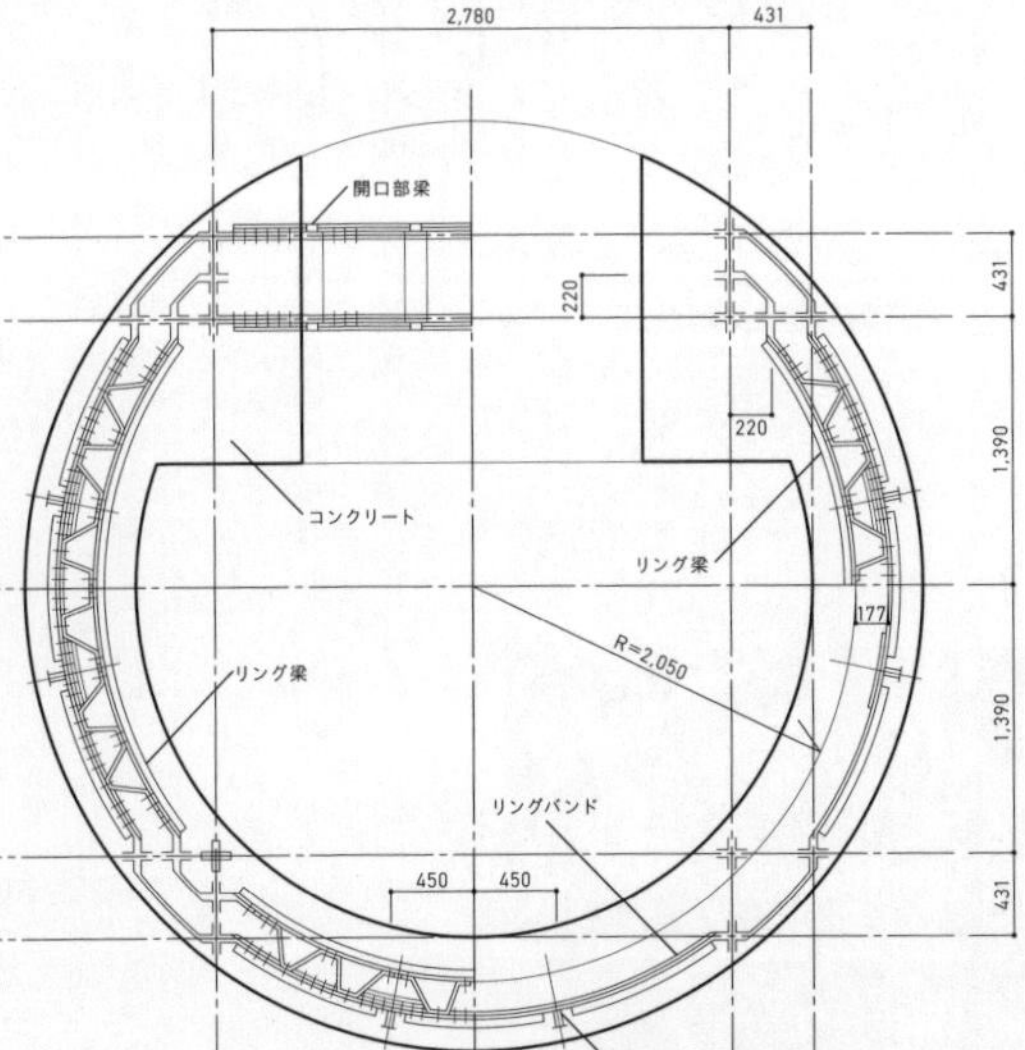

[9—11] 円筒柱詳細図

［9―12］円筒内鉄骨組立

る鉄筋の優先配置を行い、リング梁上下の水平ラチスを決めるとともに、円筒柱各部の寸法を決定し、一六本のシャフトを共通化した。総じて設計段階で共通部材の組合せが行われたため、曲げ型の種類が多種多様とならず、各作業場において同型部材で加工でき、一六の作業場の精度管理が容易であった。

ただし、リング梁の固定治具による大組みの過程で問題が生じ、水平ラチスと弦材を電弧（アーク放電）で仮付けしたために、曲率の変化を招いた。そのため、仮付けを中止してボルトの全数締付けによって曲率の変化を調整した。さらに鋏鋲後には仮付けを行い、寸法精度の保持を図った（ix）［9―14］。

型枠工事・ＲＣ工事・外装仕上げ

鉄骨工事が順調に進み、型枠工事に取りかかったが、円筒柱間の距離が大きく、それに鉄骨を渡し、型枠をつくるのに手間取り、途中でやめていく作業員が続出した。現場事務所では作業員を引き止め、納得させて仕事をやらせるのに大変苦労し、一九六六年四月に終わる予定が一カ月も延びてしまった（x）。

型枠工事と並行してＲＣ打設が行われたが、この現場ではタワーに代わって当

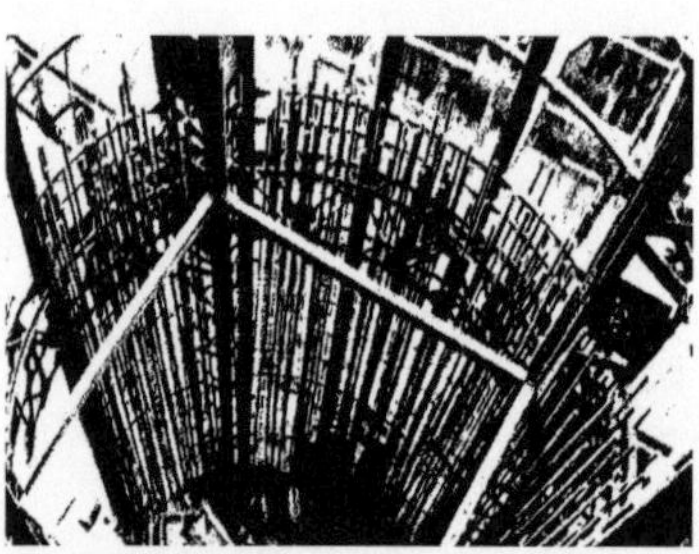

［9―13］円筒柱内の配筋

［9―14］リング梁

時珍しかったコンクリートポンプが使用された。当時の一般的な現場ではタワーを建て、コンクリートバケットを巻き上げて、上階に生コンを運んだが、ここでは二台の圧力ポンプと二本の管でコンクリートを必要箇所に送り込んだ。このコンクリートポンプの搬送可能範囲は水平四〇〇メートル、垂直四〇メートルで、圧送管の中を移動する速さは毎秒四〇メートル、一時間に二五立方メートルの生コンを送ることができる。これはタワー式の二倍以上の能力で、手車で運ぶ人手も省くことができた(xi)。

コンクリート打ちと並行して仕上げの段階に入ったが、岡村は設計段階でＵＲＴＥＣのリーダーであった神谷宏治から「全部ＲＣという表現に集中してみてはどうか」と提案され、「はつり」、「磨く」、「小たたき」など、ＲＣのさまざまな表現のコンビネーションで外装をまとめ上げた(xii)。

円筒柱回りは「小たたき」(びしゃん仕上げ)となったが、現場では「小たたき」の職人を探すのが一苦労であった。全国の石の産地から職人を集め、モックアップに「小たたき」をやってみたが、内部の鉄筋がむき出しになったり、空洞部分が出てきたり、そのたびにコンクリートの色を合わせて補修しながらたたいていった。また、その他の外壁の一部には岐阜錆石を用いたＰＣａ版を用いている。

竣工後、丹下は円筒柱とそれ以外の外装仕上げにもっと違いを出すべきだったし、「この柱のコンクリートの打ち方はまずかったのだから、ふわふわとやわらかい感じになってしまった」(xiii)と反省している[9—15]。

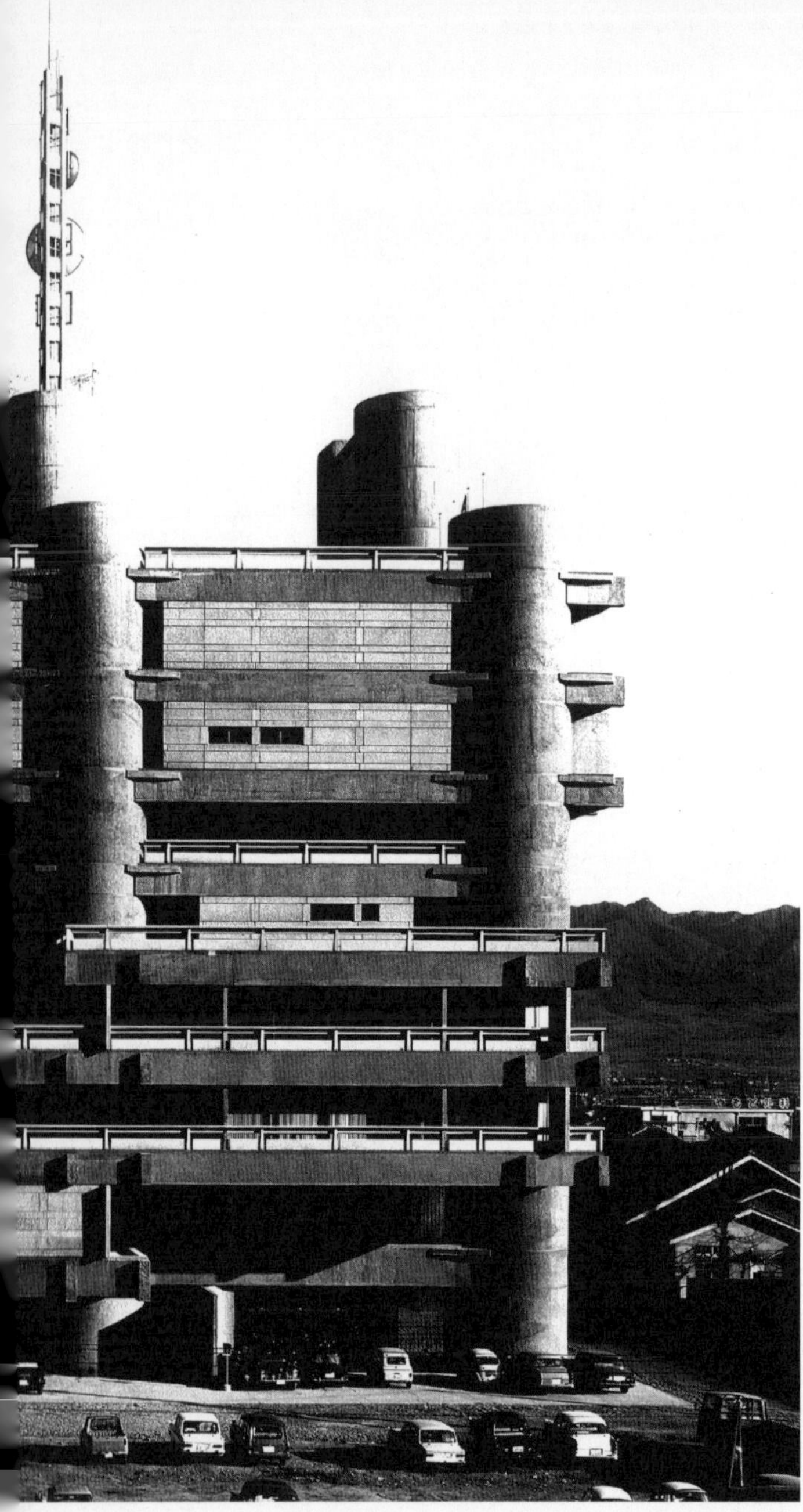

[9−15] 山梨文化会館全景

時代の要請とジョイントコア

時代区分の問題

丹下は山梨文化会館のデザインを論じる際、二十世紀前半と後半の近代建築を決定的に区分する。丹下にとって、二十世紀前半の近代建築が正方形や矩形の箱にとどまったのに対して、後半はダイナミックな成長と変化を予想させるような表現、どこまでも未完成な感じをもつべきであった。しかし、ダイナミックな成長と変化の表現は無秩序で散漫な表現に陥りやすいので、さまざまなレベルで部分を全体に有機的に関連づけることが肝要となり、丹下は人・物・情報の流れといった広い意味でのコミュニケーションを可視化することを提案している。一般に広い意味でのコミュニケーションは水平方向に延びる道で展開されるが、山梨文化会館では立体交差的なネットワークとして構成し、空間のオーガニゼーションを目に訴えることで、三次元都市がいかなるものかを表現できる、と指摘している(xiv)。実際、山梨文化会館は竣工当初の延べ床面積一万八〇八五・六平米であったが、今日では二万一八八五・八五平米まで拡張し、丹下の目指した成長と変化が現実になっていることがわかる。

さらに二〇一五年七月、山梨文化会館の建物地下二階の柱脚部に免震装置を設置し、外周部分の擁壁と縁を切る中間階免震レトロフィット構法を採用することが発表された（xv）。これが実現すれば、二十世紀後半において来るべき未来を予告した近代建築が二十一世紀においても末永く重用されることになる。

スケールの問題

丹下はジョイントコアによる三次元都市建築を実践する際、敷地面積四〇六三平米の山梨文化会館が「こういう試みを行いうる最小のスケールでしょうね」（xvi）と指摘している。丹下の頭の中には、より広い敷地で、より多数の建築家や企業が関与する超高密な三次元都市が描かれていたに違いない。

山梨文化会館の後、丹下はさまざまな場面でジョイントコアのアイデアを活用し、壮大な規模の築地計画を構想した。この構想の部分解として、丹下は電通本社ビルの実現を試みたが、施主の逝去に伴い、一般的なラーメン構造のビルとなってしまった。実際に竣工した最小単位のプロジェクトが静岡新聞東京支店（敷地面積一八七平米、一九六七年竣工）であり、最大規模のプロジェクトの一つとしてアルジェリア・オラン大学（敷地面積五〇〇ヘクタール、一九八九年竣工）が挙げられる。特に後者をはじめとする多くの海外プロジェクトでは、敷地境界線も判然としない荒野に、地平線に向かってに軸線が引かれ、無限成長を予感させるジョイントコアが整然と並べられた。これは図らずも丹下が指摘した情報化社会以前の建築（水平な道に依拠した従来型コミュニケーションモデル）への逆戻りが危惧され、産油国の永遠の発展を祈念するアイコンとしてジョイントコアが荒野にスタンプされ続けた感は否めない。

その意味で山梨文化会館は丹下の三次元都市構想を具現化するための最小でありながら最大の成果であり、丹下はこの機会を逃さなかったのである。

〈註〉

（i）磯崎新による丹下宛書簡、一九五九年一二月一一日付（内田道子アーカイブ所蔵）

（ii）磯崎新「現代都市における建築の概念」『建築文化』一九六〇年九月号、一八頁

（iii）丹下健三「V　都市・交通・建築の有機的統一」『東京計画一九六〇』（私家版）

（iv）「インタビュー15　岡村幸一郎」『丹下健三とKENZO TANGE』オーム社、二〇一三年、二六八頁

（v）丹下健三「山梨文化会館について」『SD』一九六七年四月号、七四頁

（vi）山本浩三「都市空間への新たな制御装置」『新建築』一九六七年四月号、一六五頁

（vii）前掲書（iv）、二七一頁

（viii）横山不学・富沢稔「山梨文化会館の構造設計メモ」『新建築』一九六七年四月号、一六八〜一六九頁

（ix）永尾慶一朗、空閑厚、長谷川清久「山梨文化会館の鉄骨工事」『日本鋼管技報』一九六五年一二月、一一九〜一二三頁

（x）難波江直年（住友建設甲府作業所次長）「山梨文化会館の工事を終って」『山梨日々新聞』（山梨文化会館記念特集第七部：完成披露）一九六六年一一月二一日、五頁

（xi）「主体工事：ここにも独自の工法　パイロクレーンとコンクリートポンプ」『山梨日日新聞』（山梨文化会館記念特集第六部：文化会館の全容）一九六六年一一月七日、八頁

（xii）前掲書（iv）、二七一頁

（xiii）前掲書（v）、七九頁

（xiv）前掲書（v）、七七頁
（xv）「丹下代表作の山梨文化会館を改修／免震レトロで意匠性維持／三井住友建設」『建設通信新聞』二〇一五年七月一〇日
（xvi）前掲書（v）、七五頁

＊**扉頁**　図版提供：横山建築構造設計事務所
＊**［9—1］**　図版提供：内田道子アーカイヴ
＊**［9—3］［9—4］**　図版提供：長島正充
＊**［9—12］［9—13］［9—14］**　出典：『日本鋼管技報』一九五六年一二月
＊**［9—15］**　撮影：彰国社写真部

10

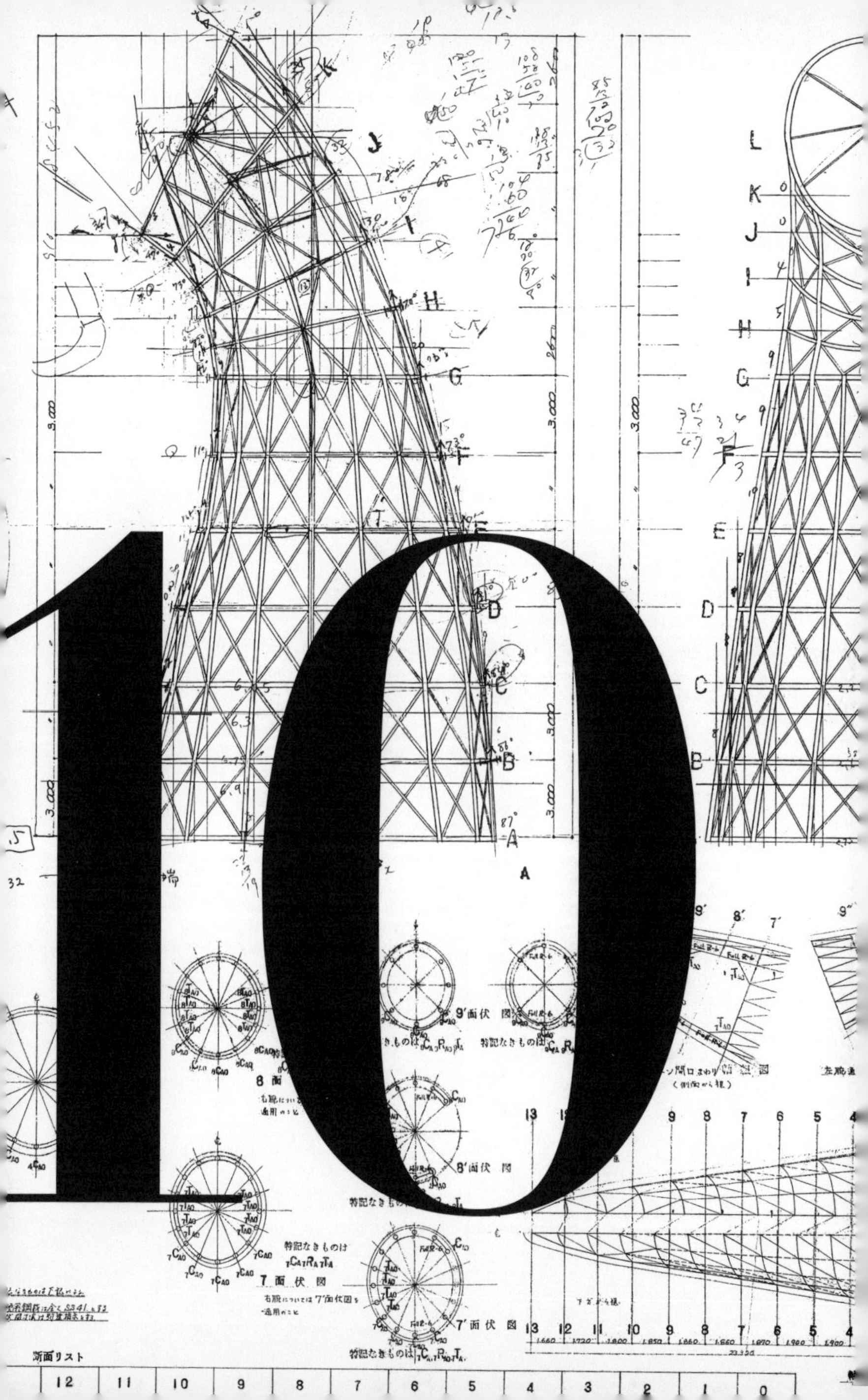

スペースフレーム——日本万国博覧会お祭り広場

お祭り広場とスペースフレームの出自

万博会場基本計画の策定（一九六六年九月八日）

一九七〇年三月十四日から九月十三日まで、大阪・千里において日本万国博覧会（以下、万博）が開催され、六四〇〇万人を超える入場者数を誇った。この万博のプロデューサーを務め、会場デザインを担当したのが丹下健三であった。

そもそも大阪での万博誘致が決まったのは、東京でオリンピックが開催された一九六四年であった。大阪での国家イベントの開催は関西への大規模な公共投資のみならず、京都大学を筆頭とする関西の知識人らが活躍できる場として期待された。しかし、万博会場の基本設計は西山夘三・京大教授と丹下健三・東大教授の両名に委嘱されている。当時、スコピエの震災復興国際コンペに勝利した丹下は初期案の作成を西山に依頼し、合同の合宿を行う中でブラッシュアップを図った。こうして、一九六六年九月八日、第五回万博会場計画委員会の席で基本計画案（第三次案）のプレゼンが行われた。

それまでの検討案に比して、第三次案は場周道路と東西南北四つのゲートによる円滑なアプローチとし、施設配置を極力コンパクトにしてアクティビティを高め、総工費見積もり七〇〇億円を五〇〇億円程度まで圧縮している。また、すり鉢型の地形を利用して、中央に人工湖、周辺には大規模パビリオンを分散配置することで、入場者の動きを均等化し、南北軸にシンボルゾーンを設置することで敷地全体に構造を与えた。さらに、シンボルゾーン中央のお祭り広場には大きな屋根を架けることでモニュメンタルにし、大規模パビリオンの近傍まで屋根付きの装置道路（動く歩道）を設け、地域冷暖房の導入を提案している［10−1］。

丹下が用いた比喩を借りれば、お祭り広場を中心とするシンボルゾーンは会場の中の幹であり、そこから四方に伸びる装置道路が枝であり、その先で各パ

［10−1］万博基本計画第三次案

ビリオンが花となって、百花繚乱に咲き乱れることになる。一方で丹下は、お祭り広場には梅雨時の雨や夏の暑い日差しを遮るために屋根を架けるべきだが、青空の見える屋根が良い、と提案している。しかし具体的な構法やデザインについては一切言及せず、「われわれの役目でもない」(i)と断言した。というのも、西山と丹下は会場の基本設計を委嘱されたに留まり、誰が実施設計を担うか、この段階で協会事務局から知らされていなかったためである。

この後、一九六七年一月に協会事務局はプロデューサーに丹下健三を任命し、丹下を中心とする基幹施設配置設計グループにより万博会場の実施設計が進められた。

スペースフレームの来歴——内之浦ロケットセンター(一九六五年)

先に触れた、青空の見える屋根を支える架構として選出されたのがスペースフレームであった。一九六五年当時、坪井善勝は建築家・池辺陽と協働し、内之浦ロケットセンターのロケット組立室にてスペースフレームの実例を完成させていた。ここでは僅かなトップライトしか得られないRC平板に代わり、同一単位の繰返しによる加法的なスペースフレーム(鉄骨骨組)が用いられた[10−2]。ロケット組立室はお祭り広場と同じくダブルレイヤー・グリッド構造で、振り剛性のない正方形版を四点

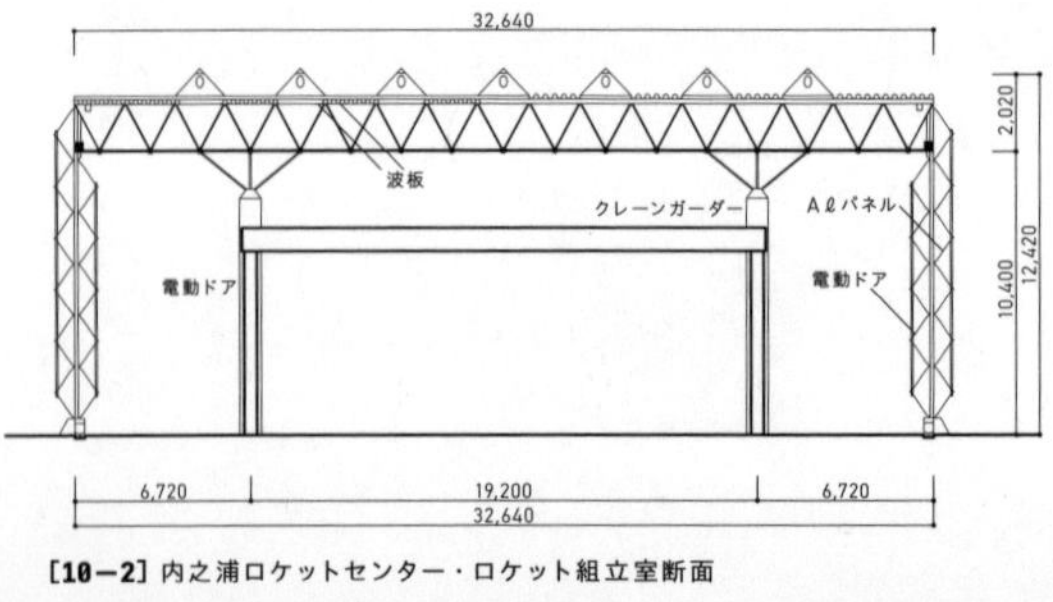

[10−2] 内之浦ロケットセンター・ロケット組立室断面

で支える構造であった。解法は初期に連続体として捩り剛性ゼロの板の差分方程式（フーリエ級数解）を用い、次に骨組み解法にマトリクス法を用いて、連続体としての解を検証している（ii）。

スペースフレームの検討

シンボルゾーンの基本構想と大屋根の円形開口（一九六七年八月）

丹下がプロデューサーに任命されておよそ半年後、シンボルゾーンとお祭り広場の概要が雑誌面に公表された。シンボルゾーンは、会場中央のメインゲートから北と南に延びる幅約一五〇メートル、長さ一キロにわたるゾーンで、北側にはお祭り広場、テーマ館、多目的ホール、美術館など主要な施設を含み、南側には娯楽ゾーンの入口にあたる火の広場を中心とした名店街、協会本部ビル、塔などが配置されている。メインゲート北側の主要な部分を覆うお祭り広場の大屋根は、長さ約三五〇メートル、幅約一五〇メートル、厚さ一〇メートルの単純な矩形をしている。その構造はスペースフレームによるもので、検討段階では地上三〇メートルに四本の斜めに組まれた柱によって軽やかに支えられていた。

また、この大屋根には直径約八〇メートルの円周の穴があけられていて、直射日光を入れる計画となっていた。さらにこの屋根全体としては、透明感のあるものが意図されていたが、材料については未定であった（iii）。

この一九六七年八月に雑誌面に公表された検討案を見る限り、すでに大屋根には巨大な円形開口が設けられており、岡本太郎はこの開口から太陽の塔を突き出そうと考えたと思われる。

お祭り広場の構造的特質

坪井の指導の下、お祭り広場のスペースフレームの構造設計を担当した川口衞は、その構造的特質について、規模、計算手法、解体しやすさの三点から論じている。

第一点の規模について、お祭り広場は世界的に見ても大規模なスペースフレームであり、約三万一五〇〇平米（一〇八メートル×二九二メートル）の大平面を六本の柱だけで地上三〇メートルの空間に支持し、しかも屋根の懐を二層の展示・イベントスペースとしたために常時四千人規模の観客が滞留し、荷重密度も一般の屋根より一桁大きいという、空前の大空間建築であった［10－3］。

第二の計算手法について、構造形式としてのスペースフレームは工場生産を最大限に

取り入れた新しい概念のもので、さらに構造解析の理論もそれまでの連続体から離散系の計算手法に移行しており、すべてが新しい研究対象であった。コンピュータも現代ほど便利ではないまでも、大規模計算に対応できるようになっていた。従来の連続体になぞらえていえば、お祭り広場のスペースフレーム大屋根も内之浦と同様に捩り剛性をもたない平面版であり、予備設計の段階では、この近似モデルを用いて解析を行った（ⅳ）。

第三の解体しやすさについ

[10－3] お祭り広場の模型（P110 ～ 114　写真提供：川口衞）

て、実施設計当時、万博閉幕後の利用計画が未定で、協会事務局は一〇〇年利用する際の耐久性を確保する一方、数年後に簡単に解体できるように設計することを要求した。この矛盾する与条件に対して、坪井、川口を中心とする構造設計グループは①鉄骨構造に対する通常程度の維持管理が行われれば永久構造物として十分な耐久力を有すること、②解体する場合に安全かつ経済的で部材に損傷を与えないかたちで明快に分解できること、の二点に読み替え、巨大フレーム用のボールジョイントを考案した。この方式の長所は、伝達する力が非常に大きいこと、予想される誤差をすべて吸収できることのほかに、接合が完全にメカニカル方式（溶接、モルタル、接着剤といった溶状のものを固着する方式によらず、ネジ・楔による機械的な接合方式）に徹することで、締めて固定したものは緩めればはずせるものとした（v）。

大量生産と誤差の累積処理

ここで実際に施工されたスペースフレームの数値を押さえておくと、上下弦材の節点は同じく長さ（節点間）一〇・八メートルの斜材によって角錐状に結ばれ、スペースフレームの厚みは七六三七ミリ（＝10.8m／√2）になる。上下弦材は外径五〇〇ミリ、斜材は三五〇ミリをそれぞれの標準寸法とした長さ約九メートルの鋼管（または遠心鋳鋼管）を用意し、その両端に長さ五〇〇ミリの鋳鋼製キャップを溶接することでパイプ状の弦材を一九一九本製作する。ジョイント部材は外径八〇〇～一〇〇〇ミリの鋳鋼製中空ボールジョイント五四四個によって構成されている[10-4]。この弦材とボールジョイントはボルトによって結ばれるが、わざわざボルトがボールジョイントの内側から外側へ向かって出て行くようになっているのは、力の方向を球の中心に集められるという点を考慮したためであった(vi)[10-5]。

一般にスペースフレームは外見上同じ弦材で構成されているが、一万本の同一弦材を用いても実際に構造的な実力を発揮し有効に働いているのは一本のみとなり得る。これは、工場での大量生産によるコストダウンを重視してすべて同一部材とするか、それとも過剰設計による非経済性を問題視し腑分けするか、の二者択一に辿り着く。お祭り広場では、同一長さの弦材を約五四四種類もの寸法に分類し、後者の適材適所主義が採用された(vii)。

また大規模スペースフレームを設計する場合、最も重要でかつ困難な問題は、建て方時の誤差の累積処理であった。従来の工法ではスペースフレームが組み上がって

[10-4] 弦材とボールジョイントとボルト

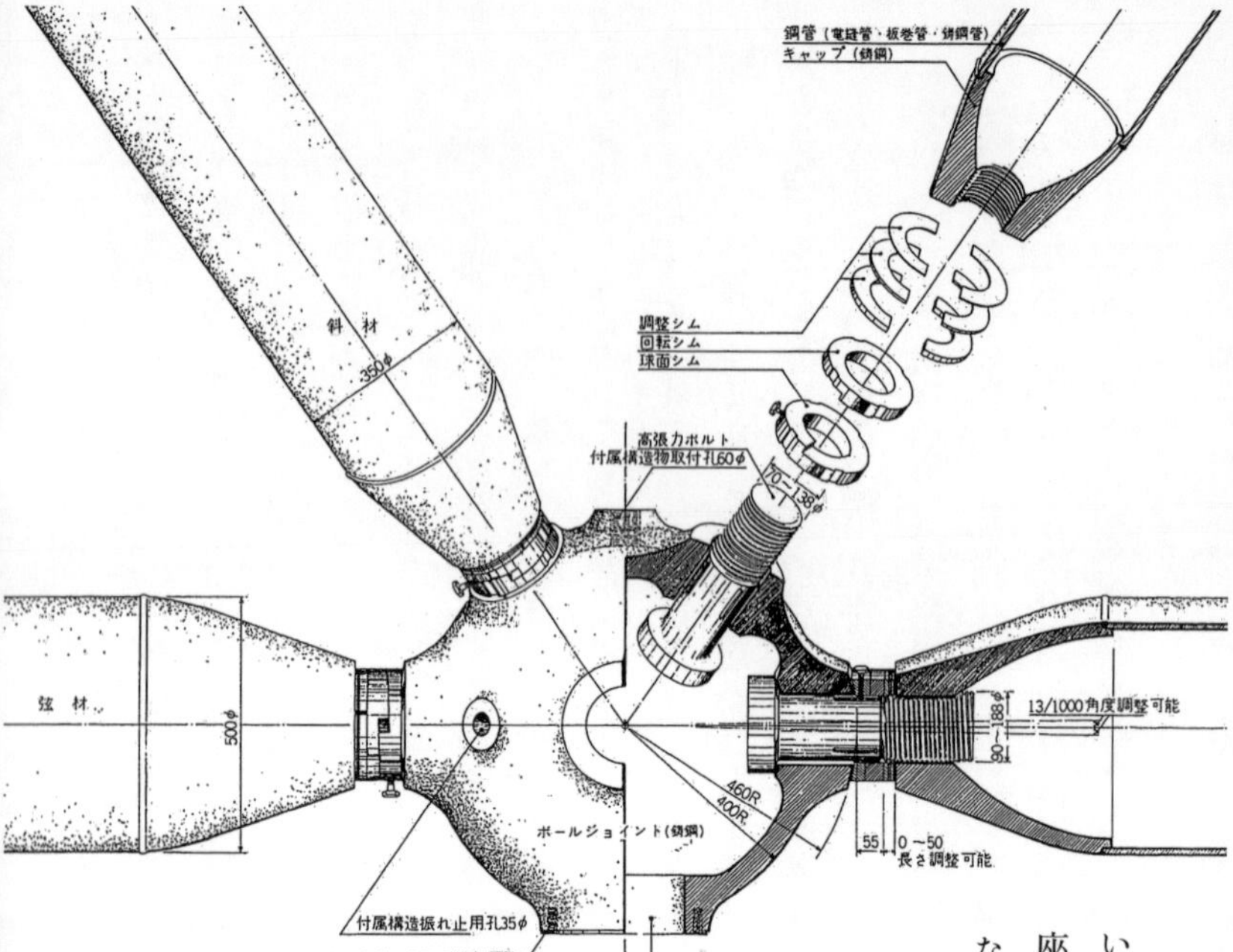

［10−5］ボールジョイント詳細図

いくにつれて各段階の最先端の節点座標が定まり、誤差の累積は大きくなる。そこで、お祭り広場は逆に各節点の座標を独立に与え、ジョイントには隣接節点間の誤差を吸収する機能を与えることにより、誤差が累積しないような設計を行った。現場ではこの誤差を発生させる要因を十三種類挙げ［10−6］、特に節点の座標には座標測定誤差、ジョイントの据付け誤差を含めてプラスマイナス一三ミリの公差を与えている。角度による誤差についてはボールジョイント

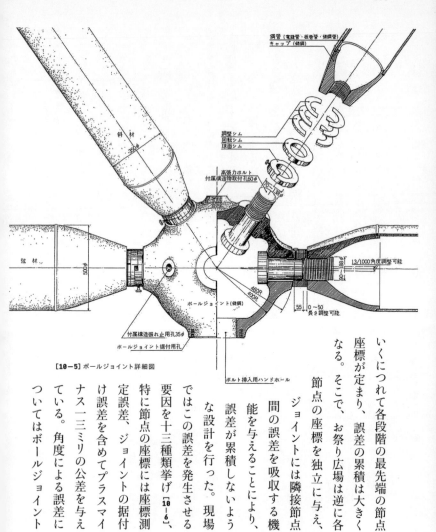

とボルトとの間の球面移動により、また長さによる誤差については球ジョイントキャップの間の調整シム厚によって吸収する。このシムは二枚の厚板をその接触面がらせん面状になるよう加工され、圧搾空気ハンマーにより両者に相対的な回転を与えると一ミリ単位で二五ミリまで連続的に調整できるようになっていた。

ボールジョイントの応力変形については、開口部をリングで補強した薄肉球形シェルとして解析し、実大破壊実験（引張り、圧縮）によりその弾塑性的挙動および終局耐力の確認を行った（viii）[10−7]。

スペースフレームの昇降と屋根材

リフトアップ（一九六九年六月二十三日～七月三〇日）

大規模でありながら、繊細なディテールで構成されるお祭り広場のスペースフレームは、全面に支保工に設える場合の非経済性と作業の安全性を重視し、まず地上で組み立て、その後に六本の主柱をガイドにしてリフトアップする案が採用された。地上での組立では可能な限り正しい三次元位置にボールジョイントを据え付け

No	要因	角度誤差（rad）	長さ誤差（mm）
1	ボールジョイント位置の相対誤差	0.9／1000	20
2	ボールジョイント据付け角度誤差	1.0／1000	0
3	パイプ部材長さ公差	0	3
4	パイプ端部角度公差	1.1／1000	0
5	ボールジョイント外径公差	0	2×2
6	ボールジョイント孔あけ角度公差	0.83／1000	0
7	ボールジョイント孔の位置公差	0.83／1000	0
8	ボールト半径公差	0.25／1000	0
9	シム厚さ公差	0	2×1
10	パイプ部材の自重によるたわみ	1.0／1000	0
11	組立完了後におけるフレームの熱変形	1.1／1000	2×6
12	取付け部材の熱変形	3.9／1000	3
13	ムクリ勾配	3.2／1000	0

[10−6] 誤差の要因分析結果

[10−7] 実大性能試験

ることが求められ、特殊な地組台が用意された[10―8]。

次いで、主柱は直径一八〇〇ミリで、厚さが柱脚から柱頭へ向かって五五→四五→三五→二五→二〇ミリの五種類の鋼管を溶接して高さ四〇・六五〇メートルを確保した。この主柱に直径六〇〇ミリ鋼管からなる四本の側柱が立体トラスと一体化して取り付けられた。さらに、側柱頭部は方杖状に広がって屋根を支持し、スペースフレームからの力は柱頭ジョイント（Structure Ring）によって主柱へ、また方杖部材を経て主柱および側柱へ伝達することとした[10―9]。

地上組立完了後、主柱に沿ってジャッキアップを開始したが、ここでは米国De Long社製の高圧エア・ジャッキを各柱二台直列に配置した。またジャッキの力が柱頭に偏心することなく伝達するよう、メカニカルなイコライザー（均等伝達システム）を特別に設計した。さらにリフトアップが進むごとに風や地震の影響を考慮して、側柱を組み立てて柱脚を補剛した[10―10]。リフトアップ終了後、短時間で荷重全体を主柱に転荷して剛接し、方杖を形成して大屋根を支え、柱脚をヒンジ化した（ix）。

[10―8] リフトアップ前のスペースフレーム

現場では国立屋内総合競技場のメインケーブル同様に温度変化や直射日光の影響に苦慮し

[10−9] スペースフレームと主柱の接合部

た。柱建て方垂直公差は柱頭倒れ二五ミリに設定されていたものの、直射日光を受けた主柱が頂上で五〇ミリほど倒れ、太陽の動きにつれて頭を回転した。また、日中および夜間の温度差で各スパン互いに約四〇ミリの屋根の伸縮があり、これらが連鎖的に悪影響を生じた。このため一本が四節に分かれた柱の上部建込みは、すでに建っている下部柱の表面および裏面の温度差や、施工直前まで地面に転がっていた上部柱の日光直射面も考慮し、検査を早朝に行った。さらに、夜間九時頃より翌日三〜四時までの気温が比較的安定し、二〇〜二五度を示すことを確認し、主柱への固定、方杖取付け作業は夜間十時より明け方までとし、六本の柱のうち一本ずつを一夜で柱脚解放まで行い、これを順次進めて大屋根の構造体が完成した（x）［10－11］。

屋根材——スペースフレームを覆うルミラー

丹下はお祭り広場の設計中、屋根形状について問われ、「雲のような屋根をつけたい」と答えていたが、いざ形にするとなかなか雲のようなものにならず、「ニュートラルで没個性的な、あってもなくてもいいようなスカスカのもので、フレームもあまり見えないというようなものができればいい」と考えていた（xi）。これを受けて実現したのが一〇・八メートル四方のポリエステルフィルム製空気座布団（ルミラー）であった［10－12］。この材料はワイシャツの襟

[10—10] リフトアップと主柱の補剛

の芯などに用いられる素材で、当時、建築材料として用いられることは稀であった。一枚のフィルムの厚みが〇・二ミリで、これを縦横、合計六層に重ね合わせると大屋根として必要な力が得られることが判明した。そこで上面六層・下面六層＋紫外線除け膜一層のルミラーを製作すると、ポリエステルフィルムを約四〇万平米使用することとなった(xii)。

空気膜を用いる場合のポイントとして、第一に通常の空気をルミラーに入れると結露が生じ、水抜きが容易でないこと、第二に気圧の変動や台風時に確実に状態を維持することへの配慮が求められた。前者については、空気を冷却減湿し、圧力タンクで貯留し、減圧弁でいったん調整の後、加圧することとし、後者についてはルミラー内空気圧をモニターで監視し、微調整を行った(xiii)。この空気圧調整装置を担当したのが早稲田大学の井上宇市であった。

[10−11] リフトアップ後のスペースフレーム

ジャッキダウン（一九七八年三月）

一九七〇年の万博が無事成功した八年後の一九七八年三月、大屋根は吊り降ろされ解体された。解体の基本計画の段階で数多くの案が検討され、先に触れた可逆性の原則に従って、柱頭解除→ジャッキダウン→地上分解の順序で解体されるのが最も安全で、経済的でもあるという結論が得られた。また、ジャッキダウン（正しくはlowering）の工法としては、プレストレスト・コンクリート用に開発されたストランド・ワイヤーを使用する大型ジャッキ（VSLストランド工法）が採用された（xiv）。

お祭り広場がポンピドゥ・センターに与えた影響

一九七一年、フランス・パリのボブール地区に近現代美術館と図書館（ポンピドゥ・センター）を建設する国際コンペが開催され、レンゾ・ピアノとリチャード・ロジャースの提案が最優秀に選出された。この案は六〇年代のアーキグラムに代表されるテクノ・ユートピアの流れを汲む発想で、「中でどんなことも起き得る、巨大でゆ

［10―12］お祭り広場の空気膜屋根

るい構造のフレーム」(xv)で構成され、誰に対しても開かれた情報装置の実現が意図された。この案の構造設計を担当したのがオヴ・アラップに所属していたピーター・ライスであった。

コンペで優勝して間もなく、ライスは日本で開かれたＩＡＳＳ(シェルと空間構造に関する国際会議)のシンポジウムに参加し、川口にアテンドされてお祭り広場を見学している。ライスはその巨大な鋳造ジョイントに目を奪われ、「ボブールの設計にも鋳鉄を主要材料にしようと、私は決めた」(xvi)と告白している。

その後、川口はライスから「鋳鋼を使うのははじめてなので、一度、設計を見てほしい」と請われ、パリで鋳鋼設計についてのアドバイスをしている。川口はすでに国立屋内総合競技場やお祭り広場の設計を通じて、鋳鋼の性質をかなり把握していたため、ポンピドゥ・センターの実現に有益な情報を提供できた。そのときの川口の印象では、ライスが通常の形鋼で済むような部材にも、わざわざ鋳鋼を使おうとしており、「よほど鋳物に惚れ込んだな」と感じた、という(xvii)。

そもそもピアノ・ロジャース案の構造的課題は、消防法上の最高床高さ二八メートル(梯子車の限界)を遵守しつつ、四四・八メートルの大スパンを架け、どこの床も図書館の荷重に耐えるフレキシブルなデザインを実現することであった。こうした巨大建築を二十世紀後半の先進国で建設すると、コストの観点から市場に流通する工業製品で構成されてしまい、温かみや個性を欠いたアノニマスなデザインに陥りがちである。一方、十九世紀西欧で建設された巨大構造物には鋳鉄が多く用いられ、エンジニアが自らの性格や愛情を鋳鉄に注ぎ込むことで傑作が実現した。こうした変化の原因の一つに、社会が規格生産と効率化に突き進むに従って、性能を保証できない鋳鉄が市場から排除されていったことが挙げられる。

実際に完成したお祭り広場とポンピドゥ・センターを構造計画・平面計画・移動計画の三点から比較してみたい。第一の構造計画について、両者とも主要な構造エレメントに鋳鉄が用いられ、前者の水平なスペースフレームが後者では垂直なファサードとして取り付けられている。第二の平面計画について、前者はさまざまなイベント開催が可能なサイバネティック・エンバイラメントを追求したのに対して、後者はどの階でも美術展示や図書館が設置可能なフレキシビリティを追求している。第三の移動計画について、前者はお祭り広場から会場全体に向けてチューブ状の動く歩道を配したが、後者はファサードにチューブ上のエスカレーターを配した。

こうした共通点は後者の独創性を否定するものではない。また、前者もアメリカのジャッキアップシステムをフルに活用しており、純日本製の建築とは言いがたい。むしろ、両者に代表される七〇年代の革命的建築は、おのおのの地域の法規や技術水準に拘束されつつも、グローバルな知的交流や高度な物流システムに支えられて実現した成果であったといえる。

〈註〉

（i）「第五回会場計画委員会」（一九六六年九月六日）『日本万国博覧会公式記録資料集別冊D-2：会場計画委員会会議録』一七五頁

（ii）坪井善勝「1・5 四点支持板」『坪井善勝退官記念講演：平面及び曲面問題の追及』（私家版）一九六八年、九頁

（iii）「日本万国博覧会基幹施設配置設計　シンボルゾーン」『新建築』一九六七年八月号、二一四頁

（iv）「インタビュー41：川口衞」『丹下健三とKENZO TANGE』オーム社、二〇一三年、七三四頁

（v）川口衞「お祭り広場大屋根の解体と部分保存」『建築と社会』一九七七年一〇月号、五五頁

（vi）川口衞『構造と感性　構造家川口衞』私家版、二〇〇七年五月、一八頁

（vii）新開信之「ＥＸＰＯ'70 お祭り広場大屋根工事について」『建築と社会』一九六九年一一月号

（viii）川口衞「大阪万博 お祭り広場」『建築雑誌』二〇〇六年四月号、三七頁

（ix）前掲書（vi）、二〇頁

（x）奥保多聞、小北博一、中東達男「お祭り広場における技術開発」『建築と社会』一九七〇年三月号、九二頁

（xi）対談：丹下健三　川添登「日本万国博覧会がもたらすもの」『新建築』一九七〇年五月号、一四八頁

（xii）前掲書（vi）、二二頁

（xiii）木内俊明「先生の設備設計の実務業績（一）東京海上ビル本館と大阪万博お祭り広場」「特集：故井上宇市早大名誉教授の空調ハンドブックから学ぶ」『ＢＥ建築設備』二〇一〇年八月号、四八頁

（xiv）前掲書（v）、五五頁

（xv）ピーター・ライス『ピーター・ライス自伝 あるエンジニアの夢見たこと』岡部憲明監訳、鹿島出版会、一九九七年、一五頁

（xvi）前掲書（xv）、二〇頁

（xvii）前掲書（iv）、七三七頁

＊扉頁 図版提供：東京大学生産技術研究所 川口健一研究室

＊〔10−1〕 出典：『新建築』一九六六年一二月号、二〇三〜二〇四頁

＊〔10−3〕〔10−4〕〔10−7〕〔10−8〕〔10−9〕〔10−10〕〔10−11〕〔10−12〕 写真提供：川口衞

＊〔10−5〕 図版提供：長島正充

＊〔10−6〕 参照：新開信之「ＥＸＰＯ'70 お祭り広場大屋根工事について」『建築と社会』一九六九年一一月号、五六頁

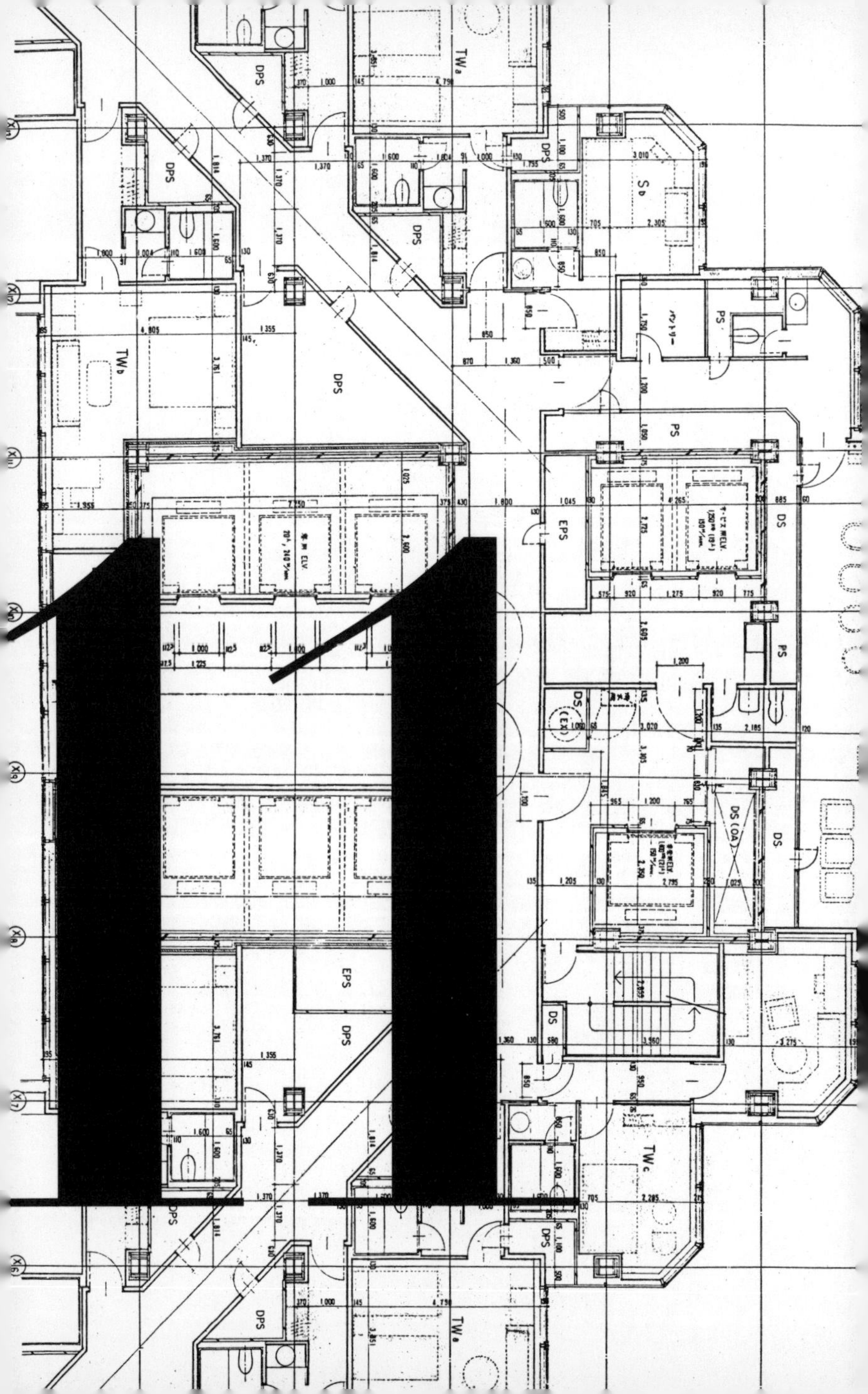
DPS
TWa
TWb
TWc
Sb
PS
EPS
DS
DS (EX)
DS (OA)

超高層――赤坂プリンスホテル新館

赤坂プリンスホテル新館の基本構想

基準階平面の検討（一九七二～一九七九年）

一九七四年三月、丹下健三は東京大学を定年退職し、それまで研究室とＵＲＴＥＣに分散させてきた設計活動拠点を、後者に集約することとした。それに前後して、西武グループオーナーであった堤義明からの依頼で、スケートリンクやホテル計画の立案に着手していた。当時、丹下は大阪万博を成功させ、海外からの設計依頼が多く舞い込んだものの、国内ではオイルショックによる不景気のために大規模プロジェクトは皆無の状態であった。

退官前に丹下が手がけたホテルといえば、地上六階・地下一階の熱海ガーデンホテル（一九六一年竣工）で、それほど大きな施設ではなかった。これに比して、丹下が堤から検討を依頼された赤坂プリンスホテルは五〇層（竣工時は四〇層）の超高層ホテルで、規模、高さとも以前とは比較にならないほどの巨大プロジェクトであった。

設計当初、ＵＲＴＥＣでは基準階平面が半円形の超高層案を検討していたが、一九七六年の段階では基準階平面をＶ字形に変更している[11—1]。このＶ字形平面の都市計画的なメリットは以下三点にまとめられ、第一に、南に走る高速道路のモビリティを受けとめるような設計であること。第二に、近隣のホテルニューオータニと赤坂東急ホテルとともに赤坂の中心となる空間を形成すること。第三に、高速道路・堀緑の延長八〇〇メートルに及ぶ連続した都心側の末端としての位置づけと堀側の連続する緑を積極的に活用し、独立した施設として赤坂界隈に新しい性格を醸し出すこと(i)、であった。

また建築計画の側面からＶ字形平面を考えると、一般にホテルは架構の方向によって廊下と客室の関係が決まり、単純な矩形になることが多い。しかし、この単純な矩形では都心に建つ超高層にふさわしいシンボリックな形態となりづらく、雁行状のＶ字形が検討の候補となった。また、Ｖ字形に沿った客室平面計画と構造計画の整合性を取ることが非常に困難で[11—2]、四メートルグリッドのラーメン構造に支えられながら部屋を雁行させることで、廊下をウィングに並走させることができた。

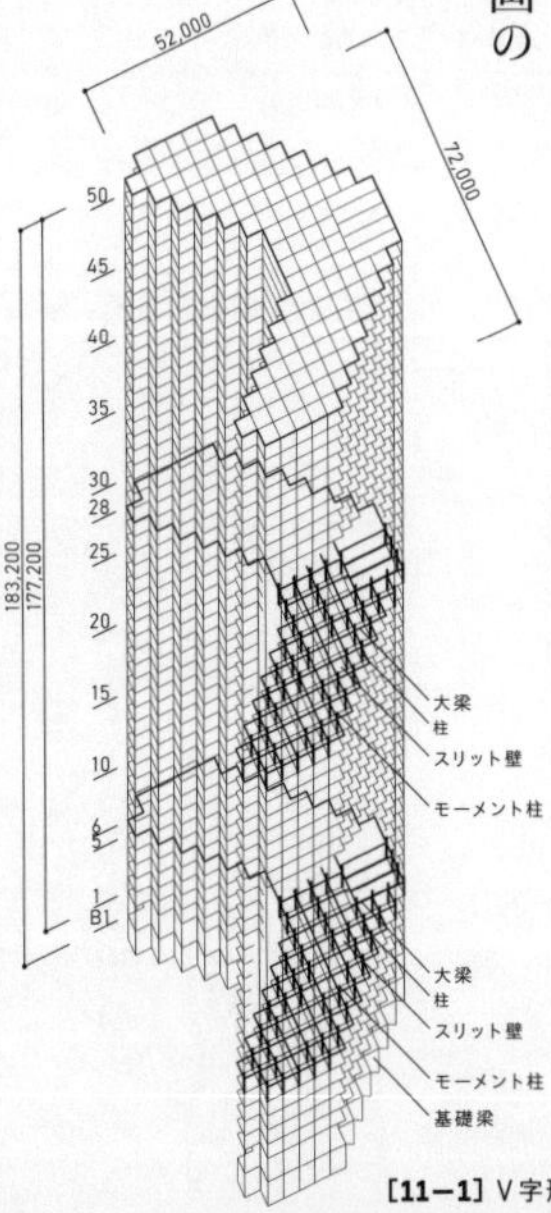

[11—1] Ｖ字形案高層部構造架構図

鹿島建設設計部による大型コンピュータを駆使した構造解析

赤坂プリンスホテルの構造を担当したのは鹿島建設の武藤清（元東京大学教授）と播繁であった。当時、鹿島建設は日本初の超高層ビル建設に着手すべく耐震構造の大家であった武藤を招き入れ、一九六八年に霞ヶ関ビル（建物高さ一三七メートル）を、一九七四年に新宿三井ビル（同二二五メートル）を竣工させていた。

そもそも超高層を日本で建設する場合、構造的には、敷地の地盤が良く、建物は単純な矩形であることが期待されるが、赤坂の敷地は急傾斜地であり（ii）［11−3］、またV字形平面は矩形とは縁遠いものであった。播はV字形平面の構造計画を立てる際、まず格子を組み、柱を規則的に抜く検討を行った。最終的には、四メートルのジャングル・ジムをつくり、十字形のパターンで組んで、端先にL型の跳出しを設ける案に落ち着いた。

また、V字型平面は短手が二〇メートル、長手が一二〇メートルとなり、両ウィング部分から模型を眺めると非常にスレンダーなプロポーションで、視覚的なインパクトは抜群であった。しかし構造的には問題が多く、一方向のラーメン構造として解析

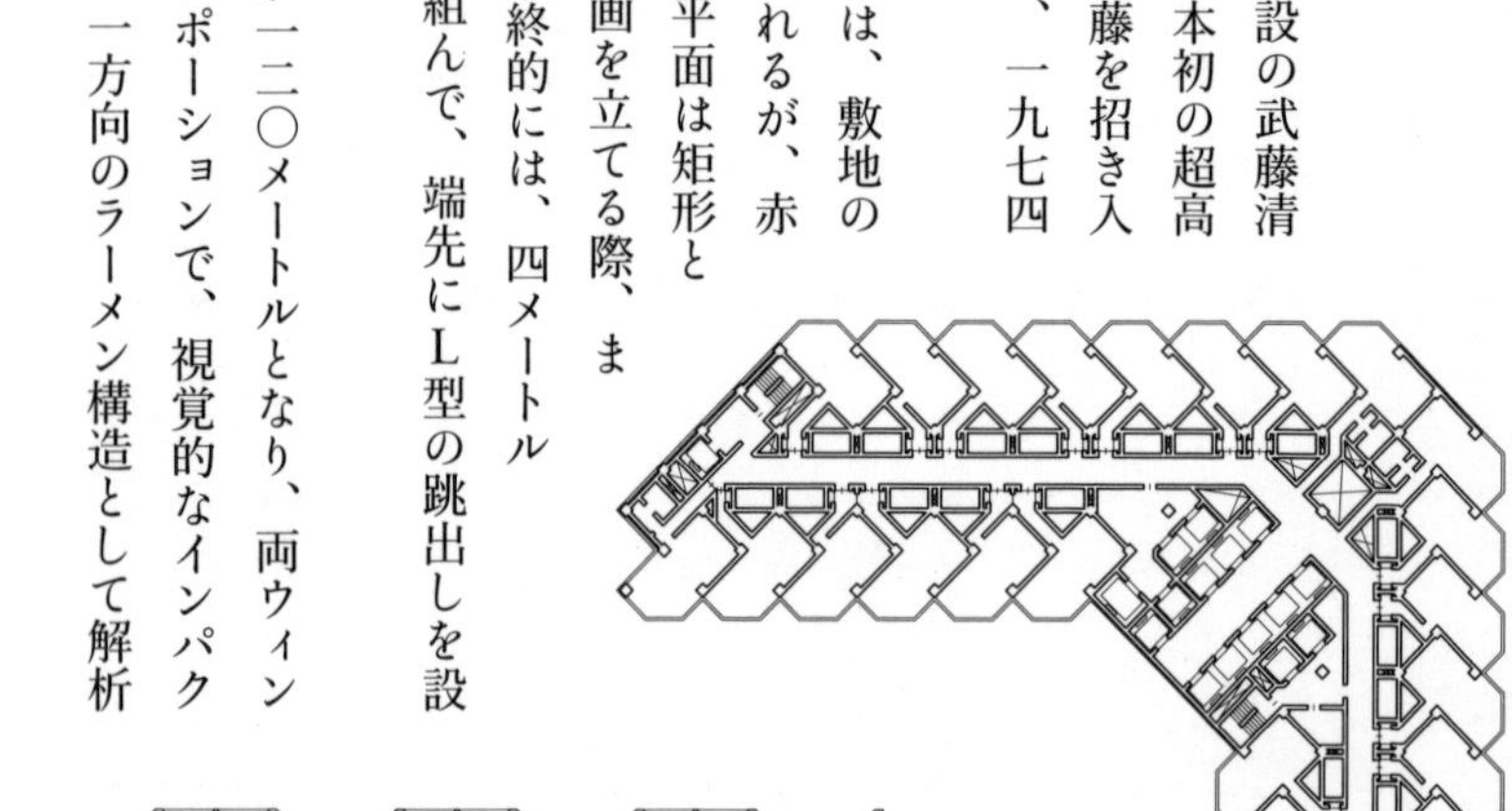

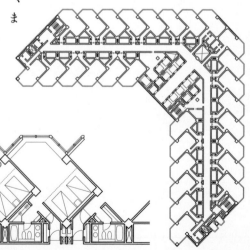

［11−2］V字形案基準階平面とルームプラン詳細図

すると、大きな曲げ変形が生じてしまった。というのも、それまでの構造解析手法は「骨組を二方向の独立した平面フレームに分解し、各々の平面フレームを剪断棒あるいは曲げ剪断棒に置換し、剛床ねじれを考慮するもの」(iii)で、低層建物向きであった。ここで播は当時開発されたばかりの日立の大型コンピュータで高層建築の立体効果を確認し、V字形案の曲げ変形が止まっていることを突き止めた(iv)。

コンピュータを駆使した構造解析は一九六〇年代後半の大阪万博お祭り広場の検討あたりから導入され、赤坂プリンスホテルでも大いに活用された。六〇年代までの連続体の力学の時代から、マトリクスによる離散系の解析の時代へ、徐々に移行していったのである(v)。

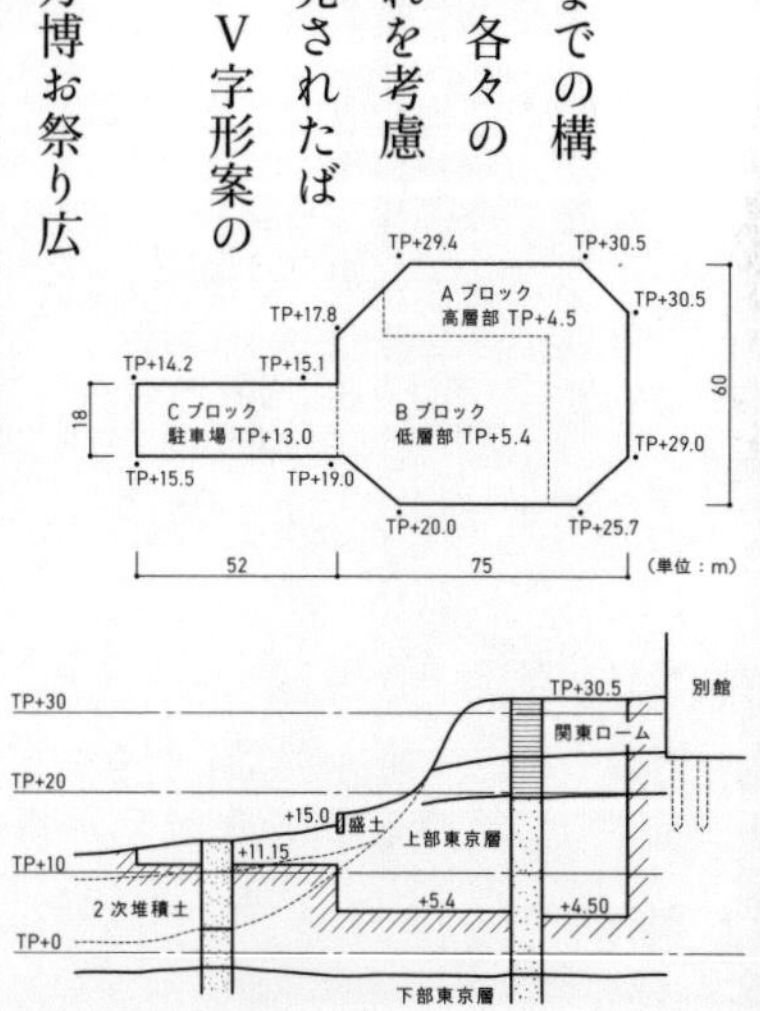

[11−3] 根切り形状図

ハーフミラー——参照項としてのIDSセンター

V字形案の検討当初、外装は全面をミラーガラスで覆う計画を立てていた。URTECでは赤坂プリンスホテルと同時にイラン・テヘランのファラパーク・ホテルの設計を進めていたが、この外装も全面ミラーガラスとなっていた(vi)。同様に、新草月会館(一九七七年)では、施主である勅使河原蒼風の「蒼」の字を取り、ブルーのハーフミラーガラスの外装とし、「四季折々の移ろいなど、美しい自然の風景をミラーガラスに映し出」(vii)すことが目標となった[11－4]。またハナエモリビル(一九七八年竣工)では「ハーフミラーガラスを使うことによって、ファッションの本拠地らしいひとつの雰囲気を醸し」、壁面を雁行させて「ハーフミラーガラスの造形の新しい可能性を追求し」(viii)たという。

一九七〇年代の丹下が雁行したハーフミラーに傾倒した理由には諸説あるが、一つにはフィリップ・ジョンソンが設計したアメリカ・ミネアポリスのＩＤＳセンター(一九七三年竣工)が挙げられ、この超高層ビルも全面ハーフミラーで覆われている(ix)[11－5]。ＩＤＳセンターの基準階は長方形の四隅を切り落とした扁平八角形で、切り落とした面をギザギザに雁行させている点が特徴的であった。また赤坂プリンスホテルの低層部には「クリスタルパレス」と呼ばれるバンケットが計画されたが、ＩＤＳセンター低層部のアトリウム「クリスタルコート」と非常に近しい天井デザインとなっている。丹下はミネアポリスにアート・コンプレックス(一九七四年竣工)を完成させており、その現場を訪れた際に旧知の仲であるジョンソンの超高層を目にし、強い影響を受けていたと考えられる。丹下は赤坂プリンスホテルの設計に着手した頃のイメージとして、「赤坂見附の緑を背景に水晶の結晶が屹立する、というクリスタルな情景」(x)で

[11－5] IDSセンター（フィリップ・ジョンソン）

[11－4] 草月会館

あったと記している。

しかし、赤坂プリンスホテル設計の最中、警察から「敷地に近接する高速道路を走行する自動車のドライバーにとって西日の反射が眩しい」との指摘を受けてしまう。ＵＲＴＥＣでは、西日の反射は白系タイルが最も眩しく、タイルに比べればミラーガラスは眩しくない、という計算書をつくって説明を試みたが、却下された。また野鳥が間違って激突する危険性なども考慮し、アルミとハーフミラーを組み合わせた外装となった（xi）。

赤坂プリンスホテルの施工（一九八〇年三月～十一月）

スケルトン――四メートルグリッド鉄骨造による「ハイスプリット工法」

赤坂プリンスホテルの骨組の特徴として、従来の超高層ビルに比して、柱と梁の接合箇所が非常に多い。このため、コストを削減し、力学的にも単純明快で、品質管理が容易で、信頼性の高い鍛造製スプリットティーを用いた高力ボルト接合（Ｆ11Ｔ）「ハイスプリット工法」が採用された。これは柱の継手が高力ボルト摩擦接合で、柱同士はメタルタッチになっており、軸力の一部を伝達させている［11-6／11-7］。

この結果、高層部の建て方工程の計画日数が七五・四日であったのに対し、実施は七一・四日と早まった。その理由として四つ挙げられ、第一に「ハイスプリット工法」を採用し、柱ジョイントのボルト接合により鉄骨部材の現場溶接をなくしたこと、第二にスリット壁と鉄骨のジョイントに高力ボルト摩擦接合を取り入れて現場溶接を少なくしたこと、第三に先行エレベータシャフト壁をＰＣ版とし鉄骨に一体化して取付けを行ったこと、第四に外周部の床板コンクリート打止め型枠をストックヤードで鉄骨に先付けして取付けを行ったこと、であった(xii)。

基準階の鉄骨が組み上がり、床板コンクリートが打設された後、直ちにカーテンウォールを取り付け、安全環境をつくるとともに止水が早期に行われた[11-8/11-9]。

スキン——アルミとハーフミラーガラスのカーテンウォール

赤坂プリンスホテルのスキン(外装)は、アルミカーテンウォールとハーフミラーガラスで構成されている。この工程に当たり、耐風圧・水密・耐震など基本性能に加え、アルミパネルの色むら防止、アルミカーテンウォールの精度確保(平滑性)、アルミカーテンウォールの発音防止に留意した。

製作する部材は大別してマリオン、パネル、固定金物類の三つに分類さ

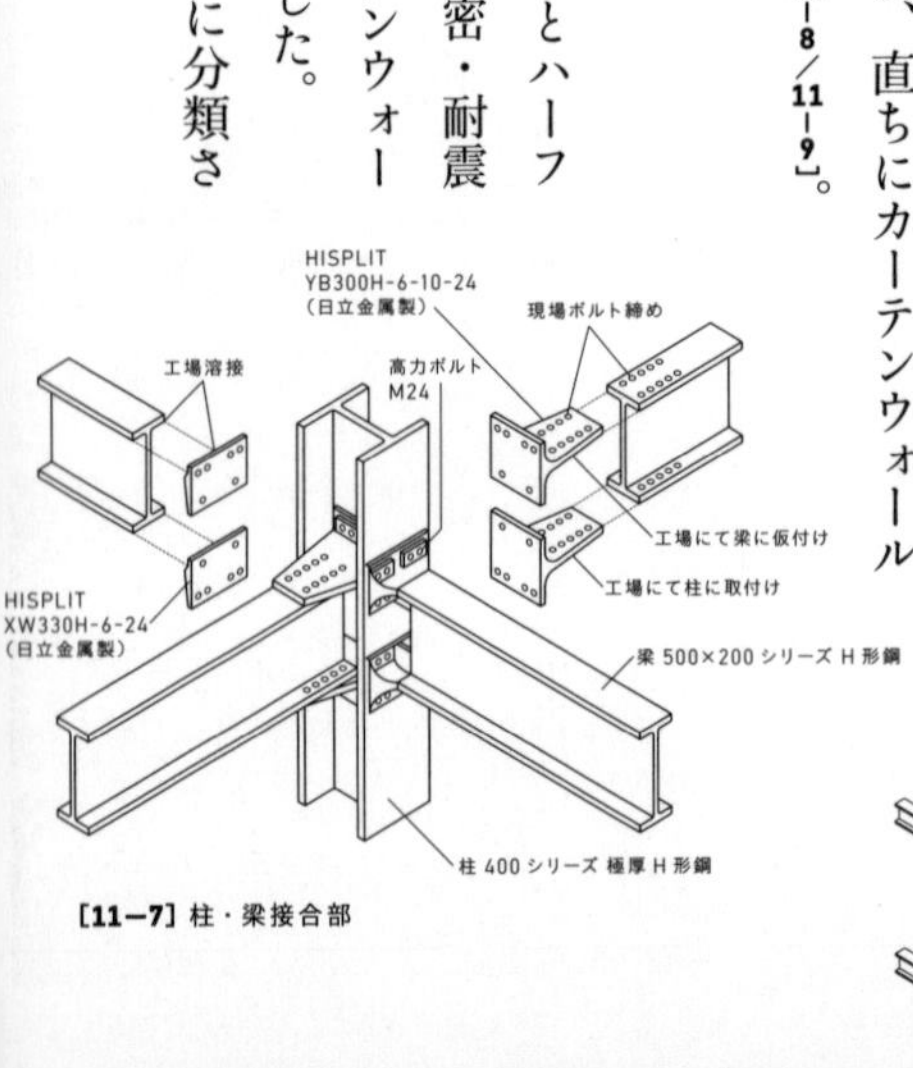

[11−7] 柱・梁接合部

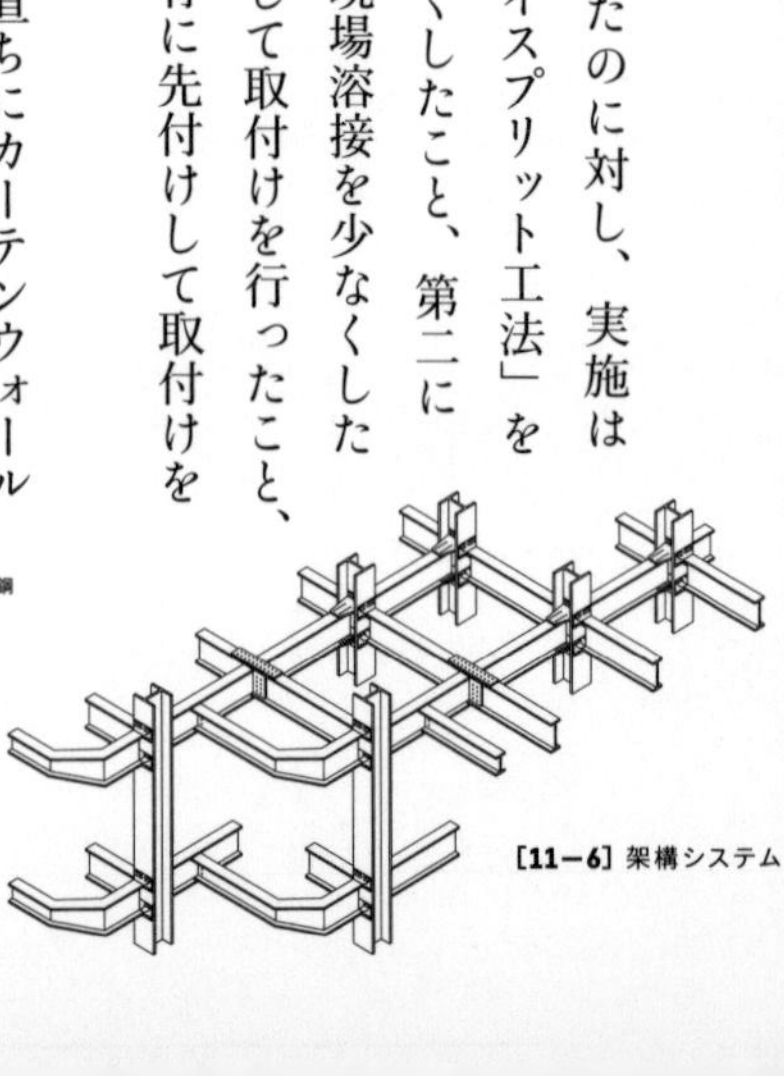

[11−6] 架構システム

れ、おのおのの取付け精度が求められた。まずマリオンについては、基準墨の精度管理が重要となるが、各階四層ごとに基準墨階を設定し、この階の床上に出された基準墨を垂直トランシットにて事前にチェックし、マリオン取付けに使用した。マリオン取付けに先行して、取付け基準となる出隅マリオンおよび入隅マリオンの位置に、基準墨階間へ治具を使用してピアノ線を張り渡し、基準とした。マリオンの位置決め完了後、各階でマリオン頂部のレベル差を計測し、調整している。また、マリオン頂部のレベル誤差が累積されないように、三階ごとにチェックし、基準レベルとの誤差をゼロとした[11−10]。

次いで、パネルの取付け精度は、後工程のガラス工事、シール工事に影響を及ぼすので、特に入念に調整し、各階のマリオンジョイントシールとファスナーの溶接完了後に、パネルの吊込みを行った。パネルの位置決めと並行して、各階腰パネルの頂部のレベル差を計測調整している[11−11]。

超高層建物の施工に当たって最も重要なことは安全管理であり、特にスキンの取付け（外装カーテンウォール工事）は建物外周部での高所作業となり、さらに敷地内でホテルが営業中のため飛落・落下事故は施工者のみならず来客への事故に結びつく。このため、モックアップ制作時に危険性の検証を行い、現場ではマリオンおよびパネル

[11−8] 鉄骨建方状況

[11−9] 柱の吊込み状況

[11−10] マリオンの取付け

落下防止用ロープを取り付け、マリオンジョイント部のシール作業の足場設置がなされた(xiii)。

インフィル――高密客室ユニットと遮音性能

カーテンウォールが取り付けられ止水が終わった後、鉄骨耐火被覆→設備メイン配管ダクト→廊下防火区画壁→シャフト内設備工事→シャフト防火区画壁→ユニットバス組立・据付け→客室間間仕切壁・仕上げ壁→天井→塗装・クロス→絨毯の順に工程が組まれた。このときの留意点として三点挙げられ、第一にプラン上、シャフトは建築・設備工事の手順を明確にして施工しなければ、後続の作業スペースがとれなくなること、第二に建築計画上、多種の間仕切壁を採用したため、その取合いおよび設備工事との手順を的確にする必要があること、第三にホテルの施工はオフィスのそれに比して間仕切量が多くなり、各階で常に資材置場・動線の確保を考慮し、タクト(作業工程)内に揚重・片付けの作業量を含めて計画すること、であった(xiv)。

一般に高級なホテルの客室は静寂さとプライバシーの確保が要求されるが、この建物はV字形平面を採用したため、遮音・防振上の問題を多分に含んでいた。このため、客室の遮音性能水準として日本建築学会基準のホテル一級(室内騒音レベルN―35)を目標とし、モックアップの製作を通じて施工計画を立案した(xv)。

[11―11] アルミカーテンウォールの施工

また配管工事、空調設備工事において工場におけるプレハブ化、ユニット化を徹底することで熟練工を投入せずとも工期を短縮し、施工精度を向上させた。

インテリア——ビアンコ・カラーラと鏡による瀟洒な内装

赤坂プリンスホテルの内装を決める際、丹下は日本の一般的なホテルを総括し、「ロビーに入っても薄暗く、壁の仕上げも迷彩のように多種多様で、誰が入っていても目立たない」ことを嘆いた。そして赤坂プリンスホテルのエントランス・ロビーは「現代社会におけるすぐれたコミュニケーションの場」であり、「人々を迎え入れるための空間なのだから、その空間に入る人々を引き立てる」(xvi)ことが重要である、と指摘している。こうした発想に基づき、丹下はロビーの内装にビアンコ・カラーラと呼ばれる真っ白の外国産大理石を用いた[11–12]。

一九六〇年代までの丹下の設計はRC打放しが主であり、スチール建具や家具に色彩を入れることはあっても内装全面に仕上げを施すことは皆無であった。しかし、八〇年代に入ると大理石や鏡といった高度消費社会(バブル経済)の到来にふさわしい、瀟洒な材を大量に用いるようになった。

この変化は言説にも現れ、丹下がクリスタルパレスと呼ばれるバンケットのデザインを解説する際、ベルサイユ宮の鏡の間を参照している。六〇年代以前の丹下であれば、西洋建築の参照源はミケランジェロやル・コルビュジエといった力動的で簡潔な表現であったが、八〇年代の赤坂プリンスホテルの設計時には西洋建築史上、最も華美な室内装飾がモデルとされている。

[11−12] 白大理石(ビアンコ・カラーラ)で仕上げられたロビー

赤坂プリンスホテルの解体（二〇一二・六〜二〇一三・七）

赤坂プリンスホテルは一九八三年に開業後、多くの客でにぎわい、バブル期には一つの部屋に昼夜別の予約が入るなど、最盛期には稼働率が九〇％を超えたという［11-13］。しかし、二一世紀に入って景気が低迷し、外資系高級ホテルが東京の一等地で次々とオープンすることで、赤坂プリンスホテルへの客足が鈍くなっていった。二〇一〇年四月、ホテルの所有者である西武ホールディングスは二〇一一年三月に赤坂プリンスホテルの営業を停止し、オフィス・ホテル・住居からなるコンプレックスを建設することを発表した（xvii）。東日本大震災後、二〇一一年四月九日から六月末までは、東北地方からの避難者の受入れ先として活用された後、翌年六月から解体工事が開始された。

従来、超高層ビルの解体は、外周に仮設の足場を取り付けて上から壊す方法のほか、建物全体を地上付近のジャッキで支え、だるま落としのように下から壊す方法などがある。しかし、赤坂プリンスホテルの解体工事を受注した大成建設は旧大手町フィナンシャルセンター（高さ一〇五メートル）の解体実績のある「テレコップ工法」を採用した（xviii）［11-14］。この工法の特徴は既存の屋根を活用することで覆いをかける手間を削減し、解体する外周部に強度の高い足場を設けることで粉塵の飛散を九〇％削減し、騒音を抑制できることであった。

[11−13] 外観全景

丹下と超高層の関係から読み解く戦後日本建築の歩み

戦前、戦後の日本建築の歩みの中で、丹下が超高層をいかに捉え、実現を試みたかについて振り返ってみたい。

丹下は一九四二年に行われた大東亜建設記念造営計画競技設計に応募し、富士山麓に戦没学徒を慰霊するための「大東亜建設忠霊神域計画」を計画して見事一等に当選する。その趣旨文の冒頭、丹下は「国土を離れ自然を失ってひたすら上昇せんとするかたち、抽象的、人類的な支配意志の表象のかたち、エヂプトの文化に、中世のキリスト文化に、そのかたちが作られ、それはついに英米の金権的世界支配の欲望にそのかたちを与えた」(xix)と述べ、マンハッタンの超高層建築群を批判する。

敗戦をはさんで一九五一年、ロンドンで開催された第八回CIAMの帰りにニューヨークを訪れた丹下はSOMによるレバーハウスを見学し、一九五七年にはフィリップ・ジョンソンに連れられ、ニューヨークのシーグラムビルの現場を見学している。丹下はシーグラムビルに対して、「ブロンズとガラスの直線と平面による純粋抽象の世界も、ここでは単なる死

[11−14] テレコップ工法による解体

の世界ではなく、新しい生命を獲得して」おり、「近代を貫徹することによって、新しい人間像を発見してゆこうとする立場のように思われる」(xx)と評価している。ミースやジョンソンの取組みに比較して、丹下は自らの建築がコルビュジエのインドにおけるコンクリート建築に近いとし、技術が生命力の外延であり、地域の風土や伝統を担った表現として展開している、と位置づけた。ここには香川県庁舎や愛媛県民館、今治市庁舎といったＲＣ建築が該当する。

一九六〇年半ば、丹下は築地・電通本社において山梨文化会館と同じジョイントコアを駆使して超高層(地上二一階、高さ一〇〇メートル)を提案し、情報化社会の到来を先取りする三次元都市を具現化しようとした。しかし施主である吉田秀雄・電通会長の死去により、一般的なオフィスビルに設計変更となった(xxi)。

一九七〇年代、日本国内の不景気を尻目に産油国・イランで超高層マンション案を提示し、一九八三年竣工の赤坂プリンスホテルではフィリップ・ジョンソンのデザインに肉薄する。さらに、丹下はシンガポールでは何本もの超高層を実現させ、一九九〇年にはポストモダン建築と称された東京都庁舎(高さ二四三メートル、地上四三階)を竣工させた。

こうして見ると、丹下と超高層の関係はどの時代にも日本とアメリカの距離感が色濃く反映されていることがわかる。四〇年代前半の反米・資本主義批判、五〇年代の「近代を貫徹すること」によって超高層を実現したことへの憧憬、六〇年代のアメリカに先んじた情報化社会の可視化、七〇年代の中東における巨大プロジェクト、八〇年代の世界中のＶＩＰが利用する最高級ホテルの実現、九〇年代の世界都市・東京の庁舎建築の実現という過程は、構造解析技術の発展の軌跡であり、一方で戦後日本が超大国アメリカに挑み、追走した軌跡でもあった。

〈註〉

（i）ＵＲＴＥＣ「都心に建つ高層ホテル」『新建築』一九七六年五月号、一九七頁

（ii）花村昌彦「赤坂プリンスホテル新館の建設（2）急傾斜地の大規模な根切り山止め工事」『施工』一九八三年七月号、六九〜七七頁

（iii）武藤清ほか「Ｖ字形平面をもつ高層骨組の地震応答（その2）弾塑性応答解析用略算モデルの提案」『日本建築学会大会学術講演概要集』一九七八年九月号、七五七頁

（iv）「インタビュー45：播繁」『丹下健三とＫＥＮＺＯ ＴＡＮＧＥ』オーム社、二〇一三年、七八六〜七八七頁

（v）中田捷夫　座談会「2　建築と芸術のコラボレーション」『丹下健三を語る』鹿島出版会、二〇一三年、二八五頁

（vi）「テヘランに建つホテル」『新建築』一九七六年五月号、二〇〇頁

（vii）「ＵＲＴＥＣ一九七〇年代後半の作品：草月会館」『新建築』一九七九年一月号、一八五頁

（viii）「ＵＲＴＥＣ一九七〇年代後半の作品：ハナエモリビル」前掲書（vii）、一九八頁

（ix）「インタビュー38：堀越英嗣」前掲書（iv）、六七〇頁

（x）丹下健三「赤坂プリンスホテル」『新建築』一九八三年九月号、一四九頁

（xi）「インタビュー36：是永益司」前掲書（iv）、六二四〜六二五頁

（xii）小野馨喜ほか「赤坂プリンスホテル新館の建設（1）工事計画と鉄骨工事」『施工』一九八三年六月号、二八頁

（xiii）小野馨喜ほか「赤坂プリンスホテル新館の建設（2）カーテンウォール、内装、設備工事」前掲書（ii）、五三〜五四頁

（xiv）前掲書（xii）、二五頁

(xv) 小野馨喜ほか「赤坂プリンスホテル新館の建設(3) カーテンウォール、内装、設備工事」『施工』一九八三年八月号、五六頁

(xvi) 前掲書(x)

(xvii) 「短命建築の教訓:容積倍増へ赤プリ建て替え」『日経アーキテクチュア』二〇一三年二月一〇日号、三六~三七頁

(xviii) 「さらば『赤プリ』解体さえも美しく」『日本経済新聞』二〇一三年一月七日

(xix) 丹下健三「大東亜建設記念造営計画競技設計当選案(1)」『建築雑誌』一九四二年一二月号、九六三頁

(xx) 丹下健三「ビエンナーレ展の焦点」『芸術新潮』一九五七年一二月号、五七~六三頁

(xxi) 「築地計画・電通第一次計画案」『新建築』一九六七年四月号、一四四頁

＊扉頁 図版提供:丹下都市建築設計

＊[11-4][11-14] 撮影:豊川斎赫

＊[11-5] 出典:『SD』一九七三年一一月号、四一頁

＊[11-8][11-9][11-10][11-11] 出典:『施工』一九八三年六月号

＊[11-12][11-13] 撮影:彰国社写真部

あとがき

近代建築の構法やディテールに注視した先行研究として建築史家ケネス・フランプトンの『テクトニック・カルチャー』(初出一九九七年)が挙げられる。フランプトンは十九世紀のドイツで活躍した建築家ゴットフリート・ゼンパー(一八〇三〜一八七九年)に依拠しながら、建築の部分を構成する部材と、それらを関係づける文法(ディテール)の中に「結構(テクトニック)的なもの」の重要性を強調した。そして、十九、二十世紀の近代建築の巨匠らの作品を対象として「結構的なもの」の痕跡を見いだそうとする。

フランプトンの定義に従えば、「結構(テクトニック)」とはギリシア語の〈テクトン(tekton)〉という言葉に語源をもち、大工や建設者を意味した。その後、ゼンパーが建築を四要素(基礎・炉・骨組・軽量の被覆)に分節し、建築の起源を辿る論を展開する中で、テクトンを骨組の〈結構術(tectonics)〉として用い、「軽量の線材が空間的な母胎を囲み込むようにしてくみあわせている」(i)という定義を与えている。この背景には、ゼンパーが人間の身体を包む織物を最初の天地開闢《かいびゃく》的な工芸とみなしたことが挙げられる。ゼンパーにとって織物とは外界と身体の間に位置し、両者を同期させ、取り結ぶ役割を担い、テキスタイルの丁寧な編込みは古代人と外界の調和を象徴していたのである。こうした織物理解の延長線上で、ゼンパーは、華奢な木造骨組と植物素材の編込み（軽量の被覆）を纏ったカリブの小屋に、建築の起源の一端を感じ取った、と考えられる。

フランプトンはゼンパーによる骨組と織物への直観を近現代建築にまで応用し、地域の風土と素材を活かした建築外装の丁寧なつくり込み（施工現場重視の結構的な姿勢）こそ、本来的な建築と見なした。往々にして、過激な近代建築やポストモダン建築は、全体のイメージや写真写りだけを重視するため、ディテールがないがしろにされがちである。これに対して、フランプトンの結構的建築への注目は、地域の風土や素材と格闘してきた生真面目な建築家たちを救済し、評価する枠組みでもあった。フランプトンの姿勢は以下の言葉に集約されている。

「何世代にも渡って建ち続ける限り、建物は生活や文化の基礎を提供するものである。この意味では、これはハイアートでもハイテクノロジーでもあるまい。それが時間を定義付ける限り、語の意味において時代遅れなものなのである。不変性や耐久性が究極的な価値だからである。」（ii）

フランプトンによる優等生的な発言を丹下研究室・URTECが設計してきた一連の建築群に照らした場合、どのような評価ができるだろうか？　本論で詳述したように、丹下の取組みは坪井善勝、井上宇市、横山不学ら、当時の日本国内で最も優れたエンジニアたちと協働した成果であり、最先端の構造計算法・空調制御法に依拠した、時代の先を行くデザインであった。よく言えば日本の建設産業水準を引き上げる画期的提案であり、悪く言えば難易度の高い現場泣かせのデザインであった。また、これらのうち、すでに取り壊されたもの、リノベーションされたもの、今も竣工当時の姿を保つものが混在する点から言っても、丹下作品は他の建築家の建物に比して特段に「不変性や耐久性」に秀でたものではない。つまり、丹下作品は必ずしもフランプトン好みの結構的なものではなかった。

フランプトンは神のごとく超越的な視点から世界中の近代建築の中に結構的なものの痕跡を渉猟し、傍若無人に作品の甲乙をつけていった。これに対して、本書は丹下研究室とその後のURTECが歩んだ軌跡にだけ刮目し、一作品ずつを可能な限り丁寧に深掘りする中で、戦後日本近代建築に内在する「部分の真実」の在処を探るものであった。

ここから明らかになるのは、ル・コルビュジエに憧れた丹下と、丹下の周囲に集ったスタッフらが広島を皮切りに無数の失敗と後悔を重ねながら、エンジニアらと協働して国立屋内総合競技場を実現させ、大阪万博以後に日本の建築デザインを輸出産業にまで育て、日本国内で超高層を完成・解体した、という戦後日本建築の大きな物語、「全体」像であった。この「全体」像が虚構ではなく現実として成立するのは、丹下研究室とエンジニアらの熱量のみならず、彼らに国家プロジェクトを任せた人々の度量、そして戦後日本の建設産業の力量、という三要素が分かち難く結びついているためと考えられよう。

一方で、戦後の日本では原爆やオリンピックや万博に関係のない建物の数が圧倒的であり、そちらを無視して戦後日本建築の「全体」像などわかるはずがない、という批判もあり得よう。繰返しになるが、丹下研究室・URTECによる作品群は、いずれもが当時の日本の建設事情の中で最も特殊な部類に入る。つまり、本書は戦後日本の最も特殊な建築群に関する「部分の真実」を積み上げた例外事例集であり、特殊を突きつめる中で建築の普遍性を探し求める試みであった。そして、後世の読者が目を細めて丹下作品にまつわる「部分の真実」を眺めたとき、スタッフらの苦悩や息遣いの先に、戦後日本建築の「全体」像を朧げに掴み取ってくれたならば、筆者にとってこの上ない幸甚である。

二〇一七年十月　豊川斎赫

〈註〉

（i）ケネス・フランプトン「序章　結構的なるものについての考察」『テクトニック・カルチャー 19―20世紀建築の構法の詩学』松畑強・山本想太郎訳、TOTO出版、二〇〇二年、一〇頁

（ii）前掲書、五一頁

初出

低層ラーメン構造——広島平和記念公園　『ディテール』一九八号（二〇一三年秋季号）
高層ラーメン構造（一）——旧東京都庁舎　『ディテール』一九九号（二〇一四年冬季号）
高層ラーメン構造（二）——香川県庁舎　『ディテール』二〇一号（二〇一四年夏季号）
シェルを用いた大空間への挑戦——広島子供の家と愛媛県民館　『ディテール』二〇二号（二〇一四年秋季号）
折板構造——今治市庁舎と今治市公会堂　『ディテール』二〇三号（二〇一五年冬季号）
HPシェルによる大聖堂の建設と改修——東京カテドラル聖マリア大聖堂　『ディテール』二〇四号（二〇一五年春季号）
サスペンション構造——国立屋内総合競技場　『ディテール』二〇五号（二〇一五年夏季号）
ジョイントコア——山梨文化会館　『ディテール』二〇六号（二〇一五年秋季号）
スペースフレーム——日本万国博覧会お祭り広場　『ディテール』二〇七号（二〇一六年冬季号）
超高層——赤坂プリンスホテル新館　『ディテール』二〇八号（二〇一六年春季号）
プレキャスト・コンクリート——倉敷市庁舎と電通大阪支社　書き下ろし

編集協力：豊川真美、夏山香

丹下健三（たんげ・けんぞう）

建築家、都市計画家。

1913年大阪府生まれ。1938年東京帝国大学工学部建築学科卒業後、前川國男建築事務所に就職し、岸記念体育館等を担当。戦後、東京大学建築学科助教授となり、丹下研究室内で独自の都市解析を進める傍ら、戦後日本の復興を象徴する数々の公共建築の設計を手がけた。この間、丹下研究室から大谷幸夫、下河辺淳、槇文彦、神谷宏治、磯崎新、黒川紀章、谷口吉生といった、多くの著名な建築家、官僚が輩出されたことでも知られる。1974年東京大学を定年退職後、中近東、アフリカ、ヨーロッパ、シンガポールなどで広大な都市計画、超高層計画を実現し、「世界のタンゲ」と呼ばれるに至った。代表作に広島平和記念公園、旧東京都庁舎、香川県庁舎、国立屋内総合競技場、東京カテドラル聖マリア大聖堂、山梨文化会館、大阪万博お祭り広場、新東京都庁舎などが挙げられる。

主な著書に『丹下健三：一本の鉛筆から』（日本図書センター、1997年）など。

豊川斎赫（とよかわ・さいかく）

建築家、建築史家、工学博士、一級建築士。

1973年宮城県生まれ。2000年東京大学大学院修了。日本設計、国立小山工業専門学校准教授を経て、2017年より千葉大学大学院融合理工学府地球環境科学専攻都市環境システムコース准教授、現在に至る。

主な著書に『群像としての丹下研究室』（オーム社、2012年、日本建築学会著作賞、日本イコモス奨励賞）、『丹下健三が見た丹下健三』（編著、TOTO出版、アート・ドキュメンテーション学会賞）、『丹下健三　戦後日本の構想者』（岩波書店、2016年）、『丹下健三と都市』（鹿島出版会、2017年）など。

主な作品に国立小山高専建築学科棟改修工事（2014年、開運のまち『おやま』景観賞まちなみ部門奨励賞）など。

丹下健三　ディテールの思考

2017年12月10日　第1版発行

著作権者との協定により検印省略

著者　豊川斎赫

発行者　下出雅徳

発行所　株式会社　彰国社

162-0067 東京都新宿区富久町8-21

電話　03-3359-3231(大代表)

振替口座　00160-2-173401

自然科学書協会会員

工学書協会会員

Printed in Japan

印刷：真興社　製本：誠幸堂

ISBN 978-4-395-32101-8 C3052　http://www.shokokusha.co.jp